Zu diesem Buch

«Heute ist mir klargeworden, daß der Intellektuelle nicht im Stadium des unglücklichen Bewußtseins (Idealismus, Wirkungslosigkeit) stehenbleiben kann, daß er sich vielmehr seinem Problem stellen muß oder wenn man es anders sagen will – das ‹intellektuelle Moment› überwinden muß, um einen neuen ‹demokratischen› Status zu finden», schreibt Jean-Paul Sartre im Vorwort zu den in dieser Sammlung enthaltenen Vorträgen «Plädoyer für die Intellektuellen». Wie sehr Sartres Denken von den Ereignissen des Jahres 1968 in Paris und in Prag beeinflußt worden ist, läßt sich auch an seinen Aussagen über sich selbst und seine Arbeiten sowie an dem Essay «Der Sozialismus, der aus der Kälte kam» ablesen, in dem er den Sozialismus der Ostblockstaaten daran scheitern sieht, daß er «vorfabriziert», von der UdSSR «oktroyiert» worden ist. Es wäre jedoch falsch, aus Sartres Kritik an der klassischen Auffassung des Intellektuellen zu schließen, daß er die Arbeit an seinem eigentlichen Lebenswerk, nämlich einer existentialistischen Philosophie als Enklave des Marxismus, vernachlässigt hätte. Das zeigt sich besonders deutlich in dem Beitrag über Kierkegaard, der eine Quintessenz seines Philosophierens darstellt. Dem vorliegenden Band ging ein erster Teil mit dem Titel «Mai '68 und die Folgen» Bd. 1 (rororo Nr. 1757) voraus.

Jean-Paul Sartre, der meistdiskutierte Vertreter des geistigen Frankreich im 20. Jahrhundert, wurde am 21. Juni 1905 in Paris geboren. Seine ersten Veröffentlichungen waren psychologische Studien über die Einbildungskraft («Das Imaginäre», Rowohlt 1971) und Essays, die später in verschiedenen Bänden («Die Transzendenz des Ego», «Situationen»; Rowohlt Paperback Bd. 40, 46 und «Porträts und Perspektiven»; rororo Nr. 1443) gesammelt wurden. Schon in dem Roman «Der Ekel» (1938; rororo Nr. 581) und dem Erzählungsband «Die Mauer» (1939; rororo Nr. 1569) beschäftigte er sich mit Fragen, die er 1943 in seinem Hauptwerk «Das Sein und das Nichts» formulierte. Nach dem Kriege begann er die große Roman-Trilogie «Die Wege der Freiheit», von der die Bände «Zeit der Reife» (rororo Nr. 454), «Der Aufschub» (rororo Nr. 503) und «Der Pfahl im Fleische» (rororo Nr. 526) vorliegen. Außerdem entstanden ein Drehbuch «Das Spiel ist aus» (1947; rororo Nr. 59) und eine Reihe von Theaterstücken: «Die Fliegen» (1943), «Die schmutzigen Hände» (1948; vereinigt in rororo Nr. 418), «Bei geschlossenen Türen» (1945), «Tote ohne Begräbnis» (1946), «Die ehrbare Dirne» (1946; zusammengefaßt in rororo Nr. 788), «Der Teufel und der liebe Gott» (1951), «Kean» (1954), «Nekrassow» (1956) sowie «Die Eingeschlossenen» (1960; rororo Nr. 551). Der Essay «Was ist Literatur?» erschien in der Taschenbuch-Reihe «rowohlts deutsche enzyklopädie» (Bd. 65), ebenso die als Einführung zu seinem großen Werk «Kritik der dialektischen Vernunft» (Rowohlt 1967) geschriebene Untersuchung «Marxismus und Existentialismus» (Bd. 196). Ferner liegen vor: «Die Wörter» (rororo Nr. 1000), «Kolonialismus und Neokolonialismus» (Rowohlt Paperback Bd. 68), «Das Vietnam-Tribunal oder Amerika vor Gericht» (rororo Nr. 1091), «Das Vietnam-Tribunal oder die Verurteilung Amerikas» (rororo Nr. 1213; beide zusammen mit Bertrand Russell) und «Bewußtsein und Selbsterkenntnis» (rororo Nr. 1649) sowie «Gesammelte Erzählungen» und «Gesammelte Dramen». 1964 lehnte Sartre die Annahme des Nobelpreises für Literatur ab. 1971 erschien das monumentale Werk über Flaubert «L'Idiot de la famille».

In der Reihe «rowohlts monographien» erschien als Band 87 eine Darstellung Jean-Paul Sartres in Selbstzeugnissen und 70 Bilddokumenten von Walter Biemel, die eine ausführliche Bibliographie enthält.

Gesamtauflage der Werke von Jean-Paul Sartre in den rororo-Taschenbüchern: Über 2,1 Millionen Exemplare.

Jean-Paul Sartre

Mai '68 und die Folgen
Reden, Interviews, Aufsätze

Deutsch von Dietrich Leube

Band 2

Rowohlt

*Die in diesem Band enthaltenen Reden, Interviews und Aufsätze
sind den bei Éditions Gallimard, Paris, erschienenen Bänden
‹Situations, VIII› (1972) und ‹Situations, IX› (1972) entnommen.
Die Interviews wurden von* TRAUGOTT KÖNIG *(«L'Ami du peuple»)
und* LEONHARD ALFES *(«Sartre über Sartre»), der Essay «Der Sozialismus,
der aus der Kälte kam» von* HILDA VON BORN-PILSACH *übersetzt.
Alle anderen Beiträge dieses Bandes wurden von* DIETRICH LEUBE *ins
Deutsche übertragen.
Umschlagentwurf: Werner Rebhuhn*

DEUTSCHE ERSTAUSGABE

*Veröffentlicht im Rowohlt Taschenbuch Verlag GmbH,
Reinbek bei Hamburg, August 1975*
© *Rowohlt Taschenbuch Verlag GmbH, Reinbek bei Hamburg, 1975*
‹Situations, VIII› © *Éditions Gallimard, Paris, 1972*
‹Situations, IX› © *Éditions Gallimard, Paris, 1972*
*Die deutsche Übersetzung des Essays «Der Sozialismus, der aus der
Kälte kam», Vorwort zu dem Buch von Antonín J. Liehm «Gespräche
an der Moldau», übernehmen wir mit freundlicher Genehmigung
des Kindler Verlags, München.
Satz Aldus (Linotron 505 C)
Gesamtherstellung Clausen & Bosse, Leck/Schleswig
Printed in Germany
680-ISBN 3 499 11758 4*

Inhalt

Vorbemerkung 7
(Zu den Vorträgen und dem Interview *L'Ami du peuple*)

Plädoyer für die Intellektuellen 9
(*Plaidoyer pour les intellectuels*)

L'Ami du peuple 65
(*L'Ami du peuple*)

Die Anthropologie 78
(*L'Anthropologie*)

«Sartre über Sartre» 89
(*«Sartre par Sartre»*)

Palmiro Togliatti 112
(*Palmiro Togliatti*)

Das singulare Universale 123
(*L'Universel singulier*)

Der Sozialismus, der aus der Kälte kam 151
(*Le Socialisme qui venait du froid*)

Vorbemerkung

Diese Vorträge und dieses Interview – zwischen denen fünf Jahre und die Ereignisse des Mai 1968 liegen – sollen zeigen, in welchem Maße der Begriff des Intellektuellen in unserer Zeit Wandlungen unterworfen ist. In meinen Vorträgen in Japan beschrieb ich, was man seit 1968 häufig als den «*klassischen* Intellektuellen» bezeichnet – allerdings ohne ihn so zu nennen; bereits damals zeigte ich – ohne mir jedoch im einzelnen klar darüber zu sein –, wie *unselbständig* (wie es im Deutschen heißt) dieser erschien. In Wahrheit ist das Moment des unglücklichen Bewußtseins – das heißt das des Intellektuellen schlechthin – keineswegs eine *Stasis*, sondern ein zeitweiliges Innehalten beim Übergang vom Techniker des praktischen Wissens zum radikalisierten Bundesgenossen der demokratischen Kräfte, *unter der Voraussetzung* – und das habe ich damals nicht erwähnt –, daß er eine neue Distanz zu seinem Beruf, das heißt zu *seiner sozialen Existenz*, gewinnt und daß er begreift, daß kein *politischer Protest* seine objektive Massenfeindlichkeit kompensieren kann.[1] Heute ist mir klargeworden, daß er nicht im Stadium des unglücklichen Bewußtseins (Idealismus, Wirkungslosigkeit) stehenbleiben kann, daß er sich vielmehr seinem Problem stellen muß oder – wenn man es anders sagen will – das *intellektuelle Moment* überwinden muß, um einen neuen *demokratischen* Status zu finden.

---

1 Wenn amerikanische Professoren gegen den Vietnam-Krieg protestieren, so ist das eine gute Sache. Aber dieser Protest fällt kaum ins Gewicht (relative Wirkungslosigkeit) neben den Arbeiten, die einige von ihnen in den für sie bereitgestellten Labors durchführen, mit dem Ziel, neue Waffen für die US-Armee zu entwickeln.

Plädoyer für die Intellektuellen

Die folgenden drei Vorträge hielt Jean-Paul Sartre im September und Oktober 1965 in Tokio und Kioto

Erster Vortrag

Was ist ein Intellektueller?

1. Die Situation des Intellektuellen

Mißt man die Intellektuellen lediglich an den Vorwürfen, die ihnen gemacht werden, so könnte man meinen, sie seien die großen Schuldigen. Es ist übrigens auffallend, daß diese Vorwürfe überall die gleichen sind. Aus zahlreichen japanischen Zeitungs- und Zeitschriftenartikeln zum Beispiel, die für den westlichen Leser ins Englische übersetzt worden sind, glaube ich entnehmen zu können, daß in Japan nach der Meiji-Ära eine Trennung zwischen der politischen Macht und den Intellektuellen stattgefunden hat; nach dem Kriege und hauptsächlich zwischen 1945 und 1950 sah es so aus, als hätten die Intellektuellen die politische Macht übernommen und viel Unheil angerichtet. In derselben Zeit scheint es – jedenfalls wenn man unsere Presse liest –, als seien sie auch in Frankreich an der Macht gewesen und hätten dort Katastrophen heraufbeschworen: Bei Ihnen wie bei uns folgte auf einen militärischen Zusammenbruch (wir bezeichnen den unseren als Sieg, Sie den Ihren als Niederlage) die Zeit der Remilitarisierung der Gesellschaft im Zeichen des kalten Krieges. Die Intellektuellen haben von dieser Entwicklung angeblich nichts begriffen. Hier wie auch bei uns verurteilt man sie mit der gleichen Vehemenz und mit den gleichen sich widersprechenden Argumenten. Bei Ihnen sagt man, es sei Aufgabe der Intellektuellen, die Kultur zu bewahren und weiterzugeben, dem Wesen nach also *konservativ* zu sein, sie hätten ihre Aufgabe und ihre Rolle jedoch mißverstanden, seien kritisch und zersetzend geworden und hätten bei ihren ständigen Angriffen auf die Staatsmacht nur das Schlechte in der Geschichte ihres Landes gesehen. Deshalb hätten sie sich in *allen* Punkten getäuscht, was nicht weiter schlimm wäre, wenn sie nicht gleichzeitig in allen wichtigen Situationen auch das Volk getäuscht hätten.

Das Volk täuschen! Das bedeutet: es dazu bringen, daß es seinen eigenen Interessen den Rücken kehrt. Sollten die Intellektuellen etwa auf demselben Terrain über eine gewisse Macht verfügen wie die Regierung? Nein, sobald sie sich vom kulturellen Konservatismus entfernen, der ihre Tätigkeit und ihre Aufgabe definiert, wirft man ihnen doch gerade vor, sie würden damit machtlos: Wer hört dann auf sie? Im übrigen sind sie von Natur aus schwach: Sie *produzieren* nichts und haben zum Leben nur ihr Einkommen; das nimmt ihnen jede Möglichkeit, sich im zivilen ebenso wie im politischen Leben zu behaupten. Sie sind also wirkungslos und stehen auf schwankendem Grund; in Ermangelung einer wirtschaftlichen und gesellschaftlichen Macht halten sie sich für eine Elite, die berufen ist, über alles zu urteilen, sie sind es aber nicht. Von daher rühren ihr Moralismus und ihr Idealismus (sie denken so, als lebten sie schon in einer fernen Zukunft, und beurteilen unsere Zeit aus dem abstrakten Blickwinkel dieser Zukunft).

Fügen wir hinzu: ihr *Dogmatismus*; um zu entscheiden, was zu tun sei, berufen sie sich auf unantastbare, aber abstrakte Grundsätze. Man meint hier natürlich den Marxismus; doch damit gerät man in einen neuen Widerspruch, da der Marxismus in prinzipiellem Gegensatz zum Moralismus steht. Dieser Widerspruch stört nicht weiter, da er nur auf einer Projektion beruht. Auf jeden Fall wird man ihnen den Realismus der Politiker entgegenhalten: Während die Intellektuellen ihrer Funktion, ihrer eigentlichen Aufgabe untreu wurden und sich mit dem «Geist, der stets verneint», identifizierten, bauten die Politiker, bei Ihnen wie bei uns, ohne große Worte das vom Krieg verwüstete Land wieder auf; damit haben sie klugen Pragmatismus bewiesen, der an die Tradition anknüpfte und in einigen Fällen an die neuen Praktiken (und Theorien) der westlichen Welt. In dieser Hinsicht geht man in Europa weiter als in Japan; bei Ihnen hält man die Intellektuellen für ein notwendiges Übel: Man braucht sie, um die Kultur zu bewahren, sie weiterzugeben und zu bereichern; zwar wird es immer ein paar schwarze Schafe unter ihnen geben, doch genügt es, wenn man ihrem Einfluß energisch Grenzen setzt. Bei uns hingegen sagt man ihren Untergang voraus: Unter dem Einfluß amerikanischer Ideen prophezeit man, daß diese Leute, die behaupten, alles zu wissen, verschwinden werden: Die Fortschritte in der Wissenschaft würden dazu führen, daß diese Universalisten durch hochspezialisierte Forschungsteams ersetzt würden.

Können all diese Kritikpunkte trotz ihrer Widersprüchlichkeit auf einen gemeinsamen Nenner gebracht werden? Ja, denn sie entspringen offenbar alle einem grundsätzlichen Vorwurf: *Der Intellektuelle ist jemand, der sich in Dinge einmischt, die ihn nichts angehen,* der erklärt, er fechte sämtliche gängigen Wahrheiten und die daraus abgeleiteten Verhaltensweisen im Namen einer Globalkonzeption vom Menschen und von der Gesellschaft an – einer Konzeption, die heute unmöglich, das heißt abstrakt und falsch ist, denn die Wachstumsgesellschaften zeichnen sich aus durch extreme Verschiedenheit der Lebensformen, der sozialen Funktionen und der konkreten Probleme. *Es stimmt:* Der Intellektuelle ist jemand, der sich in Dinge einmischt, die ihn nichts angehen. Wie sehr es stimmt, geht daraus hervor, daß das Wort «intellektuell» – auf Personen bezogen – bei uns während der Dreyfus-Affäre im negativen Sinne allgemeine Verbreitung gefunden hat. Für die Dreyfus-Gegner war Freispruch oder Verurteilung des Hauptmanns Dreyfus Sache der Militärgerichte, letzten Endes des *Generalstabs*: Dadurch, daß die Dreyfus-Anhänger die Unschuld des Angeklagten feststellten, *überschritten sie ihre Kompetenz.* Ursprünglich also erscheint die Gesamtheit der Intellektuellen als eine Vielzahl von Menschen, die eine gewisse Berühmtheit erlangt haben durch Arbeiten, die auf Intelligenz beruhen (exakte Wissenschaft, angewandte Wissenschaft, Medizin, Literatur usw.), Menschen, die diese Berühmtheit jedoch *mißbrauchen*, indem sie ihre Domäne verlassen und die Gesellschaft und die etablierten Kräfte im Namen einer globalen und dogmatischen Auffassung vom Menschen kritisieren (verschwommen oder klar, moralistisch oder marxistisch).

Ein Beispiel für diesen gängigen Intellektuellenbegriff: Man wird die Bezeichnung «intellektuell» nicht auf Wissenschaftler anwenden, die in der Kernforschung arbeiten, um die Waffen für die atomare Kriegführung zu verbessern: Sie sind ganz einfach Wissenschaftler. Wenn aber dieselben Wissenschaftler, entsetzt über die zerstörerische Gewalt der Waffen, deren Herstellung sie ermöglichen, sich zusammenschließen und ein Manifest unterzeichnen, um die Öffentlichkeit vor der Anwendung der Atombombe zu warnen, dann werden sie zu Intellektuellen. Denn 1. überschreiten sie ihre Kompetenz – die Herstellung der Bombe ist eines, die Entscheidung über ihre Anwendung etwas anderes; 2. mißbrauchen sie ihre Berühmtheit oder die ihnen zuerkannte Kompetenz, um die Öffentlichkeit zu überrumpeln; denn damit verschleiern sie die unüberbrückbare Kluft, die ihre wissenschaftlichen Kenntnisse von der *politischen* Einschätzung der von ihnen konstruierten Waffe trennt, einer Einschätzung, die sie auf der Grundlage *anderer Prinzipien* vornehmen; 3. verurteilen sie die Anwendung der Bombe nicht etwa, weil sie technische Mängel festgestellt hätten, sondern im Namen eines höchst fragwürdigen Wertsystems, dessen höchste Norm das menschliche Leben ist.

Was ist von diesen grundsätzlichen Anklagen zu halten? Entsprechen sie einem realen Sachverhalt? Wir können dies nicht entscheiden, bevor wir nicht den Versuch einer *Definition* des Intellektuellen unternommen haben.

2. Was ist ein Intellektueller?

Da man ihm vorwirft, *seine Kompetenz* zu überschreiten, erscheint er somit als besonderer Fall innerhalb einer Personengruppe, die sich durch gesellschaftlich *anerkannte* Funktionen definiert. Was bedeutet das?

Jede *Praxis* umfaßt mehrere Momente. Teilweise negiert die Aktion das, was *ist* (die Praxis stellt sich als zu *verändernde* Situation dar), zugunsten dessen, was *nicht ist* (zu erreichendes Ziel, Redistribution der Grundgegebenheiten der Situation, letztlich zur Reproduktion des Lebens). Aber diese Negation ist eine Enthüllung und wird begleitet von einer Bestätigung, da man ja *das, was nicht ist, mit dem, was ist,* realisiert; das enthüllende Erfassen dessen, was ist, von dem aus, was nicht ist, muß so exakt wie möglich sein, denn es muß im Gegebenen das Mittel zur Verwirklichung dessen, was noch nicht ist, finden (die erforderliche Widerstandsfähigkeit eines Materials erweist sich als abhängig vom Druck, den es aushalten muß). So umfaßt die *Praxis* das Moment des praktischen Wissens, das die Realität erkennt, sie überschreitet, bewahrt und auch schon verändert. Hierher gehören die Forschung und die praktische Wahrheit, definiert als Erfassen des Seins, insofern es die Möglichkeit seiner eigenen zielgerichteten Veränderung mit einschließt. Die Wahrheit gelangt vom Nichtsein zum Sein, von der praktischen Zukunft zur Gegenwart. So gesehen ist das *verwirklichte* Vorhaben die *Verifizierung* der aufgefundenen Möglichkeiten (wenn ich auf der Behelfsbrücke den Fluß überschreite, weist das gewählte und zusammengefügte Material offensichtlich die gewünschte Festigkeit auf). Von daher ist das praktische Wissen *zunächst* Erfindung. Um entdeckt, verwendet und verifiziert zu werden, müssen die Möglichkeiten zuerst *erfunden* sein. In diesem Sinne ist der Mensch *Entwurf*: Er ist *Schöpfer*, denn auf der Grundlage dessen, was noch nicht ist, erfindet er, was *schon ist*; er ist *Wissenschaftler*, denn er wird nicht zum Ziel gelangen, ohne die Möglichkeiten klar abzugrenzen, die es erlauben, das Unternehmen erfolgreich abzuschließen; er ist *Forscher* und *Zweifler* (denn das gesetzte Ziel bezeichnet schematisch seine Mittel, und er muß im selben Maße, in dem das Ziel abstrakt ist, die konkreten Mittel suchen, was darauf hinausläuft, daß das Ziel durch die Mittel präzisiert und manchmal durch eine Abweichung erweitert wird; das heißt, daß er das Ziel durch die Mittel – und umgekehrt – so lange in Frage stellt, bis das Ziel zur integrierenden Einheit der gewählten Mittel wird). An dieser Stelle muß er dann entscheiden, ob «das Ganze die Mühe lohnt», anders ausgedrückt, ob das vom globalen Gesichtspunkt des *Lebens* angestrebte integrierende Ziel das Ausmaß der *energetischen Transformationen*, mit denen es erreicht werden soll, rechtfertigt oder, wenn man will, ob der Gewinn den Energieaufwand lohnt. Denn wir leben in einer Welt des Mangels, in der jede Verausgabung in irgendeiner Hinsicht als Vergeudung erscheint.

Die Arbeitsteilung in den modernen Gesellschaften erlaubt es, die einzelnen Aufgaben, die zusammengenommen die *Praxis* ergeben, auf verschiedene Gruppen zu übertragen und, was uns hier interessiert, Spezialisten des praktischen Wissens hervorzubringen. Anders ausgedrückt: Durch diese spezielle Gruppe und in ihr wird die *Aufdeckung*, die ein Moment der Aktion ist, isoliert und verselbständigt. Die Ziele werden von der herrschenden Klasse bestimmt und von den arbeitenden Klassen verwirklicht, das Studium der Methoden ist jedoch einer Gruppe von Technikern vorbehalten, die dem von Colin Clarke so benannten tertiären Bereich angehören: Wissenschaftlern, Ingenieuren, Ärzten, Juristen, Lehrern usw. Diese Menschen unterscheiden sich als Individuen nicht von den anderen, denn jeder von ihnen, was er auch tut, entschleiert und bewahrt das Sein, das er mit seinem Plan, es zu nutzen, überschreitet. Schließlich muß noch betont werden, daß die ihnen zugewiesene gesellschaftliche Funktion in einer kritischen Überprüfung des Feldes des Möglichen besteht und daß ihnen weder eine Billigung der Ziele zukommt noch ihre Verwirklichung (jedenfalls in den meisten Fällen – es gibt Ausnahmen: den Chirurgen zum Beispiel). Diese Techniker des praktischen Wissens sind zwar noch längst nicht allesamt Intellektuelle, doch ausschließlich aus ihnen gehen sie hervor.

Um besser verstehen zu können, was sie sind, wollen wir untersuchen, unter welchen Umständen sie in Frankreich zum erstenmal in Erscheinung traten. Bis ins 14. Jahrhundert verfügt der Kleriker – der Mann der Kirche – ebenfalls über ein bestimmtes Wissen: Weder der Adel noch die Bauern können lesen. Das Lesen ist *Sache des Klerus*. Aber die Kirche verfügt über wirtschaftliche Macht (ungeheure Reichtümer) und politische Macht (ein Beweis dafür ist der Gottesfriede, den sie den Lehnsherren diktierte und in den meisten Fällen auch durchzusetzen wußte). Die Rolle der Kirche ist es, Hüterin einer *Ideologie* zu sein, des Christentums, deren Ausdruck sie ist und die sie den anderen Klassen oktroyiert. Der Klerus ist Mittler zwischen dem Herrn und dem Bauern; er ermöglicht ihnen die gegenseitige Anerkennung, insofern sie eine gemeinsame Ideologie haben (oder zu haben glauben). Er wacht über die Dogmen, gibt die Tradition weiter und paßt sie den jeweiligen Gegebenheiten an. In seiner Eigenschaft als Mann der Kirche kann der Kleriker kein Spezialist des Wissens sein. Er bietet ein mythisches Bild von der Welt an, einen totalitären Mythos, der, obwohl er Ausdruck des Klassenbewußtseins der Kirche ist, den Platz und die Bestimmung des Menschen in einem durch und durch geheiligten Universum sowie die soziale Hierarchie festlegt.

Mit der Entwicklung der Bourgeoisie tritt der Spezialist des praktischen Wissens auf. Diese Klasse von Kaufleuten gerät bereits bei ihrem Entstehen in Konflikt mit der Kirche, deren Grundsätze (*gerechter* Preis, Verdammung des Zinswuchers) die Entwicklung des Handelskapitalismus behindern. Sie macht sich indessen die Ideologie des Klerus zu eigen und hält an ihr fest, ohne sich um eine Klärung ihrer eigenen Ideologie zu kümmern. Aber sie sucht sich in ihren eigenen Reihen technische Hilfstruppen und Verteidiger. Die Handelsflotten rufen Wissenschaftler und Ingenieure auf den Plan; die doppelte Buchführung macht Kalkulatoren erforderlich, aus denen Mathematiker hervorgehen; der Realbesitz und die Verträge erfordern eine wachsende Zahl von Juristen; die Medizin entwickelt sich, und die Anatomie steht am Anfang des bürgerlichen Realismus in der Kunst. Diese «Experten der Mittel» entstehen also aus der Bourgeoisie und in ihr: Sie bilden weder eine Klasse noch eine Elite. Sie sind in das breit angelegte Unternehmen des Handelskapitalismus völlig integriert, sie liefern ihm die Mittel zur Selbstbehauptung und zu seiner Ausdehnung. Diese Wissenschaftler und Praktiker sind nicht Hüter irgendeiner *Ideologie*, und es ist sicherlich nicht ihre Aufgabe, der Bourgeoisie zu einer solchen zu verhelfen. In den Konflikt zwischen den Interessen der Bourgeoisie und der Ideologie der Kirche greifen sie kaum ein: Die Probleme werden von Klerikern auf der Ebene des Klerus formuliert; diese tragen im Namen der synthetischen Universalität einen Kampf in ihren eigenen Reihen aus, und zwar zu der Zeit, in der die Entwicklung des Handels die Bourgeoisie zu einer integrationsfähigen Kraft macht. Ihren Versuchen, die christliche Ideologie den Bedürfnissen der aufsteigenden Klasse anzupassen, entspringt einerseits die Reformation (der Protestantismus ist die Ideologie des Handelskapitalismus), andererseits die Gegenreformation (die Jesuiten machen der reformierten Kirche die Bürger streitig: Ihnen ist es zu verdanken, daß an die Stelle des Begriffs «Zinswucher» der des «Kredits» tritt). Die Männer des Wissens leben in diesen Konflikten, sie messen ihnen geringe Bedeutung bei, sie empfinden die Widersprüche, sind aber noch nicht die treibenden Kräfte.

In Wirklichkeit konnte keine Anpassung der christlichen Ideologie die Bourgeoisie befriedigen, deren Interesse sich ausschließlich auf die *Säkularisierung aller Bereiche der Praxis* richtete. Und das bewirken – jenseits der Auseinandersetzungen zwischen den Klerikern – die Techniker des praktischen Wissens (sogar ohne sich dessen bewußt zu sein), indem sie die bürgerliche *Praxis* über sich selbst aufklären und Ort und Zeit der Warenzirkulation bestimmen. Wo ein sakraler Bereich verweltlicht wird, schickt Gott sich an, wieder gen Himmel zu fahren: Seit dem Ende des 17. Jahrhunderts ist er der *verborgene Gott*. Jetzt erwacht in der Bourgeoisie das Bedürfnis, sich auf der Basis einer umfassenden Weltanschauung, das heißt einer Ideologie, als Klasse zu bestätigen: Das ist die eigentliche Bedeutung dessen, was man die «Krise des abendländischen Denkens» genannt hat. Diese Ideologie wird nicht von den Klerikern entworfen, sondern von den Technikern des praktischen Wissens: von Juristen (Montesquieu), Schriftstellern (Voltaire, Diderot, Rousseau), Mathematikern (d'Alembert), Finanzfachleuten (Helvétius), Ärzten usw. Sie treten an die Stelle der Kleriker und nennen sich *Philosophen*[1], das heißt «Liebhaber der Weisheit». Die Weisheit: das ist die Vernunft. Über ihre speziellen Arbeiten hinaus geht es ihnen darum, einen rationalen Begriff des Universums zu schaffen, der die *Handlungen* und die *Forderungen* der Bourgeoisie umfaßt und rechtfertigt.

Sie verwenden dafür die analytische Methode, also eben die Untersuchungsmethode, die sich in den Wissenschaften und Techniken der Epoche bewährt hat. Sie wenden sie auf historische und gesellschaftliche Probleme an: Gegen die Traditionen, Privilegien und Mythen des Adels ist sie die beste Waffe, sie fußt gleichwohl auf einem Synkretismus ohne rationale Basis. Man ist so klug, das ätzende Mittel, das die aristokratischen und theokratischen Mythen zersetzt, hinter der synkretistischen Fassade zu verbergen. Als Beispiel sei hier der *Naturbegriff* angeführt, der einen Kompromiß darstellt zwischen der Natur als Gegenstand streng naturwissenschaftlicher Analyse und der von Gott erschaffenen christlichen Welt. Sie ist beides zugleich: *Natur* ist zunächst die Idee einer Einheit, die alle Existenz zusammenfaßt und verschmilzt. Das führt wieder zur Idee einer göttlichen Vernunft zurück. Dieser Naturbegriff enthält aber auch die Vorstellung, daß alles Gesetzen unterworfen ist, daß die Welt auf unendlich vielen Kausalzusammenhängen beruht und daß jeder Gegenstand der Erkenntnis das zufällige Ergebnis des Zusammentreffens mehrerer dieser Kausalzusammenhänge ist: Dies führt zwangsläufig zur Aufgabe der Idee vom Weltenschöpfer. So kann man also, im Schutz dieses geschickt gewählten Begriffs Christ, Deist, Pantheist, Atheist oder Materialist sein, wobei man entweder sein eigentliches Denken hinter dieser Fassade, an die man keineswegs glaubt, verbirgt oder sich selbst täuscht und gläubig und ungläubig *zugleich* ist. Für die meisten Aufklärer traf letzteres zu, waren sie doch Spezialisten des praktischen Wissens, aber dennoch beeinflußt von den Glaubensvorstellungen, die ihnen in früher Kindheit beigebracht worden waren.

Von daher ist es ihre Aufgabe, der Bourgeoisie Waffen gegen den Adel an die Hand zu geben und sie in ihrem Stolz und ihrem Selbstbewußtsein zu bestärken. Indem sie die Idee des *Naturgesetzes* auf die Ökonomie

---

[1] Im Frankreich des 18. Jahrhunderts: Aufklärer.

ausdehnen – ein unvermeidlicher, aber fundamentaler Irrtum –, machen sie die Ökonomie zu einem säkularisierten Bereich, unabhängig vom Menschen: Die Starrheit der Gesetze, an deren Änderung nicht einmal im Traum zu denken ist, zwingt dazu, sich ihnen zu unterwerfen; die Ökonomie wird Teil der Natur. Auch sie kann man nur beherrschen, wenn man ihr gehorcht. Wenn die Aufklärer Freiheit fordern, das Recht auf freie Erprobung, so fordern sie damit nur die Unabhängigkeit des Denkens, die für die praktische Forschung (die sie gleichzeitig durchführen) unabdingbar ist; für die bürgerliche Klasse aber zielt diese Forderung nach Freiheit in erster Linie auf die Abschaffung der vom Adel auferlegten Handelsbeschränkungen und auf den Liberalismus oder den freien wirtschaftlichen Wettbewerb. Ebenso erscheint der *Individualismus* dem Besitzbürgertum als die Bestätigung des Realbesitzes, der direkten Beziehung zwischen Besitzer und Besitz, gegenüber dem feudalen Eigentum, das primär eine Beziehung zwischen Menschen darstellt. Der *soziale Atomismus* resultiert aus der Anwendung des wissenschaftlichen Denkens der Epoche auf die Gesellschaft: Der Bürger bedient sich seiner, um die sozialen «Organismen» *abzulehnen*. Die Gleichheit aller sozialen Atome ist eine notwendige Folge der szientistischen Ideologie, die sich auf die analytische Vernunft stützt: Die Bürger benützen sie, um den Adel herabzusetzen, indem sie ihm *alle übrigen* Menschen gegenüberstellen. In dieser Epoche begreift sich nun die Bourgeoisie, wie Marx gesagt hat, als die universale Klasse.

Kurz, die «Philosophen» tun nichts anderes als das, was man heute den *Intellektuellen* vorwirft: Sie setzen ihre Methoden für ein anderes Ziel ein als das, welches sie erreichen sollten, nämlich zur Konstituierung einer bürgerlichen Ideologie, die auf dem mechanistischen und analytischen Szientismus beruht. Muß man in ihnen deshalb die ersten Intellektuellen sehen? Ja und nein. Tatsächlich wirft der Adel ihnen in jener Zeit vor, sie mischten sich in Dinge ein, die sie nichts angingen. Ebenso der hohe Klerus. Nicht aber die Bourgeoisie. Denn ihre Ideologie ist keineswegs aus dem Nichts entstanden: Die bürgerliche Klasse hat sie, noch roh und diffus, in und mittels *ihrer Handelspraxis* selbst hervorgebracht; sie entdeckte, daß sie einer Ideologie bedurfte, um über Zeichen und Symbole ein Selbstbewußtsein erlangen zu können und um die Ideologien der anderen sozialen Klassen zu untergraben und zu zerstören. Die «Philosophen» erscheinen somit als *organische* Intellektuelle, in dem Sinn, den Gramsci diesem Wort gibt: Sie entstammen der bürgerlichen Klasse und machen es sich zur Aufgabe, dem *objektiven Geist* dieser Klasse Ausdruck zu verleihen. Woher kommt dieser organische Konsens? Zunächst einmal daher, daß sie aus der bürgerlichen Klasse hervorgegangen sind, daß sie getragen werden von ihren Erfolgen und durchdrungen sind von ihren Bräuchen und ihrer Denkweise. Zweitens aber vor allem daher, daß sich das Vorgehen der praktischen wissenschaftlichen Forschung und das der aufsteigenden Klasse entsprechen: im Widerspruchsgeist, in der Ablehnung des Autoritätsprinzips und der dem freien Handel auferlegten Fesseln, in der Universalität der wissenschaftlichen Gesetze und der Universalität des Menschen im Gegensatz zum feudalen Partikularismus. Dieses Wert- und Ideengebäude – das letztlich auf die folgenden beiden Formeln hinausläuft: Jeder Mensch ist Bürger, jeder Bürger ist Mensch – trägt einen Namen: bürgerlicher *Humanismus*.

Dies war das goldene Zeitalter: Die «Philosophen», geboren, erzogen und ausgebildet im Schoße der Bourgeoisie, kämpften mit deren Zustimmung darum, eine bürgerliche Ideologie zu entwickeln. Dieses Zeitalter liegt weit zurück. Heute ist die Bourgeoisie an der Macht, aber niemand kann sie mehr für die universale Klasse halten. Das allein würde ausreichen, den Untergang ihres «Humanismus» zu besiegeln, und zwar um so mehr, als diese Ideologie, die in der Zeit des Familienkapitalismus ihr angemessen war, dies im Zeitalter der Monopole kaum mehr ist. Sie existiert indessen weiter: Die Bourgeoisie bezeichnet sich beharrlich als humanistisch, der Westen nennt sich *freie Welt* usw. Im letzten Drittel des 19. Jahrhunderts jedoch und insbesondere nach der Dreyfus-Affäre sind die Enkel der Aufklärer *Intellektuelle* geworden. Was heißt das?

Sie gehen noch immer aus den Technikern des praktischen Wissens hervor. Um sie zu definieren, müssen jedoch die *heutigen* Merkmale dieser gesellschaftlichen Kategorie aufgezählt werden.

1. Der Techniker des praktischen Wissens wird «*von oben*» rekrutiert. Er gehört im allgemeinen nicht mehr der herrschenden Klasse an, doch diese bestimmt ihn *in seinem Sein*, indem sie über seine Verwendung entscheidet: je nach Art ihres Unternehmens (zum Beispiel entsprechend der Industrialisierungsphase), je nach den gesellschaftlichen Bedürfnissen, die auf *ihre* besonderen Optionen und auf *ihre* Interessen zugeschnitten sind (durch den Teil des Mehrwerts, den eine Gesellschaft für die Entwicklung der Medizin aufbringt, entscheidet sie sich *zu einem Teil* für die Zahl ihrer Toten). Die Beschäftigung, einmal als Stelle, die besetzt werden muß, und dann als Rolle, die es zu übernehmen gilt, bestimmt *a priori* die Zukunft eines Menschen, der zwar abstrakt, aber gleichwohl *eingeplant* ist: Soundso viele Stellen für Ärzte, für Lehrer usw. für das Jahr 1975 – das bedeutet für eine ganze Kategorie von Heranwachsenden eine Strukturierung des Feldes ihrer Möglichkeiten. Zugleich bestimmt es die Wahl des Studienfaches und auf der anderen Seite ein *Schicksal*: Tatsächlich erwartet die Menschen häufig, noch *ehe* sie überhaupt geboren sind, eine Stelle, die ihre *soziale Existenz* ausmacht; diese ist nämlich nichts anderes als die Gesamtheit der Funktionen, die sie tagtäglich zu

erfüllen haben werden. So bestimmt die herrschende Klasse die Anzahl der Techniker des praktischen Wissens im Hinblick auf den *Profit*, dem alles andere untergeordnet ist. Sie bestimmt gleichzeitig den Anteil vom Mehrwert, den sie für Löhne und Gehälter aufbringen will, der vom industriellen Wachstum, von der Konjunktur, vom Aufkommen neuer Bedürfnisse abhängt (die Massenproduktion zum Beispiel zieht eine beträchtliche Entwicklung der Werbung nach sich, diese wiederum bedingt eine ständig wachsende Zahl von Psychotechnikern, Statistikern, Erfindern publikumswirksamer Ideen, Künstlern, die diese Ideen *realisieren*, usw.; die Anwendung des *human engineering* beispielsweise verlangt die direkte Mitarbeit von Marketing-Psychologen und Soziologen). Heute liegt klar auf der Hand: Die Industrie will die Hochschule unter ihre Kontrolle bekommen, um sie zu zwingen, den alten, überholten Humanismus aufzugeben und durch Spezialfächer zu ersetzen, die den Betrieben Fachleute für Tests, höhere Angestellte, Werbefachleute usw. liefern sollen.

2. Die ideologische und technische Ausbildung des Spezialisten des praktischen Wissens wird ebenfalls durch ein «von oben» errichtetes System bestimmt (Primar-, Sekundarstufe, Hochschule), das zwangsläufig *selektiv* ist. Die herrschende Klasse regelt das Schulwesen so, daß den Auszubildenden a) die Ideologie, die sie für richtig hält (*Primar-* und *Sekundarstufe*), und b) die Kenntnisse und Praktiken, die sie zur Ausübung ihrer Funktionen befähigen (Hochschule), vermittelt werden.

Sie bildet sie also von vornherein für zwei Rollen aus: Sie macht aus ihnen Forschungsspezialisten und zugleich Angestellte der gesellschaftlichen «Hegemonialmacht», das heißt Hüter der Tradition. In der zweiten Rolle werden sie – mit einem Ausdruck von Gramsci – als «Funktionäre des Überbaus» eingesetzt und in dieser Funktion mit einer gewissen Macht ausgestattet, die es ihnen erlaubt, «die subalternen Funktionen gesellschaftlicher Hegemonie und der politischen Herrschaft auszuüben» (die Tester sind Büttel, die Lehrer sind Agenten der Auslese usw.). Im Grunde haben sie die Aufgabe, bestimmte Werte zu vermitteln (sie bei Bedarf umzugestalten, um sie den jeweiligen Erfordernissen anzupassen) und gegebenenfalls die Argumente und die Werte aller anderen Klassen unter Einsatz ihres technischen Wissens zu bekämpfen. Mithin sind sie Agenten eines ideologischen *Partikularismus*, der teils offen bekundet (wie im aggressiven Nationalismus der Nazi-Ideologen), teils verschleiert wird (wie im liberalen Humanismus, das heißt der falschen Universalität). Hierbei ist festzuhalten, daß sie sich mit Dingen zu befassen haben, mit denen sie sich eigentlich nicht befassen dürften. Dennoch wird niemand auf den Gedanken kommen, sie als *Intellektuelle* zu bezeichnen.

Das hat seine Ursache darin, daß sie fälschlicherweise als wissenschaftliche Gesetze ausgeben, was in Wirklichkeit nur die herrschende Ideologie ist. Zur Zeit der Kolonialherrschaft haben Psychiater sogenannte streng wissenschaftliche Untersuchungen durchgeführt, um die Minderwertigkeit der Afrikaner (zum Beispiel) an Hand der Anatomie und der Physiologie ihres Gehirns nachzuweisen. Damit trugen sie zur Aufrechterhaltung des bürgerlichen Humanismus bei: Alle Menschen sind gleich, *mit Ausnahme* der Kolonisierten, die nur äußerlich Menschen sind. Andere Untersuchungen stellten in gleicher Weise die Minderwertigkeit der Frau fest: Die Menschheit war demnach bürgerlich, weiß und männlichen Geschlechts.

3. Die Klassenverhältnisse regeln automatisch die Auslese der Techniker des praktischen Wissens: In Frankreich gelangt in diese soziale Kategorie kaum ein Arbeiter, weil ein Arbeiterkind größte Schwierigkeiten hat, an der Universität zu studieren; Kinder von Bauern sind hier in größerer Zahl vertreten, weil das niedere Beamtentum der Städte die Landfluchtbewegungen der letzten Jahrzehnte absorbiert hat. Aber im wesentlichen sind in dieser Kategorie Kinder von Kleinbürgern vertreten. Ein bestimmtes System von Stipendien (die Ausbildung ist zwar kostenlos, aber man muß auch leben) erlaubt es der Staatsmacht, je nach den Umständen diese oder jene Politik der Nachwuchsauslese zu betreiben. Darüber hinaus ist selbst für die Kinder der Mittelschichten das Feld der Möglichkeiten durch das Familieneinkommen eng begrenzt: Die Kosten für ein sechsjähriges Medizinstudium des Sohnes übersteigen die finanziellen Mittel der unteren Mittelschichten. Für den Techniker des praktischen Wissens ist also alles genauestens festgelegt. Er stammt in der Regel aus der mittleren Schicht der Mittelklassen, wo man ihm von Kind an die partikularistische Ideologie der herrschenden Klasse eintrichtert, *auf jeden Fall* aber zählt er durch seine Arbeit zur Mittelklasse. Das bedeutet, daß er im Normalfall keinerlei Kontakt zu den Arbeitern hat und daß er, obschon er der gleichen Ausbeutung durch das Unternehmertum unterliegt, doch in jedem Fall vom Mehrwert lebt. In diesem Sinn sind seine soziale Existenz und sein Schicksal fremdbestimmt: Er ist der Mann des Mittels, der Durchschnittsmensch, der Mensch der Mittelklassen; die wesentlichen Ziele, auf die seine Aktivitäten ausgerichtet sind, sind nicht die *seinen*.

Hier nun taucht der *Intellektuelle* auf. Alles hat seinen Ursprung darin, daß der für die Gesellschaft Arbeitende, den die herrschende Klasse zum Techniker des praktischen Wissens gemacht hat, auf verschiedenen Ebenen unter ein und demselben Widerspruch leidet:

1. Er ist «Humanist» von klein auf: Das heißt, man hat ihm beigebracht, daß alle Menschen gleich seien. Sobald er sich dann aber selbst

betrachtet, wird ihm bewußt, daß er selbst der Beweis für die Ungleichheit der menschlichen Lebensbedingungen ist. Er verfügt über eine gesellschaftliche *Macht*, die auf seinem in eine bestimmte Praxis eingegangenen Wissen beruht. Dieses Wissen hat er, als Sohn eines kleinen Angestellten, eines gutsituierten Gehaltsempfängers oder eines Freiberuflichen, als *Erbe* empfangen: Die Bildung lag schon in der Familie, bevor er in sie hineingeboren wurde; groß zu werden in seiner Familie war also identisch mit dem Hineinwachsen in die Bildung. Falls er den arbeitenden Klassen entstammt, konnte er nur auf Grund eines komplexen und *niemals gerechten* Selektionssystems aufsteigen, das den Großteil seiner Altersgefährten ausgesondert hatte. In jedem Falle genießt er ein ungerechtfertigtes Privileg, auch und besonders dann, wenn er alle Prüfungen glänzend bestanden hat. Dieses Privileg – oder Wissensmonopol – steht in radikalem Widerspruch zum humanistischen Egalitätsprinzip. Mit anderen Worten: er müßte auf dieses Privileg verzichten. Aber da er dieses Privileg selbst *ist*, kann er nur um den Preis seiner eigenen Abschaffung darauf verzichten; dem aber steht der in den meisten Menschen so tief verwurzelte Selbsterhaltungstrieb entgegen.

2. Der «Philosoph» des 18. Jahrhunderts hatte, wie wir gesehen haben, das Glück, der organische Intellektuelle *seiner* Klasse zu sein. Das heißt, daß die Ideologie der Bourgeoisie – die gegen die überholten Formen der Feudalmacht kämpfte – unmittelbar aus den allgemeinen Prinzipien der wissenschaftlichen Forschung zu erwachsen schien, eine Illusion, die daraus entstand, daß die Bourgeoisie – in Auflehnung gegen die Aristokratie, die sich durch Geburt und als Rasse einzigartig dünkte – für sich die Universalität in Anspruch nahm, sich als universale Klasse begriff.

Anfangs waren die Techniker des praktischen Wissens auf Grund ihrer Erziehung und «humanistischen Bildung» von der bürgerlichen Ideologie durchdrungen; heute befindet sich diese Ideologie im Widerspruch mit dem anderen konstitutiven Moment dieser Techniker, nämlich ihrer Funktion als Forscher, das heißt mit ihrem Wissen und ihren Methoden: Gerade dadurch sind sie universalistisch, denn sie suchen nach universalen Erkenntnissen und Verfahren. Wenn sie jedoch ihre Methoden auf die herrschende Klasse und ihre Ideologie anwenden – die gleichzeitig *ihre eigene* ist –, so kann ihnen nicht verborgen bleiben, daß die eine wie die andere insgeheim *partikularistisch* ist. So kommt es, daß sie im Zuge ihrer Forschungen der Entfremdung gewahr werden, sind sie doch die Mittel zu Zwecken, die ihnen fremd bleiben und die in Frage zu stellen man ihnen verbietet. Dieser Widerspruch hat seinen Ursprung nicht in ihnen, sondern in der herrschenden Klasse selbst. Ein Beispiel aus Ihrer eigenen Geschichte wird dies ganz deutlich machen.

Im Jahre 1886 führt Arinari Mori in Japan eine Schulreform durch: Die militaristisch-nationalistische Ideologie soll zur Grundlage der Grundschulerziehung werden, in ihr soll beim Schüler Loyalität gegenüber dem Staat und Unterordnung unter das traditionelle Wertsystem entwickelt werden. Doch Mori ist gleichzeitig davon überzeugt (wir befinden uns in der Meiji-Ära), daß eine Erziehung, die über diese Grundgedanken nicht hinausgeht, nicht die Wissenschaftler und Techniker hervorbringen kann, die Japan für seine Industrialisierung braucht. Aus diesem Grunde muß also der «Hoch»-Schule eine gewisse Freiheit gewährt werden, die der Forschung dienlich ist.

Inzwischen hat sich das japanische Erziehungssystem grundlegend gewandelt, doch ich habe dieses Beispiel angeführt, um zu zeigen, daß der Widerspruch in den Spezialisten des praktischen Wissens durch die sich widersprechenden Erfordernisse der herrschenden Klasse hervorgerufen wird. In der Tat bestimmt sie den widersprüchlichen Rahmen, auf den sich jene von Jugend an einzustellen haben und der aus ihnen Menschen macht, die mit dem Widerspruch leben müssen, denn die partikularistische Ideologie des Gehorsams gegenüber einem Staat, einer Politik, einer herrschenden Klasse gerät für sie in Konflikt mit dem – freien und universalistischen – Geist der Forschung, der ihnen gleichfalls von außen vermittelt wird, jedoch *später*, wenn sie bereits Untertanen sind. Bei uns herrscht der gleiche Widerspruch: Durch eine falsche Universalität wird ihnen der Blick für die gesellschaftliche Realität der Ausbeutung der großen Mehrheit durch eine Minderheit verstellt. Man verbirgt vor ihnen hinter humanistischer Fassade die wirkliche Lage der Arbeiter und Bauern und den Klassenkampf, hinter einer verlogenen «Gleichheit» den Imperialismus, den Kolonialismus und die Ideologie dieser Praxis, den Rassismus; die meisten sind, da sie es von klein auf so gelernt haben, beim Eintritt in die höhere Schule von der Minderwertigkeit der Frau überzeugt; die nur für die Bourgeoisie errungene Freiheit wird ihnen als formal allgemeine Freiheit vorgeführt: allgemeines Wahlrecht usw.; Begriffe wie «Friede», «Fortschritt» oder «Brüderlichkeit» können nur schwer die Selektion verhehlen, die jeden einzelnen zu einem «Konkurrenz-Menschen» macht, ebensowenig die imperialistischen Kriege, die Aggression der US-Streitkräfte in Vietnam usw. Seit neuestem ist man darauf verfallen, sie das Geschwätz vom «Überfluß» nachplappern zu lassen, um vor ihnen die Tatsache zu verbergen, daß zwei Drittel der Menschheit an chronischer Unterernährung leiden. Das bedeutet: Wenn sie diesen sich widersprechenden Gedanken den Schein von Übereinstimmung geben wollen, heißt das, die Freiheit der Forschung durch offenkundig falsche Vorstellungen einzuengen, das freie wissenschaftliche und technische Denken durch Normen einzuschränken, *die dem Denken fremd sind*, und damit dem Geist der Forschung äußere Grenzen zu setzen und zu versuchen, sich selbst und anderen einzureden, diese Grenzen entsprängen diesem Geist selbst. Kurz, das wissenschaftlich-technische Denken entwickelt seine Universalität nur *unter Kontrolle*; so wird die Wissenschaft trotz dieser Kontrolle und trotz ihres universalen, freien und streng wissenschaftlichen Kerns dem Partikularismus unterworfen und wird zur Ideologie.

3. Läßt man die Ziele der herrschenden Klasse einmal unberücksichtigt, so ist das Handeln des Technikers vor allem anderen ein *praktisches*: Es ist auf den Nutzen gerichtet; nicht auf das, was dieser oder jener sozialen Gruppe nützt, sondern auf das unspezifisch, unbegrenzt Nützliche. Wenn ein Mediziner Krebsforschungen betreibt, so ist zum Beispiel nicht festgelegt, ob *Reiche* dadurch geheilt werden sollen; denn Reichtum oder Armut haben mit Krebszellen nichts zu tun. Diese Unbestimmbarkeit des Kranken wird notwendig als seine Verallgemeinerung begriffen: Wenn man einen Menschen heilen kann (der natürlich durch seine sozio-professionelle Zugehörigkeit bestimmt ist, die jedoch nicht in den Bereich der medizinischen Forschung gehört), dann kann man *alle* Menschen heilen. Tatsächlich aber ist dieser Mediziner auf Grund seiner gesellschaftlichen Stellung in ein Bezugssystem eingebunden, das von der herrschenden Klasse in Relation zu *Knappheit* und *Profit* (dem obersten Ziel der Industriebourgeoisie) definiert wird, und zwar so, daß seine durch Investitionen begrenzten Forschungen ebenso wie das unter Umständen entdeckte Medikament auf Grund des hohen Preises zunächst einmal nur den oberen Zehntausend zugute kommen. (Hinzu kommt, daß seine Entdeckungen unter Umständen von dieser oder jener Organisation aus wirtschaftlichen Gründen unter Verschluß gehalten werden: Ein erstklassiges, aber in Rumänien hergestelltes Mittel gegen Altersbeschwerden ist zwar in bestimmten Ländern erhältlich, nicht aber in Frankreich, weil die Pharmazeuten dies verhindern; andere Medikamente liegen seit mehreren Jahren im Labor, sind jedoch *nirgends* zu kaufen und der Öffentlichkeit gar nicht bekannt usw.) In vielen Fällen stehlen die privilegierten Gesellschaftsklassen mit dem Einverständnis der Techniker des praktischen Wissens den *sozialen Nutzen* ihrer Entdeckungen und verwandeln ihn in einen Nutzen für die Wenigen zu Lasten der Vielen. Aus diesem Grund bleiben neue Entdeckungen über lange Zeit für die Mehrheit Anlässe zu Frustration: Man nennt dies *relative Verelendung*. Somit wird der Techniker, der *für alle* erfindet, letztlich – zumindest für eine in der Regel unabsehbare Dauer – zum Agenten der Verelendung der arbeitenden Klassen. Noch klarer wird dies, wenn es sich um eine entscheidende Verbesserung eines industriellen Produkts handelt: Von ihr profitiert in der Tat nur die Bourgeoisie

zur Steigerung ihres Profits.

Die Techniker des Wissens werden von der herrschenden Klasse mit einem Widerspruch hervorgebracht, der sie zermürbt: Einerseits befinden sie sich als Lohnempfänger und subalterne Funktionäre des Überbaus in direkter Abhängigkeit von den führenden Kreisen («private» Organisationen oder Staat) und als eine Gruppe des tertiären Sektors notwendig in der Partikularität; andererseits verkörpern diese Spezialisten, insofern ihre «Spezialität» stets universal ist, die Verneinung der Partikularismen, die ihnen eingeimpft worden sind; in Frage stellen können sie diese jedoch nur um den Preis ihrer eigenen Infragestellung. Sie versichern, es gebe keine «bürgerliche Wissenschaft», und doch ist ihre Wissenschaft bürgerlich durch *ihre Schranken,* und das wissen sie auch. Es ist indessen richtig, daß sie im Forschungsprozeß selbst frei sind, doch das macht die Rückkehr in ihre wirkliche Lage um so bitterer. Den Herrschenden entgeht nicht, daß sich in der Praxis des Technikers das Universale und das Partikulare permanent gegenseitig in Frage stellen und daß er, zumindest potentiell, das repräsentiert, was Hegel das «unglückliche Bewußtsein» genannt hat. Damit wird er den Herrschenden eminent *verdächtig.* Man wirft ihm vor, «der ewige Neinsager» zu sein, und das, obwohl man sich vollkommen klar darüber ist, daß es sich hier nicht um einen Charakterzug handelt und daß das Infragestellen ein notwendiger Schritt im wissenschaftlichen Denken ist. Dieses Denken ist in der Tat in dem Maße traditionalistisch, in dem es die Substanz der Wissenschaften anerkennt; es ist jedoch «negativ» in dem Maße, wie sein Gegenstand *sich im Denken selbst in Frage stellt* und dadurch Fortschritte ermöglicht. Die Versuchsergebnisse von Michelson und Morlay stellten die gesamte Newtonsche Physik in Frage. Doch die Infragestellung war gar nicht beabsichtigt gewesen. Die Fortschritte in der Geschwindigkeitsmessung (eine industriell bedingte *technische* Verbesserung der *Meßinstrumente*) hatten sie auf den Gedanken gebracht, die Umdrehungsgeschwindigkeit der Erde zu messen. Diese Messung förderte einen Widerspruch zutage, den die Forscher nicht *gesucht* hatten; sie griffen ihn nur auf, um ihn durch eine neue Infragestellung desto besser aufheben zu können: Diese Infragestellung war ihnen vom Gegenstand aufgezwungen worden. Fitzgerald und Einstein erscheinen in diesem Licht nicht als Wissenschaftler, die etwas in Frage stellen, sondern als Gelehrte, die wissen wollen, welche Teile des Systems aufgegeben werden müssen, damit die Versuchsergebnisse optimal integriert werden können. Gleichviel – stellen sich in den Ergebnissen die Mittel in Frage, so heißt das für die Herrschenden, daß die Ziele (die ja in abstracto von den Herrschenden selber bestimmt werden) und die integrale Einheit der Mittel dadurch in Frage gestellt werden. Der Forscher ist in den Augen der herrschenden Klasse zugleich notwendig und verdächtig. Er wird zwangsläufig diesen Verdacht spüren und verinnerlichen und sich *zunächst* selbst verdächtig finden.

Hier hat er nun zwei Möglichkeiten:

A) Der Techniker des Wissens akzeptiert die herrschende Ideologie oder arrangiert sich mit ihr: Wider besseres Wissen stellt er schließlich das Allgemeine in den Dienst des Besonderen; er unterwirft sich der Selbstzensur und wird zum *apolitischen Agnostiker*. Es kommt auch vor, daß es der herrschenden Macht gelingt, ihn zum Verzicht auf eine qualifiziert kritische Haltung zu zwingen: Er gibt seine Kritikfähigkeit preis, was für seine Funktion als Praktiker zwangsläufig von Schaden ist. In diesem Falle stellt man mit Befriedigung fest, daß er «kein Intellektueller» ist.

B) Wenn ihm aufgeht, wie partikularistisch seine Ideologie ist, und er sich nicht damit abfinden kann; wenn er feststellt, daß er das Autoritätsprinzip als Selbstzensur verinnert hat; wenn er, um sein Unbehagen und seine Verstümmelung abzustreifen, gezwungen ist, die Ideologie, die ihn geformt hat, in Frage zu stellen; wenn er seine Funktion als subalterner Agent der Hegemonie, als Mittel zu Zwecken, die ihm verborgen bleiben oder die in Frage zu stellen ihm verboten ist, ablehnt, dann wird der Agent des praktischen Wissens zum Ungeheuer abgestempelt, das heißt, er ist dann ein Intellektueller, *der sich mit Dingen beschäftigt, die ihn etwas angehen* (im Äußeren: mit Prinzipien, die seine Lebensführung bestimmen, im Inneren: mit seinem sozialen Ort, so wie er ihn erlebt) und von denen die anderen sagen, *daß sie ihn nichts angehen*.

Kurzum, jeder Techniker des Wissens ist *potentiell* ein *Intellektueller*, denn er ist bestimmt durch einen Widerspruch, der sich in ihm als ständiger Kampf zwischen seiner universalistischen Technik und der herrschenden Ideologie manifestiert. Aber ein Techniker wird nicht durch eine simple Entscheidung zum *wirklichen* Intellektuellen: Diese Wandlung hängt von seiner individuellen Geschichte ab, die in ihm die Spannung, die ihn kennzeichnet, freisetzen konnte; letztlich ist die Gesamtheit der Faktoren, die ihn zum Intellektuellen machen, sozialer Natur.

Zunächst wären die Möglichkeit zur Option und der Lebensstandard anzuführen, den die herrschenden Klassen ihren Intellektuellen – und insbesondere den Studenten – zusichern. Ein niedriges Einkommen kann natürlich zu verstärkter Abhängigkeit führen. Aber es kann auch Widerspruch auslösen, indem es dem Techniker des Wissens klarmacht, welcher Platz ihm in der Gesellschaft tatsächlich zugedacht ist. Hinzu kommt, daß die herrschenden Klassen außerstande sind, ihren Studenten alle Posten zu sichern, die ihnen zugestanden und versprochen worden sind: Für diejenigen, die keine bekommen, sinkt der Lebensstandard unter das an sich schon niedrige Niveau, das den Technikern in Aussicht gestellt wird; dann fühlen sie sich solidarisch mit den unterprivilegierten Gesellschaftsklassen. Diese Nichtbeschäftigung oder dieses Absinken in schlechter bezahlte Positionen mit geringerem Prestige kann normalerweise durch ein Auslesesystem sichergestellt werden; aber der «negativ Ausgelesene» (der Eliminierte) kann die Auslese nicht in Frage stellen, ohne damit gleichzeitig die ganze Gesellschaft in Frage zu stellen. Unter bestimmten historischen Umständen kann es geschehen, daß die alten Wertvorstellungen und die herrschende Ideologie von den arbeitenden Klassen gewaltsam in Frage gestellt werden: Dies führt zu tiefgreifenden Transformationen innerhalb der herrschenden Klassen; viele Spezialisten des Wissens werden dann zu Intellektuellen, weil die in der Gesellschaft aufgebrochenen Widersprüche ihnen auch ihren eigenen Widerspruch bewußtmachen. Wenn dagegen die herrschenden Klassen die Ideologie auf Kosten des Wissens verschärfen wollen, so erhöhen sie selbst die innere Spannung und sind verantwortlich für die Wandlung des Technikers zum Intellektuellen, denn dann haben sie den Anteil der Technik, der Wissenschaft und der freien Anwendung ihrer Methoden auf den Forschungsgegenstand weit über das für ihn annehmbare Maß hinaus reduziert. Es ist in den letzten Jahren bei Ihnen vorgekommen, daß Geschichtslehrer von der Staatsmacht gezwungen wurden, die historische Wahrheit zu verfälschen: Diese Lehrer, die sich bis dahin ausschließlich damit beschäftigt hatten, Fakten zu lehren oder zusammenzutragen, sahen sich plötzlich veranlaßt, die Ideologie, die sie bis dahin passiv gebilligt hatten, im Namen ihres Berufsethos und der wissenschaftlichen Methoden, die sie seit je angewandt hatten, in Frage zu stellen. Meistens wirken diese Faktoren *gleichzeitig*: Sie mögen sich noch so sehr widersprechen – zusammengenommen spiegeln sie doch die allgemeine Haltung einer Gesellschaft gegenüber ihren Spezialisten wider; in jedem Fall aber lassen sie immer nur einen *konstitutionellen Widerspruch* bewußt werden.

Intellektueller ist also derjenige, der sich klar wird über den – in ihm und in der Gesellschaft virulenten – Gegensatz zwischen der Suche nach der praktischen Wahrheit (mit all den Normen, die sie impliziert) und der herrschenden Ideologie (mit ihrem traditionellen Wertsystem). Diese Bewußtwerdung des Intellektuellen muß zwar, *will sie nicht abstrakt sein, zunächst* auf der Ebene seiner Berufspraxis und seiner Funktion vor sich gehen, doch letztlich ist sie nichts anderes als die Entschleierung der fundamentalen gesellschaftlichen Widersprüche, das heißt der Klassenkonflikte und, im Inneren der herrschenden Klasse selbst, eines organischen Konflikts zwischen der Wahrheit, die sie für sich in Anspruch nimmt, und den Mythen, Werten und Traditionen, die sie aufrechterhält und die sie auf die anderen Klassen übertragen will, um ihre Hegemonie abzusichern.

Als Produkt gespaltener Gesellschaften ist der Intellektuelle deren Abbild, denn er hat ihre Zerrissenheit verinnert. Er ist also ein historisches Produkt. So verstanden kann sich keine Gesellschaft über ihre Intellektuellen beklagen, ohne sich selbst anzuklagen, denn sie hat nur die Intellektuellen, die sie selbst hervorbringt.

Zweiter Vortrag

Die Funktion des Intellektuellen

1. Widersprüche

Wir haben den Intellektuellen in seiner *Existenz* definiert. Wir müssen nun von seiner *Funktion* sprechen. Aber hat er überhaupt eine? Es ist klar, daß niemand ihn beauftragt hat, eine solche auszuüben. Die herrschende Klasse kennt keine Intellektuellen: Sie will in ihnen nur Techniker und kleine Funktionäre des Überbaus sehen. Die benachteiligten Klassen können keinen Intellektuellen hervorbringen, denn er kann nur aus dem Spezialisten der praktischen Wahrheit entstehen, und dieser wiederum ist ein Produkt der Optionen der herrschenden Klasse, das heißt, er geht aus dem Teil des Mehrwerts hervor, den sie für seine Entstehung aufwendet. Die Mittelschichten – denen der Intellektuelle angehört – leiden zwar eigentlich an derselben Zerrissenheit, da sie den Zwiespalt zwischen Bourgeoisie und Proletariat in sich selbst austragen, doch sie erleben ihre Widersprüche nicht auf der Ebene von Mythos und Wissen, von Partikularem und Universalem: Der Intellektuelle kann also nicht willentlich beauftragt sein, sie zum Ausdruck zu bringen.

Sein Charakteristikum ist es gewissermaßen, daß ihm niemand ein Mandat, keine Autorität seinen Status zugewiesen hat. Insofern ist er nicht das Produkt irgendeiner Entscheidung – wie der Arzt, der Lehrer usw. in ihrer Funktion als Agenten der herrschenden Macht –, sondern das monströse Produkt einer monströsen Gesellschaft. Niemand erhebt Anspruch auf ihn, niemand erkennt ihn an (weder der Staat noch die Machtelite, weder die Pressure-groups noch die Organisationen der ausgebeuteten Klassen, noch die Massen). Man mag auf das reagieren, was er *sagt*, doch von seiner Existenz wird keine Notiz genommen. Von einem Diätrezept und seiner Erläuterung sagt man mit einer gewissen Selbstgefälligkeit: «*Mein* Arzt hat es mir empfohlen»; wenn dagegen ein Argument eines Intellektuellen Einfluß gewonnen hat und es von der Allgemeinheit aufgegriffen wird, dann wird es als solches und ohne Bezug zu seinem Urheber wiedergegeben. Es ist dann eine *anonyme* Überlegung, die von vornherein als Überlegung *aller* geäußert wird. Der Intellektuelle wird durch die Art und Weise unterdrückt, in der seine Produkte benutzt werden.

Keiner billigt ihm also auch nur das geringste Recht, den geringsten

Status zu. Und in der Tat gilt seine Existenz als nicht zulässig, denn sie läßt sich selbst nicht zu, ist sie doch einfach die erlebte Unmöglichkeit, ein reiner Techniker des praktischen Wissens in unseren Gesellschaften zu sein. Nach dieser Definition ist der Intellektuelle von allen Menschen der wehrloseste: Er kann natürlich zu keiner Elite gehören, denn er verfügt anfangs über keinerlei *Wissen* und folglich über keinerlei *Macht*. Obwohl er häufig aus der Lehrerschicht stammt, kann er nicht den Anspruch erheben, Lehrender zu sein, denn er ist in seinem Ausgangspunkt *unwissend*. Wenn er Lehrer oder Wissenschaftler ist, *kennt* er gewisse Dinge, auch wenn er sie noch nicht auf die richtigen Prinzipien zurückführen kann; als Intellektueller ist er ein *Suchender*: Die gewaltsamen oder subtilen Beschränkungen des Universalen durch das Partikulare und der Wahrheit durch den Mythos, der ihn zu tragen scheint, machen ihn zum *Ermittler*. Zunächst ermittelt er *über sich selbst*, um die widersprüchliche Existenz, die man ihm zugewiesen hat, in eine harmonische Totalität umzuwandeln. Doch dies kann nicht sein einziger Gegenstand sein, denn es ist ihm klar, daß er sein Geheimnis nur finden und seinen organischen Widerspruch nur lösen kann, wenn er die gleichen strengen Methoden, deren er sich in seinem Fach als Techniker des praktischen Wissens bedient, auf die Gesellschaft, deren Produkt er ist, auf ihre Ideologie, ihre Strukturen, ihre Optionen und ihre *Praxis* anwendet: Freiheit der Forschung (und Infragestellung), Rigorosität in der Untersuchung und in der Beweisführung, Suche nach der Wahrheit (Aufdeckung des Seins und seiner Konflikte), Universalität der gewonnenen Resultate. Diese abstrakten Kriterien reichen indessen nicht aus, um für den eigentlichen Gegenstand des Intellektuellen eine brauchbare Methode aufzustellen. Der spezifische Gegenstand des Intellektuellen ist in der Tat ein zweifacher: Seine beiden Aspekte sind einander entgegengesetzt und zugleich komplementär; er muß sich selbst erfassen in der Gesellschaft, die ihn ja hervorbringt, und das ist nur möglich, wenn er die Gesamtgesellschaft studiert, insofern sie zu einem bestimmten Zeitpunkt Intellektuelle hervorbringt. So kommt es zu einer fortwährenden Umkehrung: Das eigene Selbst verweist auf die Welt, die Welt wiederum auf das Selbst; dadurch ist eine Verwechslung des Gegenstandes der intellektuellen Forschung mit dem der Anthropologie ausgeschlossen. Eine *objektive* Betrachtung der sozialen Umwelt ist ihm tatsächlich nicht möglich, da er sie als seinen fundamentalen Widerspruch in sich trägt; doch ebensowenig kann er einfach bei einer *subjektiven* Infragestellung seiner selbst stehenbleiben, denn er ist ja in eine bestimmte Gesellschaft eingebettet, die ihn hervorgebracht hat. Diese Bemerkungen zeigen uns folgendes:

1. Der Gegenstand seiner Forschung erfordert eine Verfeinerung der

abstrakten Methode, von der wir eben gesprochen haben: In der Tat ist bei diesem fortwährenden Wechsel der Perspektive, dessen es zur Überwindung eines bestimmten Widerspruchs bedarf, eine konsequente Verknüpfung der beiden Momente – verinnerte Außenbeziehung, Rückentäußerung der Innenbeziehung – notwendig. Diese Verknüpfung sich widersprechender Größen ist nichts anderes als die *Dialektik*. Diese Methode kann der Intellektuelle nicht lehren; in dem Moment, in dem er seiner neuen Lage gewahr wird und die «Schwierigkeit der Existenz» beseitigen will, kennt er das dialektische Verfahren noch nicht: Erst sein Gegenstand zwingt sie ihm Schritt für Schritt auf, denn dieser ist doppelsinnig, und jede der beiden Seiten verweist auf die andere; doch im Untersuchungsprozeß selbst hat der Intellektuelle keine klare Vorstellung von der Methode, die die ihm gebotene ist.

2. In jedem Falle läßt die Ambiguität seines Gegenstandes den Intellektuellen sich von der *abstrakten Universalität* entfernen. In der Tat bestand der Irrtum der «Philosophen» darin, daß sie glaubten, die universale (und analytische) Methode unmittelbar auf die Gesellschaft, in der man lebte, anwenden zu können, während sie gerade *in ihr lebten* und von ihr historisch bedingt waren, so daß die Vorurteile der Ideologie dieser ihrer Gesellschaft in ihre praktische Forschung einflossen und sogar in ihren Willen, diese Vorurteile zu bekämpfen. Die Ursache für diesen Irrtum ist unverkennbar die: Sie waren *organische Intellektuelle*, die für die Klasse arbeiteten, die sie hervorgebracht hatte, und ihre Universalität war nichts als die falsche Universalität der bürgerlichen Klasse, die sich für die universale Klasse hielt. Wenn sie also den Menschen suchten, so fanden sie nur den Bürger. Die wirkliche intellektuelle Suche verlangt, wenn sie die Wahrheit von den sie verdunkelnden Mythen befreien möchte, daß die Untersuchung durch die Besonderheit des Untersuchenden geprägt wird. Dieser muß *sich* in das soziale Universum versetzen, um seine inneren und die äußeren Schranken zu erfassen und niederzureißen, die die Ideologie dem Wissen setzt. Erst auf der *Ebene der Situation* kann die Dialektik der Verinnerung und Entäußerung wirksam werden; unablässig muß das Denken des Intellektuellen sich wieder sich selbst zuwenden, um sich stets als einzelne Allgemeinheit zu erfassen, die nämlich unterschwellig von Kindheit an durch Klassenvorurteile geprägt ist, während sie fälschlicherweise annimmt, sich davon befreit und das Universale wiedergefunden zu haben. Es genügt nicht (um nur ein Beispiel anzuführen), den *Rassismus* (als Ideologie des Imperialismus) mit universalen Argumenten zu bekämpfen, die aus unseren anthropologischen Kenntnissen bezogen werden: Diese Argumente können zwar auf der Ebene der Universalität überzeugen, aber der Rassismus ist ein konkretes Alltagsverhalten; infolgedessen kann man

im universalen Sinn aufrichtig Antirassist sein, in den tiefsten Tiefen, die in die Kindheit zurückweisen, jedoch Rassist bleiben und sich plötzlich und unversehens im täglichen Leben rassistisch verhalten. Somit wird der Intellektuelle nichts erreichen, auch wenn er den Wahnsinn des Rassismus aufzeigt, wenn er nicht ständig auf sich selbst zurückkommt, um den Rassismus kindlichen Ursprungs durch konsequente Befragung «dieses unvergleichlichen Monstrums» – seiner selbst – aufzulösen.

Das bedeutet, daß der Intellektuelle, der auf Grund seiner Arbeiten als Techniker des Wissens, seines Einkommens und seines Lebensstandards der im Selektionsprozeß erfolgreiche Kleinbürger bleibt, immerfort gegen seine Klasse ankämpfen muß, die unter dem Einfluß der herrschenden Klasse in ihm zwangsläufig eine bürgerliche Ideologie und kleinbürgerliche Vorstellungen und Gefühle reproduziert. Der Intellektuelle ist also ein Techniker des Universalen, der in seinem eigenen Fach feststellt, daß die Universalität nicht schon von vornherein existiert, sondern daß sie fortwährend *hergestellt werden muß*. Eine der Hauptgefahren, die der Intellektuelle vermeiden muß, wenn er sein Vorhaben voranbringen will, ist die vorschnelle Universalisierung. Ich habe es erlebt, daß während des Algerien-Kriegs mancher, in der Eile, zum Universalen zu gelangen, die Terroranschläge der Algerier und die französische Unterdrückung gleichermaßen verurteilt hat. Das ist der klassische Fall der falschen bürgerlichen Universalität. Es galt im Gegenteil zu verstehen, daß der algerische Aufstand, der Aufstand der Armen, der Waffenlosen, der von einem Polizeiregime Gehetzten gar keinen anderen Ausweg hatte als *den Maquis und die Bombe*. In seinem Kampf gegen sich selbst gelangt der Intellektuelle also an den Punkt, wo er die Gesellschaft als Kampf partikularer – und durch ihre verschiedene Struktur, ihren gesellschaftlichen Ort und ihr Schicksal partikularisierter – Gruppen um einen universalen Status begreift. Im Gegensatz zum bürgerlichen Denken muß er sich darüber klarwerden, daß es *den Menschen nicht gibt*. Aber gleichzeitig muß er, im Bewußtsein seines Noch-nicht-Mensch-Seins, in sich und zugleich außerhalb – und umgekehrt – den Menschen als erst zu realisierenden begreifen. Pong hat dies so ausgedrückt: Der Mensch ist die Zukunft des Menschen. Im Gegensatz zum bürgerlichen Humanismus zeigt die Bewußtwerdung des Intellektuellen ihm seine Besonderheit und zugleich, daß ausgehend von ihr der Mensch das Fernziel einer Alltagspraxis ist.

3. Von daher entpuppt sich ein Vorwurf, der dem Intellektuellen nur allzu häufig gemacht wird, als sinnlos: Man stempelt ihn in der Regel zu einem abstrakten Wesen, das vom rein Universalen lebt, das nur die «intellektuellen» Werte kennt, zu einem ausschließlich negativen Vernunftwesen, dem die Gefühlswerte unzugänglich sind, zu einem reinen

«Verstandesmenschen». Der Ursprung dieser Vorwürfe ist evident: Der Intellektuelle ist *in erster Linie* ein Agent des praktischen Wissens, und nur selten gelingt es ihm, kein solcher mehr zu sein und zum Intellektuellen zu werden. Es stimmt, daß er die wissenschaftlichen Methoden außerhalb ihres gewohnten Bereichs anwenden will, insbesondere um die herrschende Ideologie in ihm und um ihn abzubauen, die sich ihm in Form verworrener, schwer lokalisierbarer Ideen darstellt und in Form von Werten, die man «affektive» oder «vitale» nennt, um so ihren zutiefst irrationalen Charakter zu verklären. Aber sein Ziel besteht darin, das praktische Subjekt zu verwirklichen und die Prinzipien einer Gesellschaft freizulegen, die dieses erzeugen und tragen könnte; unterdessen führt er seine Untersuchung auf allen Ebenen durch und ist bestrebt, *sich in seiner Sensibilität wie in seinem Denken* zu verändern. Das heißt: Er sucht bei sich und bei den anderen – im Rahmen des Möglichen – die Einheit der Person zu verwirklichen, die Neugewinnung der Ziele, die der Aktivität jedes Individuums gesetzt sind (und die auf einmal ganz andere würden), die Beseitigung der Entfremdung, die wirkliche Freiheit des Denkens, und dies durch die Beseitigung der aus den Klassenstrukturen erwachsenen sozialen Interdikte – *außen* – und der Inhibitionen und der Selbstzensur – *innen*. Wenn es *eine* Sensibilität gibt, die er ablehnt, dann die *Klassen*-Sensibilität, das heißt etwa die hohe und vielfältige rassistische Sensibilität, doch dies zugunsten einer weit höheren Sensibilität, die die wechselseitigen Beziehungen der Menschen untereinander steuert. Damit ist nicht gesagt, daß ihm dies völlig gelingen kann, aber es ist ein Weg, den er zeigt, den er *sich zeigt*. Wenn er etwas in Frage stellt, dann allein die Ideologie (und ihre *praktischen* Folgen), und zwar in dem Maße, in dem eine Ideologie, wovon sie auch ausgeht, ein trügerisches und trübes Substitut des Klassenbewußtseins ist; so ist seine Infragestellung nur ein *negatives Moment* einer *Praxis*, die er allein nicht in Angriff nehmen kann, die nur gemeinsam mit der Gesamtheit der unterdrückten und ausgebeuteten Klassen zu Ende geführt werden kann und deren positiver Inhalt – der allerdings nur schwach durchscheint – die in einer fernen Zukunft liegende Verwirklichung einer Gesellschaft freier Menschen ist.

4. Diese dialektische Arbeit eines einzelnen Allgemeinen an anderen einzelnen Allgemeinen darf jedoch anfangs niemals abstrakt geschehen. Die bekämpfte Ideologie aktualisiert sich in jedem Augenblick im *Ereignis*. Wir meinen damit, daß sie uns nicht so sehr als ein System klar definierter Sätze gegenübertritt, sondern eher als eine Manier, mit der das einzelne Ereignis zum Ausdruck gebracht und verschleiert wird. Der Rassismus zum Beispiel manifestiert sich bisweilen – wenn auch selten – in Büchern (so gab es bei uns etwa ‹La France juive› von Drumont), viel

häufiger jedoch in Ereignissen, zu denen er unter anderem geführt hat: zum Beispiel in der Dreyfus-Affäre und in den Rechtfertigungen, die die Massenmedien nebenbei in den Wendungen eines Kommentars zu rassistischen Gewalttaten liefern – die mit einem Schein von *Legalität* (wie bei Dreyfus) umgeben sein können, aber auch die Form der Lynchjustiz oder Mischformen annehmen können –, wenn die Hauptaspekte des Ereignisses rassistischer Art sind. Um sich vom Rassismus frei zu machen, der in ihm haftet und gegen den er ständig zu kämpfen hat, kann der Intellektuelle diesen Kampf und seine Gedanken in einem Buch zum Ausdruck bringen. Aber entscheidend ist die permanente *praktische* Kritik der Sophismen, die die Verurteilung eines Juden *um seines Judentums willen*, ein Pogrom oder ein Massaker rechtfertigen wollen; kurz, eine Arbeit *auf der Ebene des Ereignisses*, um konkrete Ereignisse hervorzurufen, die gegen das Pogrom oder gegen das rassistische Gerichtsurteil ankämpfen und so die Gewalt der Privilegierten bloßlegen. Als *Ereignis* bezeichne ich hier ein Faktum, das Träger einer Idee ist, das heißt ein singuläres Universales: Es begrenzt die Universalität der Idee durch die Singularität des Faktums, das *zeitlich* und *räumlich* fixierbar ist, das in einem bestimmten Augenblick der Geschichte eines Landes stattfindet und das diese im selben Maße zusammenfaßt und konzentriert, wie es selbst das konzentrierte Produkt dieser Geschichte ist. Das bedeutet, daß der Intellektuelle daher fortwährend mit dem Konkreten konfrontiert ist und seine Reaktion ebenfalls nur konkret sein kann.

5. Der unmittelbarste Feind des Intellektuellen ist der, den ich den *falschen Intellektuellen* nennen will und den Nizan als den Wachhund bezeichnet hat, der von der herrschenden Klasse darauf angesetzt wird, die partikularistische Ideologie mit Argumenten zu vertreten, die sich als streng wissenschaftlich ausgeben – das heißt, sich als Ergebnisse exakter Methoden darstellen. Sie haben in der Tat mit dem wirklichen Intellektuellen eines gemein, daß sie nämlich ursprünglich auch Techniker des praktischen Wissens sind. Es wäre zu einfach, sich den falschen Intellektuellen hauptsächlich als einen *Gekauften* vorzustellen. Zumindest muß man den Handel, der einen Techniker des praktischen Wissens zum falschen Intellektuellen macht, etwas weniger vereinfachend sehen, als man dies gewöhnlich tut. So merken etwa manche subalternen Funktionäre des Überbaus, daß ihre Interessen an die der herrschenden Klasse gebunden sind – was wahr ist –, und sie wollen gar nichts anderes merken, was bedeutet, das *Gegenteil* zu eliminieren, was ebenfalls wahr ist. Mit anderen Worten: Sie wollen nicht die Entfremdung der Menschen sehen, die sie sind oder sein könnten, sondern nur die Macht der Funktionäre (die sie auch sind). Sie nehmen also die Haltung des Intellektuellen an und beginnen, wie dieser die Ideologie der herrschenden Klasse

in Frage zu stellen. Doch diese Infragestellung ist Falschmünzerei; sie erschöpft sich in sich selbst und zeigt damit, wie wenig die herrschende Ideologie durch jedwede Infragestellung erschüttert werden kann. Anders gesagt: Der falsche Intellektuelle sagt nicht *nein*, wie es der wahre Intellektuelle tut; er kultiviert vielmehr das «Nein, aber . . .», das «Ich weiß wohl, aber trotzdem . . .». Diese Argumente können den wahren Intellektuellen verwirren, der seinerseits – insofern er selbst Funktionär ist – nur allzusehr dazu neigt, selbst solche Argumente zu vertreten und sie dem Monstrum, das er ist, entgegenzusetzen, um es zugunsten des reinen Technikers zu verdrängen. Aber er kann gar nicht anders als sie zurückweisen, und zwar weil er bereits das Monstrum *ist*, das sich von diesen Argumenten nicht mehr überzeugen läßt. Er lehnt also «reformistische» Argumente ab und *radikalisiert* sich dadurch immer mehr. Radikalität und intellektuelles Handeln sind in der Tat eins, und gerade die «gemäßigten» Argumente der Reformisten drängen ihn auf diese Bahn, indem sie ihm zeigen, daß man nur die Prinzipien der herrschenden Klasse direkt in Frage stellen oder aber unter dem Anschein, sie in Frage zu stellen, in ihren Dienst treten kann. Zum Beispiel sagten viele falsche Intellektuelle in Frankreich (im Zusammenhang mit *unserem* Indochina-Krieg oder während des Algerien-Kriegs): «Unsere Kolonialmethoden sind nicht so, wie sie sein sollten, es gibt zuviel Ungleichheit in unseren Überseegebieten. Aber ich bin gegen jede Gewalt, von welcher Seite sie auch kommt; ich will weder Henker noch Opfer sein, und deshalb bin ich gegen den Aufstand der Eingeborenen gegen die Siedler.» Aus der Sicht eines sich radikalisierenden Denkens läuft dieser pseudouniversalistische Standpunkt eindeutig auf die Erklärung hinaus: «Ich bin für die permanente Gewalt, die die Kolonisten gegen die Kolonialvölker ausüben (Über-Ausbeutung, Arbeitslosigkeit, Unterernährung, die durch Terror aufrechterhalten werden); jedenfalls ist dies das geringere Übel, das zu guter Letzt auch verschwinden wird; aber ich bin dagegen, daß die Kolonialvölker zur Befreiung von den Kolonisten, von denen sie unterdrückt werden, unter Umständen Gewalt anwenden.» Dies zeigt dem radikalen Denken an, daß, während man den Unterdrückten die Gegengewalt verbietet, milde Vorwürfe gegen die Unterdrücker wenig Bedeutung haben (etwa: Nivelliert doch die Löhne, oder zeigt wenigstens euren guten Willen; ein bißchen mehr Gerechtigkeit bitte!). Die Betroffenen wissen sehr wohl, daß solche Vorwürfe nichts als Fassade sind, denn in Wirklichkeit will der falsche Intellektuelle nur verhindern, daß die realen Kräfte der Unterdrückten zu Forderungen werden, die sich auf Waffengewalt stützen. Die Kolonisten wissen genau, daß sich in der Metropole keine organisierte Kraft zur Unterstützung der Sache der Aufständischen finden wird, wenn sich die Kolonisierten nicht in Massen erheben. Sie haben also gar nichts dagegen, wenn der falsche Intellektuelle dazu beiträgt, die Kolonialvölker vom Aufstand abzuhalten, indem er sie mit reformistischem Blendwerk ködert. Der intellektuelle Radikalismus nimmt also durch die Argumente und die Haltung der falschen Intellektuellen immer mehr zu. Im Dialog zwischen den falschen und den wahren Intellektuellen werden die wahren Intellektuellen durch die reformistischen Argumente und deren konkrete Resultate (den *Status quo*) zwangsläufig zu Revolutionären, denn sie begreifen, daß der Reformismus nur aus leeren Worten besteht, die einen zweifachen Nutzen bringen: Sie erweisen der herrschenden Klasse einen Dienst und ermöglichen es gleichzeitig den Technikern des praktischen Wissens, den Schein eines gewissen Abstands zu ihren Arbeitgebern, das heißt gerade zu dieser Klasse zu wahren.

Alle, die *heute schon* den universalistischen Standpunkt einnehmen, *versichern*: Das Universale ist von falschen Intellektuellen geschaffen. Der wahre Intellektuelle dagegen – das heißt derjenige, der sich im Unbehagen als Monstrum begreift – *verunsichert*: Das humane Universale muß *erst geschaffen werden*. Viele falsche Intellektuelle waren begeisterte Anhänger der Bewegung von Garry Davis. Man wollte *auf der Stelle* zum Weltbürger werden und allgemeinen Frieden auf Erden herbeiführen. «Hervorragend», sagte ein Vietnamese zum falschen Intellektuellen, der in Frankreich dieser Bewegung angehört. «Beginnt doch gleich, indem ihr Frieden in Vietnam fordert, denn dort wird ja gekämpft.» «Niemals», entgegnete dieser, «das hieße die Kommunisten unterstützen.» Er wollte den Frieden im allgemeinen, keinen Sonderfrieden, der entweder die Imperialisten oder die Kolonialvölker begünstigt hätte. Aber wenn man den universalen Frieden will und keinerlei partikularen Frieden, dann beschränkt man sich darauf, den Krieg *moralisch* zu verurteilen. Und das tun alle, Präsident Johnson eingeschlossen. Die Haltung der falschen Intellektuellen führt dazu – wie ich im vorigen Vortrag ausgeführt habe –, daß die Intellektuellen für Moralisten und Idealisten gehalten werden, die den Krieg *moralisch* verurteilen und in unserer Welt der Gewalt von einem künftigen Idealfrieden träumen, der keine neue menschliche Ordnung ist, die auf dem Ende der Kriege durch den Sieg der Unterdrückten beruht, sondern das Wunschbild von einem Frieden, der eines Tages vom Himmel fällt. Der wahre, weil *radikale* Intellektuelle ist weder Moralist noch Idealist: Er weiß, daß der einzig dauerhafte Frieden in Vietnam Blut und Tränen kosten wird; er weiß, daß dieser Frieden erst mit dem Abzug der amerikanischen Truppen und der Einstellung der Bombardierungen beginnen wird, *folglich* mit der Niederlage der Vereinigten Staaten. Mit anderen Worten: Die Art des Widerspruchs, in dem sich der Intellektuelle befindet, zwingt ihn zum

Engagement in allen Konflikten unserer Zeit, weil alle Konflikte – ob Klassen-, Rassen- oder nationale Konflikte – partikulare Auswirkungen der Unterdrückung der Benachteiligten durch die herrschende Klasse sind und weil der Intellektuelle sich in jedem Konflikt als Unterdrückter, der sich seiner Lage bewußt ist, auf der Seite der Unterdrückten wiederfindet.

Sein Standpunkt ist jedoch – wir sagen es noch einmal – kein *wissenschaftlicher*. Tastend wendet er eine strenge Methode auf unbekannte Gegenstände an, die er entmystifiziert, indem er sich selbst entmystifiziert; im praktischen Handeln entschleiert und bekämpft er die Ideologien und entlarvt die Gewalt, die sie verdecken oder rechtfertigen; er arbeitet darauf hin, daß eines Tages eine soziale Universalität möglich wird, in der alle Menschen *wahrhaft* frei, gleich und brüderlich sind, und er ist sicher, daß an jenem Tag, aber nicht vorher, der Intellektuelle verschwinden wird und daß die Menschen das praktische Wissen in der dazu notwendigen Freiheit und ohne Widerspruch erwerben können. Noch sucht er, noch irrt er sich ständig, denn er besitzt als Leitfaden nur seine dialektische Strenge und seine Radikalität.

2. Der Intellektuelle und die Massen

Der Intellektuelle steht allein, weil er von niemandem ein Mandat erhalten hat. Nun kann er sich aber nicht befreien – und hier liegt einer seiner Widersprüche –, ohne daß sich gleichzeitig auch die anderen befreien. Denn jeder Mensch hat seine eigenen Ziele, die ihm ständig vom System weggenommen werden; und da die Entfremdung auch die herrschende Klasse ergreift, arbeiten auch die Angehörigen dieser Klasse für unmenschliche Ziele, die nicht die ihren sind, das heißt im wesentlichen für den *Profit*. So ist der Intellektuelle, der seinen eigenen Widerspruch als den besonderen Ausdruck der objektiven Widersprüche begreift, mit jedem Menschen solidarisch, der für sich selbst und für die anderen gegen diese Widersprüche kämpft.

Es wäre indessen falsch anzunehmen, die Arbeit des Intellektuellen bestünde nur in der einfachen *Untersuchung* der Ideologie, die man ihm beigebracht hat (indem er sie zum Beispiel mit den üblichen kritischen Methoden angeht). Denn es ist in der Tat *seine* Ideologie; sie manifestiert sich in seiner Lebensweise (insofern er *wirklich* den Mittelschichten angehört) und zugleich in seiner Weltanschauung[1], das heißt, sie ist die Brille, durch die er die Welt sieht. Der Widerspruch, an dem er leidet, wird zunächst nur als Leiden erlebt. Um ihn *zu betrachten*, müßte er

---

1 Sartre verwendet hier den deutschen Terminus. (Anm. d. Übers.)

Abstand zu ihm gewinnen können; aber gerade das kann er nicht ohne Hilfe. Denn tatsächlich ist diese gänzlich von den Umständen bedingte historische Vermittlungsinstanz gerade das Gegenteil eines *überschauenden Bewußtseins*. Wenn er sich in der Zukunft ansiedeln wollte, um sich selbst zu erkennen (so wie wir die Gesellschaften der Vergangenheit zu erkennen vermögen), würde er sein Ziel total verfehlen: Er kennt die Zukunft nicht – und wenn er sie teilweise ahnt, dann mit all den Vorurteilen, die in ihm wohnen, also ausgehend von dem Widerspruch, den er eigentlich angehen wollte. Wenn er versuchen würde, sich in seiner Vorstellung außerhalb der Gesellschaft zu stellen, um die Ideologie der herrschenden Klasse zu analysieren, so würde er – *bestenfalls* – seinen Widerspruch weiterhin mitschleppen; im schlechtesten Fall würde er sich mit dem Großbürgertum identifizieren, das (ökonomisch gesehen) *über* den Mittelklassen steht und um diese bemüht ist; damit würde er jedoch im Handumdrehen dessen Ideologie widerspruchslos akzeptieren. Es bleibt ihm also nur eine Möglichkeit, um die Gesellschaft, in der er lebt, zu verstehen: Er muß sich die Perspektive der am stärksten Benachteiligten zu eigen machen.

Diese stellen nicht die Allgemeinheit dar – sie existiert nirgends –, doch sie sind die *überwältigende Mehrheit*; sie sind vereinzelt durch Unterdrückung und Ausbeutung, die aus ihnen Produkte ihrer Produkte machen, indem sie ihnen (in gleicher Weise wie den Technikern des praktischen Wissens) ihre Ziele nehmen und sie zu einzelnen Produktionsmitteln machen, die bestimmt sind durch die Werkzeuge, die sie produzieren und die ihnen ihre Aufgaben zuweisen; ihr Kampf gegen diese absurde Vereinzelung macht die Universalität auch zu ihrem Ziel: nicht die Universalität der Bourgeoisie – die sich als die universale Klasse begreift –, sondern eine konkrete Universalität, deren Ursprung die Negation ist. Sie entsteht mit der Beseitigung der Partikularismen und der Bildung einer neuen, klassenlosen Gesellschaft. Die einzige konkrete Möglichkeit, der von oben verordneten Ideologie gegenüber einen distanzierten Standort einzunehmen, besteht darin, sich auf die Seite derer zu stellen, deren bloße Existenz dieser Ideologie widerspricht. Das Industrie- und Landproletariat offenbart allein durch die Tatsache seiner Existenz, daß unsere Gesellschaften partikularistisch sind und Klassenstrukturen aufweisen; eine weitere fundamentale Wahrheit unserer heutigen Gesellschaften ist die Tatsache, daß von einer Gesamtbevölkerung von drei Milliarden zwei Milliarden unterernährt sind – *dies* ist die Wahrheit und nicht das Gerede der falschen Intellektuellen vom Überfluß. Die ausgebeuteten Klassen, deren Bewußtsein zwar *Schwankungen* unterworfen ist und die sogar tief von der bürgerlichen Ideologie durchdrungen sein können, zeichnen sich durch ihre *objektive Intelligenz* aus.

Diese Intelligenz ist nicht angeboren, sondern sie entsteht aus dem *Blickwinkel*, dem einzigen wirklich radikalen, aus dem sie diese Gesellschaft sehen: Dabei spielt es keine Rolle, welche *Politik* sie verfolgen (diese kann resignativ, reputierlich oder reformistisch sein, was jeweils davon abhängt, wie sehr die objektive Intelligenz durch ihre Interferenzen mit den Werten der herrschenden Klasse getrübt wird). Dieser objektive Blickwinkel führt zu einem *Volks-Denken*, das die Gesellschaft vom Grundsätzlichen her sieht, daß heißt von der Ebene aus, wo die Radikalisierung am stärksten begünstigt wird, der Ebene, von der aus man die herrschenden Klassen und ihre Verbündeten wie in einem *Auftrieb* sieht, von unten nach oben, doch nicht als Kultureliten, sondern als Gruppen gewaltiger Statuen, deren Sockel mit ihrem ganzen Gewicht auf jenen Klassen lasten, die das Leben reproduzieren; man begegnet ihnen nicht mehr auf der Ebene der Gewaltlosigkeit, der gegenseitigen Anerkennung und Höflichkeit (wie es die Bürger tun, die auf gleicher Höhe stehen und sich in die Augen sehen), sondern aus der Sicht der erlittenen Gewalt, der entfremdeten Arbeit und der elementaren Bedürfnisse. Wenn sich der Intellektuelle dieses einfache und radikale Denken zu eigen machen könnte, sähe er sich *auf seinem richtigen Platz*, sähe er sich von unten nach oben; damit würde er sich von seiner Klasse lossagen und wäre dennoch doppelt durch sie bedingt (einmal, weil er aus ihr hervorgegangen ist und weil sie seinen sozial-psychischen *background* ausmacht, zum anderen, weil er sich ihr aufs neue als Techniker des Wissens einfügt), wobei er mit seinem ganzen Gewicht auf den arbeitenden Klassen lastet, da sein Lohn oder seine Honorare dem Mehrwert entnommen werden, den diese produzieren. Er würde die Ambivalenz seiner Position klar erkennen, und wenn er auf jene fundamentalen Wahrheiten die strengen Methoden der Dialektik anwenden würde, so könnte er in den arbeitenden Klassen und durch sie die Wahrheit über die bürgerliche Gesellschaft erkennen; wenn er die verbleibenden reformistischen Illusionen aufgäbe, würde er sich radikalisieren und zum Revolutionär werden, würde er begreifen, daß den Massen nichts anderes übrigbleibt, als die Götzen zu zerschlagen, die sie zugrunde richten. Seine neue Aufgabe bestünde dann darin, die fortwährende Neubelebung lähmender Ideologien *im Volk* zu bekämpfen.

Doch an diesem Punkt tauchen neue Widersprüche auf. Erstens der Widerspruch, daß die benachteiligten Klassen keine eigenen Intellektuellen hervorbringen, denn gerade die Kapitalakkumulation ermöglicht es den herrschenden Klassen, ein *technisches Kapital* zu schaffen und zu vermehren. Freilich rekrutiert das «System» gelegentlich einige Techniker des praktischen Wissens aus den ausgebeuteten Klassen (in Frankreich zehn Prozent), aber auch wenn diese Techniker aus dem einfachen

Volk stammen, sind sie bald – durch ihre Arbeit, ihr Gehalt und ihren Lebensstandard – nicht weniger in die *Mittelschichten* integriert. Anders gesagt, die benachteiligten Klassen bringen keine organischen Vertreter ihrer eigenen objektiven Intelligenz hervor. Ein organischer Intellektueller des Proletariats ist, solange die Revolution noch aussteht, ein Widerspruch in sich; dabei wäre er, wenn es ihn gäbe, als Produkt jener Klassen, die die Universalität durch ihre eigene Situation beanspruchen, nicht das Monstrum, das wir beschrieben haben und das durch sein unglückliches Bewußtsein gekennzeichnet ist. Zweitens: Der zweite Widerspruch ist das Korrelat des ersten: Wenn wir einmal annehmen, daß der Intellektuelle, der ja als solcher nicht organisch von den benachteiligten Klassen hervorgebracht wird, sich diesen unbedingt anschließen will, um sich ihre objektive Intelligenz zu eigen zu machen und um seinen exakten Methoden Prinzipien zugrunde zu legen, die auf das Volks-Denken zurückgehen, so stößt er dort, wo er sich als Bündnispartner anbietet, rasch und *zu Recht* auf Mißtrauen. In der Tat kann er nicht verhindern, daß die Arbeiter in ihm einen Angehörigen der Mittelschichten sehen, das heißt der Klassen, die per definitionem Komplizen der Bourgeoisie sind. Der Intellektuelle ist also durch eine Barriere von denen getrennt, deren Standpunkt – den des *Allgemeinen* – er gewinnen will. Häufig bekommt er folgenden Vorwurf zu hören, ein Argument der herrschenden Klassen und der Mittelschichten, das von den falschen Intellektuellen, die in deren Brot stehen, aufbereitet wird: Ihr Kleinbürger, die ihr von Jugend an die bürgerliche Kultur genossen habt und in den Mittelschichten lebt, wie kommt ihr dazu, den *objektiven Geist* der arbeitenden Klassen vertreten zu wollen, mit denen ihr keinerlei Verbindung habt und die nichts von euch wissen wollen? In der Tat scheint hier ein Circulus vitiosus vorzuliegen: Um den Partikularismus der herrschenden Ideologie zu bekämpfen, müßte der Standpunkt derer eingenommen werden, deren Existenz als solche den Partikularismus verurteilt. Um aber diesen Standpunkt einnehmen zu können, dürfte man niemals ein Kleinbürger gewesen sein, denn wir sind von Anfang an und bis ins Mark hinein durch unsere Erziehung infiziert. Und da beim Kleinbürger, der den Intellektuellen spielt, der Widerspruch von partikularisierender Ideologie und universalisierendem Wissen besteht, dürfte man *nie Intellektueller sein*.

Die Intellektuellen sind sich dieses neuen Widerspruchs völlig bewußt: Nur allzu häufig geraten sie durch ihn ins Stolpern und kommen nicht weiter. Entweder treibt er sie in eine *übertriebene Selbsterniedrigung* gegenüber den ausgebeuteten Klassen (daher rührt ihr ständiges Bemühen, sich proletarisch zu *nennen* oder zu *geben*), oder aber er führt zu gegenseitigem Mißtrauen (jeder verdächtigt den anderen, seine Ideen seien ihm insgeheim von der bürgerlichen Ideologie eingetrichtert worden, da er selbst ein *in Versuchung geratener* Kleinbürger sei und in den anderen Intellektuellen nur sein eigenes Spiegelbild sehe), oder aber er bewegt sich, aus Enttäuschung über das Mißtrauen, das ihm entgegengebracht wird, rückwärts und wird, da er nicht wieder ein schlichter, mit sich selbst versöhnter Techniker des Wissens werden kann, zum *falschen Intellektuellen*.

Der Eintritt in eine Massenpartei – eine andere Versuchung – löst das Problem nicht. Das Mißtrauen bleibt bestehen; immer wieder lebt die Diskussion über die Bedeutung der Parteiintellektuellen und -theoretiker auf. In Frankreich haben wir das häufig erlebt. In Japan gab es diese Diskussion um 1930 zur Zeit Fukumotos, als der Kommunist Mizuno die japanische KP verließ und sie beschuldigte, sie sei «ein Klub für theoretische Diskussionen, der von der kleinbürgerlichen Ideologie korrumpierter Intellektueller beherrscht wird». Wer kann also behaupten, er repräsentiere die objektive Intelligenz und sei ihr Theoretiker? Etwa diejenigen zum Beispiel, die die Meiji-Restauration für eine bürgerliche Revolution ausgeben? Oder die anderen, die das bestreiten? Und wenn die Parteiführung diese Frage aus politischen, das heißt praktischen Gründen entscheidet, wenn sie, obwohl sich die Gründe gewandelt haben, sagt, sie werde keine personellen Veränderungen vornehmen und ihre Auffassung nicht ändern? Wenn dieser Fall vorliegt, dann können wir sicher sein, daß die, die einen Augenblick zu lange an der verurteilten Theorie festgehalten haben, als *korrumpierte Intellektuelle* behandelt werden, das heißt ganz einfach als Intellektuelle; denn Korrumpierung ist ja das eigentliche Kennzeichen, gegen das sich jeder Intellektuelle – wenn er es bei sich entdeckt hat – auflehnt. Wenn also die kleinbürgerlichen Intellektuellen durch die ihnen innewohnenden Widersprüche dahin gelangen, daß sie für die arbeitenden Klassen arbeiten, so tun sie das auf eigenes Risiko; dann können sie zwar ihre Theoretiker sein, doch niemals ihre organischen Intellektuellen. Ihr Widerspruch wird – auch wenn er durchaus klargeworden ist – für immer bestehenbleiben: Damit ist bewiesen, daß sie, wie wir gesehen haben, von *niemandem* ein Mandat erhalten können.

3. Die Rolle des Intellektuellen

Die beiden komplementären Widersprüche sind zwar störend, aber weniger gravierend, als es den Anschein hat. Die ausgebeuteten Klassen brauchen keine *Ideologie*, sondern die praktische Wahrheit über die Gesellschaft. Das heißt, sie können mit einer mythischen Vorstellung von sich selbst nichts anfangen; sie müssen die Welt erkennen, um sie zu verändern. Das bedeutet zugleich, daß sie Anspruch auf einen *sozialen Ort* erheben (schließlich impliziert die Kenntnis einer Klasse die Kenntnis aller anderen Klassen und der zwischen ihnen bestehenden Kräfteverhältnisse) und daß sie ihre *organischen Ziele* entdecken müssen und die *Praxis*, die es ihnen ermöglicht, sie zu erreichen. Kurz, sie müssen über die *praktische Wahrheit* verfügen, und das erfordert, daß sie sich in ihrer *historischen Partikularität* begreifen (so, wie sie durch die beiden industriellen Revolutionen geworden sind, mit ihrem Klassengedächtnis, das heißt mit dem, was konkret von den vergangenen Strukturen geblieben ist – die Arbeiter von Saint-Nazaire sind die lebendigen Zeugen einer alten Form des Proletariats) und zugleich in *ihrem Kampf um die Universalisierung* (das heißt gegen die Ausbeutung, die Unterdrückung, die Entfremdung, die Ungleichheit, gegen die Opferung der Arbeiter um des Profits willen). Das dialektische Verhältnis zwischen den beiden Erfordernissen nennt man *Klassenbewußtsein*. Und auf dieser Ebene nun kann der Intellektuelle dem Volk dienen. Zwar noch nicht als Techniker des universalen Wissens, denn er hat seinen *sozialen Ort*, und die «benachteiligten» Klassen haben den ihren, sondern gerade als *singularer Universaler*, denn die Bewußtwerdung des Intellektuellen besteht ja in der Aufdeckung seines klassenbedingten Partikularismus und seiner Universalisierungsaufgabe, die in Widerspruch zueinander stehen: also in der Überwindung seiner Partikularität mit dem Ziel der Universalisierung des Partikularen, und zwar *ausgehend von eben jenem Partikularen*. Und da die arbeitenden Klassen die Welt verändern wollen, ausgehend von dem, was sie sind, und nicht indem sie sich unvermittelt im Universalen ansiedeln, besteht zwischen dem Bemühen des Intellektuellen und der Bewegung der arbeitenden Klassen eine Parallelität. So gesehen kann der Intellektuelle zwar niemals einen ursprünglichen *sozialen Ort* in diesen Klassen haben, aber es ist gut, wenn er sich seines *Angesiedeltseins* bewußt wird, und sei dies als Angehöriger der Mittelklassen. Es handelt sich für ihn nicht darum, seine soziale Situation abzulehnen; vielmehr muß er die Erfahrung dieser Situation dazu benutzen, den arbeitenden Klassen *einen sozialen Ort zuzuweisen*, während ihm gleichzeitig seine universalen Techniken die Möglichkeit geben, eben diesen Klassen ihr Bemühen um Universalisierung einsichtig zu machen. Mit Hilfe dieses Widerspruchs, der den Intellektuellen erzeugt, kann er die historische Besonderheit des Proletariats mit universalen Methoden angehen (historische Methoden, Strukturanalysen, Dialektik) und das Bemühen um Universalisierung innerhalb seiner Partikularität erfassen (indem er von einer besonderen Geschichte ausgeht und diese in dem Maße bewahrt, in dem er die *Verwirklichung* der Revolution fordert). Durch die Anwendung der dialektischen Methode, durch das Erfassen des Besonderen in den universalen Ansprüchen und durch die Zurückführung des Universalen auf eine Bewegung eines Besonderen hin zur Universalisierung kann der Intellektuelle – definiert als *Bewußtwerdung seines konstitutiven Widerspruchs* – zur Konstituierung der proletarischen Bewußtwerdung beitragen.

Doch die klassenbedingte Partikularität des Intellektuellen kann seine Arbeit als Theoretiker fortwährend verfälschen. Deshalb steht der Intellektuelle in einem ständigen Kampf gegen die *Ideologie*, die sich laufend erneuert, die auf Grund seiner ursprünglichen Situation und seines Werdegangs in immer neuen Formen wieder zum Vorschein kommt. In diesem Kampf hat er zwei Waffen, die er gleichzeitig einsetzen muß: Erstens die *permanente Selbstkritik* (er darf das Universale – das er als Spezialist des praktischen Wissens praktiziert: $y = f(x)$ – nicht mit dem singularen Bemühen einer einzelnen gesellschaftlichen Gruppe um Universalisierung verwechseln: Wenn er sich zum Hüter des Universalen aufschwingt, reduziert er sich automatisch auf das Partikulare, das heißt, er verfällt wieder der alten Illusion der Bourgeoisie, die sich für die universale Klasse hält). Er muß sich ständig der Tatsache bewußt bleiben, daß er ein versprengter Kleinbürger ist und ständig gehalten, die Gedanken seiner Klasse zu reproduzieren. Er muß sich darüber klar sein, daß er niemals gegen den Universalismus gefeit ist (den man sich als etwas bereits *gänzlich* Abgeschlossenes vorstellt, wo also verschiedene Ausprägungen der Bemühung um Universalisierung ausgeschlossen sind), gegen Rassismus, Nationalismus, Imperialismus usw. (In Frankreich bezeichnen wir mit dem Ausdruck «achtbare Linke» eine Linke, die die Wertvorstellungen der Rechten *achtet*, obwohl sie sich bewußt ist, daß sie nicht die ihren sind; so verhielt es sich mit «unserer Linken» während des Algerien-Kriegs.) Aber alle diese Haltungen können sich in dem Augenblick, in dem der Intellektuelle an ihnen Kritik übt, in seine Kritik selbst einschleichen – und völlig zu Recht verurteilen die Schwarzen in Amerika voller Abscheu den Paternalismus der intellektuellen antirassistischen Weißen. Der Intellektuelle kann sich also den Arbeitern nicht einfach anschließen, indem er sagt: «Ich bin kein Kleinbürger mehr, ich bewege mich frei im Universalen.» Er kann es hingegen nur, wenn er sich sagt: «Ich bin ein Kleinbürger; wenn ich mich, um *meinen* Widerspruch zu lösen, auf die Seite der Arbeiter und Bauern gestellt habe, so habe ich deshalb noch lange nicht aufgehört, ein Kleinbürger zu sein; Nur durch fortwährende Selbstkritik und indem ich radikaler werde, kann ich – und das ist für niemanden außer für mich selbst von Interesse – Schritt für Schritt meine kleinbürgerlichen Reflexe ablegen.» Seine zweite Waffe ist eine konkrete und vorbehaltlose Verbindung mit der Aktion der benachteiligten Klassen. Die Theorie ist in der Tat nur ein Moment der Praxis:

das Moment der Einschätzung des Möglichen. Wenn es also richtig ist, daß die Theorie die Praxis erhellt, dann ist es ebenso richtig, daß sie durch das Gesamtunternehmen bedingt und *partikularisiert* ist, denn bevor sie als reine Theorie konzipiert wird, entsteht sie organisch innerhalb einer Aktion, die *stets partikular* ist. Für den Intellektuellen kann es also nicht darum gehen, die Aktion zu beurteilen, bevor sie überhaupt begonnen hat, auf ihre Durchführung zu drängen oder ihren Zeitpunkt vorzuschreiben. Er muß sie im Gegenteil erfassen, wie sie als elementare Kraft *abläuft* (etwa, ob es sich um einen wilden Streik handelt oder um einen Streik, der bereits von den *Apparaten* kanalisiert worden ist), er muß sich der Aktion einfügen, physisch an ihr teilnehmen, muß sich von ihr durchdringen und tragen lassen; erst dann kann er – soweit er sich der Notwendigkeit bewußt wird – den Charakter der Aktion aufschlüsseln und ihren Sinn und ihre Möglichkeiten klarmachen. Nur in dem Maße, in dem ihn die gemeinsame Praxis in die allgemeine Bewegung des Proletariats integriert, kann er aus den inneren Widersprüchen (die Aktion ist in ihrem Ursprung partikular, von ihrem Ziel her universalisierend) die Partikularität und die universalisierenden Bestrebungen des Proletariats als eine Kraft erfassen, die ihm vertraut ist (der Intellektuelle verfolgt dieselben Ziele, geht dasselbe Risiko ein) und zugleich fremd, als eine Kraft, die ihn von dem, was er einmal gewesen ist, sehr weit entfernt hat und die dennoch eine *vorgegebene Größe außerhalb seiner Reichweite* bleibt: beste Voraussetzungen, um die Partikularitäten und die universalen Forderungen *eines* Proletariats zu verstehen und festzulegen. Als niemals Assimilierter, ausgeschlossen sogar während der militanten Aktion, unwiderruflich gespalten in seinem Bewußtsein, dient der Spezialist des Universalen der Universalisierungsbewegung des Volkes: Er wird niemals völlig darin aufgehen (er wäre sonst verloren auf Grund der zu engen Verwandtschaft der Klassenstrukturen), noch wird er ein völliger Außenseiter sein (denn sobald er zu handeln beginnt, ist er für die herrschenden Klassen und für seine eigene in jedem Falle ein Verräter; verwendet er doch das technische Wissen, zu dem sie ihm verholfen haben, gegen sie). Ausgestoßen von den privilegierten Klassen, den benachteiligten Klassen suspekt (gerade auf Grund der Bildung, die er ihnen zur Verfügung stellt) – so macht er sich an die Arbeit. Worin eigentlich besteht nun diese Arbeit? Man könnte sie meines Erachtens folgendermaßen beschreiben:

1. Kampf gegen das fortwährende Wiederaufleben der Ideologie in den arbeitenden Klassen. Das heißt, außerhalb dieser Klassen und in ihnen muß jegliche ideologische Vorstellung, die sie von sich und ihrer Macht haben, zerstört werden (der «positive Held», der «Personenkult» oder die «Verherrlichung des Proletariats», die Schöpfungen des Proletariats

zu sein scheinen, sind in Wirklichkeit Anleihen bei der bürgerlichen Ideologie; als solche müssen sie beseitigt werden);

2. Gebrauch des Wissenskapitals (das die herrschende Klasse geliefert hat) zur Hebung der Volksbildung – das heißt den Grundstein für eine universale Kultur legen;

3. gegebenenfalls und *unter den gegenwärtigen Umständen* Ausbildung von Technikern des praktischen Wissens in den benachteiligten Klassen – die keine eigenen hervorbringen können – und sie zu organischen Intellektuellen der Arbeiterklasse oder zumindest zu Technikern machen, die solchen Intellektuellen möglichst nahekommen – denn in Wirklichkeit kann man sie nicht künstlich schaffen;

4. das eigene Ziel wiedergewinnen (die Universalität des Wissens, die Freiheit des Denkens, die Wahrheit) und in ihm ein konkretes, *für alle* im Kampf erreichbares Ziel sehen, das heißt die Zukunft des Menschen;

5. die in Gang befindliche Aktion radikalisieren, indem man über die Nahziele hinaus die Fernziele sichtbar macht, das heißt die Universalisierung als historisches Ziel der arbeitenden Klassen;

6. zum Wächter über die historischen Ziele der Massen werden *gegenüber jeglicher Macht* – auch der politischen, die in den Massenparteien und im Apparat der Arbeiterklasse zum Ausdruck kommt; da das Ziel definiert ist als Einheit der Wege zu seiner Erreichung, muß er diese auf der Grundlage des Prinzips prüfen, demzufolge alle wirkungsvollen Mittel gut sind, *mit Ausnahme derer*, die den verfolgten Zweck entstellen.

Punkt 6 wirft ein neues Problem auf: Der Intellektuelle, der sich in den Dienst der Volksbewegung stellt, muß, wenn er die Massenorganisation nicht schwächen will, Disziplin wahren; da er über das praktische Verhältnis zwischen Mittel und Zweck aufklären soll, darf er niemals aufhören, Kritik zu üben, damit der Zweck seine grundsätzliche Bedeutung behält. Doch mit diesem Widerspruch müssen wir uns nicht befassen: Das ist *seine Angelegenheit*, die Angelegenheit des kämpfenden Intellektuellen, die er *in einer Spannung* erlebt, mit mehr oder weniger Glück. Wir können dazu nur sagen, daß es in den Parteien und Organisationen der Massen Intellektuelle geben muß, die der politischen Macht angeschlossen sind; das bedeutet für sie ein Maximum an Disziplin und ein Minimum an Möglichkeiten zur Kritik. Aber es muß auch Intellektuelle außerhalb der Parteien geben, die individuell, jedoch von außen, mit den Bewegungen in Verbindung stehen; das bedeutet ein Minimum an Disziplin und ein Maximum an Möglichkeiten zur Kritik. Zwischen dem ersten und dem zweiten Typus (grob gesagt: zwischen den Opportunisten und den radikalen Linken) gibt es den Sumpf der Intellektuellen, die zwischen beiden Positionen hin und her wechseln, stehen die Parteilosen mit Disziplin und diejenigen, die kurz vor dem Parteiaustritt stehen und deren Kritik schärfer geworden ist; durch sie tritt an die Stelle der Antagonismen eine Art Osmose: *Man* tritt in die Partei ein, und *man* tritt aus ihr aus. Gleichviel: Wenn sich auch die Antagonismen abschwächen, so bleiben doch Widersprüche und Meinungsverschiedenheiten das Los dieses sozialen Ensembles, der Intellektuellen – und zwar um so mehr, als sich zahlreiche *falsche* Intellektuelle eingeschlichen haben: die einzigen Aufpasser, die in der Lage sind, die Probleme der Intelligentsia zu verstehen. Über dieses Gewirr widerstreitender Meinungen, das die Uneinigkeit zum internen Gesetz der Intelligentsia werden läßt, kann nur erstaunt sein, wer sich bereits in der Ära des Universalen glaubt und nicht in der des Bemühens um die Universalisierung. Eines steht fest: Das Denken gelangt durch Widersprüche zu Fortschritten. Man darf keinesfalls übersehen, daß die Divergenzen sich bis hin zu einer tiefreichenden Spaltung der Intellektuellen verschärfen können (nach einer Niederlage, während einer Flaute, nach dem XX. Parteitag oder nach der sowjetischen Intervention in Budapest, angesichts des chinesisch-sowjetischen Konflikts) und daß sie dann die Gefahr einer Schwächung der Bewegung und des Denkens heraufbeschwören können (wie übrigens auch in gleichem Maße der Volksbewegung). Aus diesem Grunde müssen die Intellektuellen sich darum bemühen, eine antagonistische Einheit unter sich selbst herzustellen, aufrechtzuerhalten oder wiederherzustellen, das heißt einen dialektischen Konsens, der die Notwendigkeit von Widersprüchen und die ständige Möglichkeit einer gemeinsamen Überwindung der Gegensätze bejaht und damit deutlich macht, daß es nicht darum gehen kann, den anderen hartnäckig auf den eigenen Standpunkt zu bringen, sondern darum, durch ein vertieftes Verständnis der beiden Thesen die Voraussetzungen dafür zu schaffen, daß eine Überwindung der einen und der anderen möglich wird.

Hier sind wir nun am Ziel unserer Untersuchung angelangt. Wir wissen, daß der Intellektuelle ein Träger des praktischen Wissens ist und daß ihn sein Hauptwiderspruch (Berufsuniversalismus – Klassenpartikularismus) dazu treibt, sich der universalisierenden Bewegung der benachteiligten Klassen anzuschließen, da sie grundsätzlich das gleiche Ziel haben wie er, wohingegen die herrschende Klasse ihn auf die Stufe eines Mittels zu einem partikularen Zweck reduziert, der *nicht der seine ist* und den zu beurteilen er demzufolge nicht das Recht hat.

Bleibt noch – im Rahmen unserer Definition –, daß er von niemandem ein Mandat erhält: Der Arbeiterklasse suspekt, für die herrschenden Klassen ein Verräter, seine Klasse ablehnend, ohne sich jemals ganz von ihr befreien zu können, stößt der Intellektuelle noch in den Massenparteien auf seine alten Widersprüche, wenn auch in modifizierter und reflektierter Gestalt; noch innerhalb dieser Parteien – sofern er in sie eintritt – fühlt er sich solidarisch ausgeschlossen, denn sein latenter Konflikt mit der politischen Macht bleibt auch dort bestehen; nirgends kann er sich assimilieren. Seine eigene Klasse will sowenig von ihm wissen wie er von ihr, aber keine andere Klasse ist bereit, ihn aufzunehmen. Wie kann man nun über diesen Punkt hinaus von einer *Funktion* des Intellektuellen sprechen: Ist er nicht *überflüssig*, ein *Fehlprodukt* der Mittelschichten, durch seine Unzulänglichkeiten dazu verurteilt, stets am Rand der benachteiligten Klassen zu leben, ohne sich ihnen jedoch jemals anschließen zu können? Viele Leute aus allen möglichen Schichten meinen heute, der Intellektuelle maße sich Funktionen an, die gar nicht existieren.

In gewissem Sinne ist das richtig, und der Intellektuelle weiß das nur zu gut. Er kann von niemandem eine rechtmäßige Grundlage für seine «Funktion» verlangen: Er ist ein Nebenprodukt unserer Gesellschaften, und der ihm innewohnende Widerspruch zwischen Wahrheit und Glauben, zwischen Wissen und Ideologie, zwischen freiem Denken und Autoritätsprinzip hat seine Ursache nicht in einer intentionalen Praxis, sondern in einer Reaktion, die sich in ihm abspielt, das heißt, er entspringt einem Zusammentreffen inkompatibler Strukturen in der synthetischen Einheit eines Individuums.

Doch bei genauerem Hinsehen entpuppen sich diese Widersprüche als Widersprüche *jedes einzelnen* und der Gesamtgesellschaft. Allen werden die Ziele genommen, alle sind Mittel zu Zwecken, die sie nicht kennen und die ihrem Wesen nach unmenschlich sind, und alle unterliegen der Trennung zwischen objektivem Denken und Ideologie. Aber diese Widersprüche bleiben in der Regel einfach auf der Ebene des Erlebten und äußern sich entweder als Frustration von Grundbedürfnissen oder als *Unbehagen* (zum Beispiel bei den Lohnabhängigen der Mittelschichten), nach dessen Ursachen nicht gefragt wird. Das heißt nicht, daß man darunter nicht litte, ganz im Gegenteil: Man kann daran sterben oder darüber den Verstand verlieren – mangels exakter Techniken wird es einfach nicht bewußt reflektiert. Doch jeder strebt, auch wenn er sich darüber nicht im klaren ist, nach dieser Bewußtwerdung, die es den Menschen ermöglichen würde, diese barbarische Gesellschaft, die ihn zum Monstrum oder zum Sklaven macht, in den Griff zu bekommen. Der dem Intellektuellen inhärente Widerspruch, der zu seiner *Funktion* wird, treibt den Intellektuellen dazu, diese Bewußtwerdung für sich selbst und infolgedessen *für alle* zu vollziehen. Von daher gesehen ist er allen verdächtig, denn er ist *zunächst* derjenige, der alles in Frage stellt, der potentielle Verräter also, doch anders gesehen vollzieht er *für alle* diese Bewußtwerdung. Das heißt, daß alle sie *nach*vollziehen können. Freilich wird die Entschleierung, die er zu bewerkstelligen sucht, in dem

Maße, in dem sie situationsgebunden und historisch ist, stets eingeschränkt durch wiederauflebende Vorurteile und durch die Verwechslung von verwirklichter Universalität und in Gang befindlicher Universalisierung und – fügen wir hinzu –: durch seine historische Unwissenheit (Unzulänglichkeit seiner Forschungsinstrumente). Aber erstens zeigt er die Gesellschaft nicht so, wie der spätere Historiker sie sehen wird, sondern so, wie sie sich *ihr selbst* darstellen kann; und der Grad seiner Unwissenheit repräsentiert das *Minimum an Unwissenheit*, die seine Gesellschaft strukturiert; zweitens ist er infolgedessen nicht unfehlbar, im Gegenteil, er irrt sich häufig, aber seine Irrtümer stellen in dem Maße, wie sie unvermeidlich sind, den *minimalen* Irrtumskoeffizienten dar, der in einer bestimmten historischen Situation eine Eigentümlichkeit der benachteiligten Klassen bleibt.

Im Kampf des Intellektuellen gegen seine Widersprüche (den er in sich und außerhalb führt) nimmt die historisch bestimmte Gesellschaft *sich selbst gegenüber* noch einen zögernden, verschwommenen, durch die äußeren Umstände bedingten Standpunkt ein. Sie versucht sich *praktisch* zu begreifen, das heißt, ihre Strukturen und ihre Ziele zu bestimmen, kurz, sich mit Methoden zu universalisieren, die der Intellektuelle von den Techniken des Wissens ableitet. In gewisser Weise macht er sich damit zum *Hüter der grundlegenden Ziele* (Emanzipation, Universalisierung, also Humanisierung des Menschen), doch man darf nicht übersehen, daß der Techniker des praktischen Wissens zwar innerhalb der Gesellschaft als subalterner Funktionär des Überbaus über eine gewisse Macht verfügt, daß aber der Intellektuelle, der aus diesem Techniker hervorgeht, *machtlos* bleibt, auch wenn er mit der Parteiführung verbunden ist. Denn diese Verbindung macht ihn auf anderer Ebene wieder zum subalternen Funktionär des Überbaus, und er muß diese Rolle, obwohl er sie aus Disziplin akzeptiert, fortwährend in Frage stellen und darf nie aufhören, das Verhältnis zwischen gewählten Mitteln und organischen Zwecken freizulegen. Mithin geht seine Funktion von der Zeugenaussage bis zum Martyrium: Die herrschende Macht, welche es auch immer sei, versucht die Intellektuellen für ihre Propaganda einzuspannen, doch sie traut ihnen nicht, und ihre Säuberungen treffen stets die Intellektuellen als erste. Gleichviel: Solange er schreiben und reden kann, bleibt er der Verteidiger der arbeitenden Klassen gegenüber der Hegemonie der herrschenden Klasse und gegenüber dem Opportunismus des Apparates der Arbeiterbewegung.

Wenn eine Gesellschaft infolge einer großen Erschütterung (verlorener Krieg, Okkupation durch einen siegreichen Feind) ihre Ideologie und ihr Wertsystem verliert, zeigt es sich, daß sie, fast ohne weiter darauf zu achten, die Intellektuellen mit der Klärung der Situation und der Rekonstruktion beauftragt. Aber diese ersetzen natürlich nicht, wie man es eigentlich von ihnen erwartet, die hinfällig gewordene Ideologie durch eine neue, ebenso partikulare Ideologie, mit deren Hilfe die gleiche Gesellschaft rekonstruiert werden könnte: Sie versuchen vielmehr, jegliche Ideologie abzuschaffen und die *historischen Ziele* der arbeitenden Klasse zu definieren. Wenn die herrschende Klasse – wie in Japan um 1950 – wieder die Oberhand gewinnt, wirft sie den Intellektuellen vor, ihre Pflicht versäumt, das heißt, die alte Ideologie nicht *wiederaufgefrischt* und der neuen Lage *angepaßt* zu haben (das heißt, sich nicht entsprechend der allgemeinen Vorstellung vom Techniker des praktischen Wissens verhalten zu haben). Dann kann es geschehen, daß die arbeitenden Klassen (sei es, weil der Lebensstandard steigt, weil die herrschende Ideologie virulent bleibt, weil sie den Intellektuellen für ihre Niederlage verantwortlich machen oder weil sie einfach eine *Atempause* benötigen) das vorhergegangene Tun des Intellektuellen verurteilen und ihn seiner Einsamkeit überlassen. Aber diese Einsamkeit ist *sein Los*, denn sie entspringt seinem Widerspruch, und sowenig er ihr entrinnen kann, solange er in Symbiose mit den ausgebeuteten Klassen lebt, deren *organischer* Intellektueller er nicht sein kann, sowenig kann er sie im Augenblick der Niederlage, durch einen unwahren und nichtssagenden Widerruf im Stich lassen, wenn er nicht den Status des Intellektuellen gegen den des falschen Intellektuellen eintauschen will. Solange er mit den ausgebeuteten Klassen zusammenarbeitet, bedeutet diese *augenscheinliche* Gemeinschaft nicht, daß er recht hat, und seine nahezu völlige Einsamkeit in Zeiten der Stagnation zeigt nicht an, daß er unrecht hat. Anders ausgedrückt: Die Zahl ist für die Sache irrelevant. Aufgabe des Intellektuellen ist es, seinen Widerspruch *für alle* zu leben und ihn durch Radikalität *für alle* zu überwinden (das heißt durch die Anwendung der Techniken der Wahrheitsfindung auf alle Illusionen und Lügen). Gerade sein Widerspruch macht ihn zum Hüter der *Demokratie*: Er kritisiert die Abstraktheit der Rechte der bürgerlichen «Demokratie» nicht etwa, weil er sie abschaffen wollte, sondern weil er sie durch die konkreten Rechte der sozialistischen Demokratie ergänzen und dabei in jeder Demokratie die *funktionale* Gültigkeit der Freiheit erhalten will.

Dritter Vortrag

Ist der Schriftsteller ein Intellektueller?

1

Wir haben die Situation des Intellektuellen durch den ihm innewohnenden Widerspruch zwischen praktischem Wissen (Wahrheit, Universalität) und Ideologie (Partikularismus) definiert. Diese Definition ist auf Lehrer, Wissenschaftler, Ärzte usw. anwendbar. Ist aber der Schriftsteller so gesehen auch ein Intellektueller? Einerseits entdeckt man in ihm die meisten Grundmerkmale der Intellektualität. Andererseits aber scheint seine «schöpferische» gesellschaftliche Aktivität nicht *a priori* die Universalisierung und das praktische Wissen zum Ziel zu haben. Sollte Schönheit eine besondere Art der Entschleierung sein, so scheint der Anteil der *Infragestellung* bei einem schöngeistigen Werk sehr schmal und in gewisser Weise umgekehrt proportional zu seiner Schönheit zu sein. Zum Beispiel können sich ausgezeichnete Schriftsteller (wie Mistral) anscheinend auf traditionelle Werte und auf ideologischen Partikularismus stützen. Sie können sich auch der Weiterentwicklung der Theorie widersetzen (insofern diese die soziale Welt und den Platz, den der Schriftsteller in ihr einnimmt, interpretiert), im Namen der gelebten Erfahrung (ihrer individuellen Erfahrung) oder der absoluten Subjektivität (Ich-Kult, Barrès und der Feind – die Barbaren, die Ingenieure – im ‹Jardin de Bérénice›). Kann man schließlich das, was der Leser aus der Lektüre eines Schriftstellers für sich herausholt, *Wissen* nennen? Und wenn das so ist – müssen wir dann nicht den Schriftsteller von daher definieren, daß er sich für einen Partikularismus entscheidet? Denn dann würde er nicht in dem Widerspruch leben, der den Intellektuellen *ausmacht*. Wenn der Intellektuelle vergeblich versucht, sich in die Gesellschaft zu integrieren und am Ende nur die Einsamkeit findet, *wählt* dann der Schriftsteller nicht schon von vornherein diese Einsamkeit? Wenn es sich so verhielte, hätte der Schriftsteller keine andere Aufgabe als *seine Kunst*. Es gibt indessen Schriftsteller, die sich für die Universalisierung *engagieren* und an der Seite der Intellektuellen, wenn nicht gar in ihren Reihen dafür kämpfen. Hat dies Gründe, die nichts mit ihrer Kunst zu tun haben (historische Umstände), oder ist dies nicht eine Forderung, die trotz allem, was eben gesagt wurde, aus ihrer Kunst hervorgeht? Diese Fragen wollen wir zusammen untersuchen.

2

Rolle, Gegenstand und Ziel der Literatur haben sich im Lauf der Geschichte verändert. Es geht hier nicht darum, das Problem in seiner Allgemeinheit aufzugreifen. Wir haben hier den zeitgenössischen Schriftsteller im Auge, den *Dichter*, der sich als *Prosaist* bezeichnet und der in der Zeit nach dem Zweiten Weltkrieg lebt, in einer Epoche, in der Naturalismus unlesbar, der Realismus fragwürdig geworden ist und in der der Symbolismus seine Kraft und seine Aktualität verloren hat. Der einzige feste Ausgangspunkt ist die Tatsache, daß der zeitgenössische Schriftsteller (1950-1970) jemand ist, der sich als Material die *gemeinsame Sprache* gewählt hat; darunter verstehe ich die Sprache, die allen Aussagen der Angehörigen einer Gesellschaft als Träger dient. Mit Hilfe der Sprache, heißt es, *drückt man sich aus*. Auch vom Schriftsteller heißt es gemeinhin, es sei seine Funktion, etwas *auszudrücken*; mit anderen Worten: Der Schriftsteller ist jemand, der *etwas zu sagen* hat.

Aber jeder hat *etwas zu sagen*, vom Wissenschaftler, der über seine Experimente berichtet, bis zum Verkehrspolizisten, der einen Unfall meldet. Von all den Dingen, die die Menschen zu sagen haben, brauchte nicht ein einziges vom Schriftsteller ausgedrückt zu werden. Genauer: Ob es sich um Gesetze handelt, um Gesellschaftsstrukturen, um Gebräuche (Anthropologie), um psychologische oder metapsychologische (psychoanalytische) Vorgänge, um Ereignisse, die *stattgefunden* haben und um Lebensweisen (Geschichte) – nichts von alledem kann als das gelten, was der Schriftsteller *zu sagen hat*. Wir alle begegnen gelegentlich Leuten, die uns sagen: «Ja, wenn ich mein Leben erzählen könnte – das wäre ein Roman! Nehmen Sie es, Sie sind doch Schriftsteller: Sie sollten ihn schreiben.» In diesem Moment wendet sich das Blatt, und der Schriftsteller bemerkt, daß die gleichen Leute, die meinen, er sei jemand, der etwas zu sagen habe, ihn gleichzeitig für jemand halten, der *nichts zu sagen hat*. Die Leute finden es in der Tat ganz natürlich, uns ihr Leben beschreiben zu lassen, weil sie meinen, daß das (für sie und für uns) *Entscheidende* die (mehr oder weniger gute) Erzähltechnik sei und daß es für uns keine Rolle spiele, woher der Erzählstoff, der Inhalt stammt. Auch die Kritiker sind häufig dieser Ansicht. Zum Beispiel vergessen die, die gesagt haben: «Victor Hugo – das ist eine Form auf der Suche nach ihrem Inhalt», daß die Form bestimmte Inhalte verlangt, andere hingegen ausschließt.

3

Diese Betrachtungsweise scheint eine Bestätigung darin zu finden, daß der Schriftsteller – für seine Kunst – allein auf die gemeinsame Sprache angewiesen ist. Denn normalerweise wählt ein Mensch, der *etwas zu sagen* hat, das Kommunikationsmittel, das die größte Informationsmenge übermitteln kann und nur ein Mindestmaß an *Desinformations*-Strukturen enthält. Das wäre zum Beispiel eine technische Sprache (auf Übereinkunft beruhend, spezialisiert; die verwendeten Wörter entsprechen genauen Definitionen, der Kode ist den informativen Einflüssen der Geschichte soweit wie möglich entzogen): die Sprache der Ethnologen usw. Nun enthält aber die Gemeinsprache – auf deren Basis sich übrigens zahlreiche Sprachen bilden, die etwas von ihrer Ungenauigkeit beibehalten – das Höchstmaß an *Desinformation*. Da sich die Wörter, die syntaktischen Regeln usw. gegenseitig bedingen und ihre Realität nur aus dieser gegenseitigen Abhängigkeit beziehen, heißt sprechen die gesamte Sprache als konventionellen, strukturierten und *besonderen* Komplex entstehen zu lassen. Auf dieser Ebene sind die Partikularitäten nicht Informationen über den Gegenstand, von dem der Schriftsteller spricht; für den Linguisten können sie zu Informationen über die Sprache werden. Auf der Ebene der Bedeutung jedoch sind sie entweder einfach überflüssig oder schädlich: durch ihre Doppeldeutigkeit, durch die Grenzen der Sprache als strukturierter Totalität, durch die geschichtlich bedingte Bedeutungsvielfalt. Kurz, das *Wort* des Schriftsteller ist von sehr viel intensiverer *Materialität* als zum Beispiel ein mathematisches Symbol – das gegenüber dem Bedeuteten verschwindet. Man könnte sagen, daß es vage auf das Signifikat hinweisen und sich zugleich als *Gegenwart* behaupten, die Aufmerksamkeit auf seine eigene Dichte lenken will. Daher konnte man sagen: Benennen heißt das Synifikat *vergegenwärtigen* und zugleich aufheben, es in der Wortmasse untergehen lassen. Das Wort der gemeinsamen Sprache ist auf der einen Seite *zu reich* (es geht weit über den Begriff hinaus auf Grund seiner alten Tradition, auf Grund all der Gewaltsamkeiten und Rituale, aus denen sein «Gedächtnis», seine «lebendige Vergangenheit» besteht), auf der anderen Seite ist es *zu arm* (es ist im Verhältnis zur Gesamtheit der Sprache definiert als feststehende Bestimmtheit derselben und nicht als anpassungsfähige Möglichkeit, das Neue auszudrücken). Wenn in den Naturwissenschaften etwas Neues auftaucht, wird zur gleichen Zeit das Wort zu seiner Benennung von einigen erfunden und rasch von allen anderen übernommen: Entropie, imaginäre Zahl, transfinit, Tensor, Kybernetik, operationales Kalkül. Der Schriftsteller aber greift selten – obwohl auch er gelegentlich Wörter erfindet – auf dieses Verfahren zurück, um ein Wissen oder einen Affekt zu vermitteln. Er verwendet lieber ein «gängiges» Wort und gibt ihm einen neuen Sinn, der dem schon bestehenden eingefügt wird; vergröbernd könnte man sagen, er will die *ganze* Gemeinsprache – und nur sie – gebrauchen, mit allen ihren desinformativen Zügen, die ihre Reichweite einschränken. Wenn der Schriftsteller die Umgangssprache verwendet, so nicht nur deshalb, weil sie ein Wissen vermitteln kann, sondern auch, weil sie es nicht vermittelt. Schreiben heißt die Sprache zugleich besitzen («Die japanischen Naturalisten», sagte einer von Ihren Kritikern, «haben der Poesie die Prosa *abgerungen*») und sie nicht besitzen, insofern die Sprache *anders* ist als der Schriftsteller und *anders* als die Menschen. Eine spezialisierte Sprache ist das bewußte Werk von Spezialisten, die sich ihrer bedienen; ihr konventioneller Charakter resultiert jeweils aus einer synchronen und diachronen *Übereinkunft*, die sie untereinander treffen: Ein Phänomen wird anfangs oft mit zwei oder mehreren Begriffen bezeichnet, und nach und nach setzt sich einer davon durch, während die anderen verschwinden. So gesehen ist auch ein junger Forscher, der auf einem bestimmten Gebiet Untersuchungen anstellt, gezwungen, sich stillschweigend dieser Übereinkunft anzuschließen; er lernt zur gleichen Zeit die Sache kennen und das Wort, das sie bezeichnet; aus diesem Grunde ist er – als kollektives Subjekt – *Meister seiner technischen Sprache*. Der Schriftsteller hingegen weiß, daß die Gemeinsprache durch die Menschen entwickelt wird, die sie sprechen, und zwar *ohne Übereinkunft*: Auch unter ihnen stellt sich eine Konvention ein, aber nur insofern, als die Gruppen untereinander sich als jeweils *andere* darstellen und folglich füreinander andere als sie selbst sind, und insofern, als das sprachliche Ensemble eine Entwicklung nimmt, die gleichsam autonom erscheint, einer Materialität vergleichbar, die zwischen den Menschen soweit Vermittlerfunktion hat, wie diese die Vermittler ihrer verschiedenen Aspekte sind (was ich *praktisch-inert* genannt habe). Der Schriftsteller nun interessiert sich für diese Materialität, da sie von einem unabhängigen Leben erfüllt zu sein scheint und da sie sich ihm entzieht – wie allen anderen Sprechern. Im Französischen gibt es zwei Geschlechter – männlich und weiblich –, die jeweils nur durch die Existenz des anderen faßbar sind. Diese beiden Geschlechter bezeichnen natürlich Mann und Frau, aber infolge einer langen Geschichte bezeichnen sie darüber hinaus auch Objekte, die an sich weder männlich noch weiblich, sondern Neutra sind; in diesem Falle besitzt die geschlechtliche Dichotomie keinerlei konzeptionelle Bedeutung. Sie wird *desinformativ*, wenn sie so weit geht, daß sie die Rollen vertauscht, das weibliche Genus auf den Mann und das männliche auf die Frau anwendet. Jean Genet, einer der größten Schriftsteller unserer Zeit, liebte Wendungen wie diese: «*Les brûlantes amours de la sentinelle et du mannequin*»[1]; «*amour*» ist im Singular männlich, im Plural weiblich; «*la sentinelle*» ist ein Mann, «*le mannequin*» eine Frau. Gewiß übermittelt dieser Satz eine Information: Dieser Soldat und

---

1 Die glühenden Liebschaften des Wachtpostens und des Mannequins.

diese Frau, die Kleiderkollektionen vorführt, lieben sich leidenschaftlich. Aber er übermittelt es auf so bizarre Weise, daß er zugleich deformierend wirkt: Der Mann ist verweiblicht, die Frau vermännlicht; man könnte sagen, der Satz ist gleichsam von einer falsch informierenden Materialität durchlöchert worden. Kurz: Es ist ein *Schriftsteller-Satz*, in dem die Information erfunden wird, um die Pseudoinformation vielfältiger zu machen.

In diesem Zusammenhang hat Roland Barthes unterschieden zwischen Schreibenden (*écrivants*) und Schriftstellern (*écrivains*). Der Schreibende bedient sich der Sprache, um Informationen zu übermitteln. Der Schriftsteller ist der Hüter der Gemeinsprache, aber er geht über sie hinaus, und sein Material ist die Sprache als nicht-bedeutende oder als Desinformation; er ist ein Handwerker, der ein bestimmtes verbales Objekt produziert, indem er die Materialität der Wörter bearbeitet: Die Bedeutungen benutzt er als Mittel, das Nicht-Bedeutende setzt er als Zweck.

Um auf unsere erste Beschreibung zurückzukommen: Der Prosaschriftsteller hat *etwas zu sagen*, aber dieses Etwas *ist nichts Sagbares*, ist nicht begrifflich und nichts, das auf einen Begriff zu bringen wäre, ist nichts «Bedeutendes». Zunächst wissen wir weder, was es ist, noch, ob in seiner Suche eine Bemühung um Universalisierung steckt. Wir wissen nur, daß das schriftstellerische Produkt durch eine Arbeit an den Besonderheiten einer historischen Nationalsprache entsteht. Das so entstandene Objekt ist erstens eine Verknüpfung von Bedeutungen, die sich gegenseitig bestimmen (zum Beispiel: eine erzählte *Geschichte*), zweitens aber als Totalität noch etwas anderes und mehr als das: Die Fülle des Nicht-Bedeutenden und der Desinformation überlagert in der Tat das System der Bedeutungen.

Wenn Schreiben *Kommunizieren* ist, so erscheint der literarische Gegenstand als Kommunikation *jenseits der Sprache* durch das nicht-signifizierende Schweigen, das sich durch die Wörter wieder geschlossen hat, obwohl es durch sie erzeugt worden ist. Von daher der Ausdruck: «Das ist Literatur», was soviel heißt wie: «Sie sprechen, um nichts zu sagen.» Wir müssen uns jetzt nur noch fragen, was dieses *Nichts* ist, dieses schweigende Nicht-Wissen, das der literarische Gegenstand dem Leser mitteilen soll. Auf diese Frage läßt sich nur eine Antwort finden, wenn man vom *signifizierenden Inhalt* der literarischen Werke auf das fundamentale Schweigen zurückgeht, das ihn umgibt.

4

Der signifizierende Inhalt eines literarischen Werkes kann entweder auf die *objektive* Welt abzielen (darunter verstehe ich ebenso die Gesellschaft, die soziale Umwelt der Rougon-Macquart wie die objektivierte Welt der Intersubjektivität bei Racine oder Proust oder Nathalie Sarraute) oder auf die *subjektive* Welt (hier handelt es sich nicht mehr um Analyse, um Verfremdung, sondern um beipflichtende Teilnahme: ‹Naked Lunch› von Burroughs). In beiden Fällen ist der Inhalt für sich genommen abstrakt im ursprünglichen Sinn des Wortes, das heißt abgelöst von den Bedingungen, die aus ihm einen Gegenstand machen würden, der aus sich selbst heraus existenzfähig wäre.

Nehmen wir den ersten Fall: Wenn es sich um einen Versuch handelt, die soziale Welt *so, wie sie ist*, darzustellen oder die psychologischen Prozesse innerhalb bestimmter Gruppen aufzuzeigen, müßte man, wenn man nur die Gesamtheit der Bedeutungen betrachtet, unterstellen, daß der Autor *über seinem Objekt stehen* kann. Der Schriftsteller hätte also ein «überschauendes Bewußtsein»: Der an keinen sozialen Ort gebundene Autor schwebt über den Dingen. Um die gesellschaftliche Welt zu *erkennen*, muß man an der Vorstellung festhalten, man sei nicht durch sie bedingt; um intersubjektive psychologische Zusammenhänge zu erkennen, muß man so tun, als sei man als Schriftsteller nicht psychisch konditioniert. Es versteht sich von selbst, daß dies dem Romanautor nicht möglich ist: Zola sieht *Die-Welt-die-Zola-sieht*. Was er sieht, ist natürlich keine pure subjektive Illusion: Der französische Naturalismus hat sich auf die zeitgenössischen Wissenschaften gestützt, und Zola war darüber hinaus ein bemerkenswerter Beobachter. Aber man erkennt Zola in dem, was er erzählt, am Blickwinkel, an den Hervorhebungen, an den bevorzugten und an den vernachlässigten Details, an der Erzähltechnik, an der Montage der Episoden. Thibaudet hat Zola einen *epischen* Schriftsteller genannt. Und das ist er auch. Doch außerdem müßte man ihn einen *mythischen* Schriftsteller nennen, denn seine Figuren sind vielfach auch Mythen. Nana ist zwar einerseits die Tochter von Gervaise, die eine berühmte Kurtisane des Zweiten Kaiserreichs wurde, vor allem aber ist sie ein Mythos: die *femme fatale*, hervorgegangen aus einem ausgepreßten Proletariat, die ihre Klasse an den männlichen Vertretern der herrschenden Klasse rächt. Und schließlich müßte man einmal in Zolas Werken seinen sexuellen und anderen Zwangsvorstellungen nachgehen, seine verschwommenen Schuldgefühle ausfindig machen.

Jemand, der Zola gründlich gelesen hat, würde ihn übrigens auf Anhieb *wiedererkennen*, wenn man ihm ein Kapitel aus seinem Werk vorlegen würde, ohne den Namen des Autors anzugeben. Doch Wiedererkennen ist nicht Erkennen. Man liest die episch-mythische Beschreibung der anonym vorgelegten ‹*Au bonheur des dames*› und sagt: «Das ist Zola.» Was zum Vorschein gekommen ist, ist Zola; man hat ihn wiedererkannt, aber er ist nicht erkennbar, denn er erkennt sich selbst nicht: Zola, Produkt der Gesellschaft, die er beschreibt und die er mit Augen sieht, die sie ihm gegeben hat. Ist sich dieser Autor der Tatsache ganz unbewußt, daß er *sich* in seine Bücher einbringt? Nein: Wenn der naturalistische Schriftsteller nicht hätte anerkannt und bewundert werden wollen, so hätte er die Literatur aufgegeben und sich den Wissenschaften zugewandt. Selbst der objektivste Schriftsteller will in seinen Büchern unsichtbare und dennoch *spürbare* Gegenwart sein. Er will es absichtlich, und im übrigen könnte er es, auch wenn er wollte, nicht verhindern.

Umgekehrt zeigen uns die, die ihr Phantasiegebilde in völliger Übereinstimmung mit sich selbst niederschreiben, notwendigerweise die Wirklichkeit des Bestehenden, insofern es sie ja bedingt und ihr Platz in der Gesellschaft zum Teil der Grund für ihre Art zu schreiben ist: Sobald sie mit sich selbst in völligem Einklang sind, wird bei ihnen eine Partikularisierung des bürgerlichen Idealismus und des Individualismus erkennbar. Woher kommt das? Nun, die exakten Wissenschaften und besonders die Anthropologie geben keinen genauen Aufschluß über das, was wir sind. Alles, was sie sagen, ist richtig, nichts anderes ist richtig, aber die wissenschaftliche Haltung setzt eine gewisse *Distanz* der Erkenntnis gegenüber ihrem Gegenstand voraus: Das gilt für die Naturwissenschaften (Makrophysik) und für die Anthropologie in dem Maße, in dem der Wissenschaftler eine Position außerhalb des Untersuchungsgegenstandes beziehen kann (Ethnographie, primitive Gesellschaften, Analysen von Gesellschaftsstrukturen mit Hilfe exakter Methoden, statistische Untersuchungen über einen sozialen Verhaltenstypus usw.). Das gilt aber schon nicht mehr in der Mikrophysik, wo der Experimentator objektiv ein Teil des Experiments ist. Und diese partikulare Bedingung verweist uns auf die Grundtatsache der menschlichen Existenz, auf das, was Merleau-Ponty unsere *Einbettung in die Welt* genannt hat und was ich als unsere *Partikularität* bezeichnet habe. Merleau-Ponty sagt auch: *Wir sehen, weil wir sichtbar sind*, was soviel heißt wie: Wir können die Welt *vor uns* nur sehen, wenn sie uns auch außerhalb unseres Gesichtskreises *sehend*, das heißt notwendigerweise *sichtbar gemacht* hat: In der Tat besteht eine enge Verbindung zwischen unserem Sein – den Bestimmungen unserer Existenz – und dem Sein vor uns, das sich dem Blick zeigt. Diese Erscheinung entsteht in einer Welt, die *mich* hervorbringt und mich durch das banale Einzelereignis der Geburt einem *einmaligen Abenteuer* ausliefert, indem sie mir *durch meinen Platz* – Menschensohn, Sohn eines intellektuellen Kleinbürgers, Sohn irgendeiner Familie – ein *allgemeines Schicksal* (Klassenschicksal, Familienschicksal, historisches Schicksal) zuweist. Diese Erscheinung – aufzugehen in einem Universum, aus dem ich hervorgehe und das ich gerade durch meine Absicht, mich von ihm loszureißen, verinnere; diese Verinnerung des Äußeren, die sich aus eben dem Prozeß der Entäußerung meiner Innenbeziehung ergibt –, das genau bezeichnen wir als das *In-der-Welt-Sein* oder als das singulare Universum. Man kann es noch anders ausdrücken: Als Teil einer stattfindenden Totalisierung bin ich Produkt dieser Totalisierung; deshalb bringe ich sie in ihrer Gesamtheit zum Ausdruck; aber ich kann sie nur ausdrücken, wenn ich mich zum Totalisator mache, das heißt, wenn ich die Welt vor mir in einer praktischen Freilegung begreife; so erklärt es sich, inwiefern Racine seine Gesellschaft (seine Epoche, die Institutionen, seine Familie, seine Klasse usw.) herstellt, wenn er in seinen Werken die *freigelegte Intersubjektivität* produziert; und es ist die Erklärung dafür, daß Gide in den Ratschlägen, die er Nathanael gibt, und in den intimsten Seiten seines Tagebuchs die Welt erkennen läßt, die ihn hervorbringt und bedingt. Der Schriftsteller kann sich sowenig wie jeder andere der Einbettung in die Welt entziehen, und sein Werk ist der Prototyp des singularen Universalen. Wie und was es auch sein mag – immer hat es diese beiden komplementären Seiten: die historische Singularität seines Seins und die Universalität seiner Anliegen – oder umgekehrt: die Universalität seines Seins und die Singularität seiner Anliegen. Ein Buch ist notwendig ein Teil der Welt, über den sich die Totalität der Welt *manifestiert*, ohne sich deshalb je zu enthüllen.

Dieser doppelte, stets anwesende Aspekt des literarischen Werkes macht seinen Reichtum und seine Doppeldeutigkeit aus und bestimmt zugleich seine Grenzen. Den Klassikern und den Naturalisten stand er nicht explizit vor Augen, wenn er ihnen auch nicht vollständig entging. Heute ist klar, daß diese Determination nicht allein für das literarische Werk gilt und daß dieses, wenn es entsteht, *kein anderes Ziel haben kann, als auf beiden Ebenen zu existieren*, weil seine Struktur eines einzelnen Allgemeinen allemal die Möglichkeit eines einseitigen Ziels verschließt. Der Schriftsteller benutzt die Sprache, um etwas zu schaffen, das mit zwei Schlüsseln zu erschließen ist und das in seinem Vorhandensein und in seinem Ziel von der einzelnen Allgemeinheit und von der nach Allgemeinheit strebenden Einzelnheit Zeugnis ablegt.

Das will jedoch recht verstanden sein. Ich weiß oder kann wissen, daß ich universal determiniert bin; ich weiß oder kann wissen, daß ich Teil einer in Gang befindlichen Totalisierung bin – totalisiert und durch die geringste meiner Gesten Retotalisator. Bestimmte Humanwissenschaften – Marxismus, Soziologie, Psychoanalyse – können mir helfen, meinen *Platz* und die Grundzüge meines Abenteuers zu erkennen: Ich bin Kleinbürger, Sohn eines Marineoffiziers, Halbwaise, ein Großvater war Arzt, der andere Lehrer, ich habe die bürgerliche Bildung genossen, die man zwischen 1905 und 1929 – dem Jahr meines offiziellen Studienabschlusses – verabreichte; diese Fakten haben mich, zusammen mit bestimmten objektiven Tatbeständen meiner Kindheit, für bestimmte neurotische Reaktionen prädisponiert, die ich kenne. Wenn ich all dies im Lichte der Anthropologie betrachte, bekomme ich über mich ein bestimmtes Wissen, das für einen Schriftsteller alles andere als unnütz ist und das heute, da Literatur viel tiefer geht, geradezu *notwendig* geworden ist. Man braucht dieses Wissen aber, um das literarische Vorgehen sichtbar zu machen, um es in der Exteriorität anzusiedeln und um die Beziehung des Schriftstellers zur *Außen*welt von Überwucherungen zu befreien. So wertvoll die rein objektive Kenntnis meiner selbst und der anderen auch ist, so bildet sie doch nicht den eigentlichen Gegenstand der Literatur, denn sie ist das Universale *ohne* das Singulare. Umgekehrt ist der völlige Einklang mit den Phantasiegebilden ebensowenig Gegenstand der Literatur. Ihr eigentlicher Gegenstand ist das In-der-Welt-Sein, und zwar nicht als von außen herangeführtes, sondern als vom Schriftsteller *gelebtes*. Aus diesem Grunde hat die Literatur, obwohl sie sich immer mehr auf das universale Wissen stützen muß, nicht die Aufgabe, über irgendeinen Bereich dieses Wissens Informationen zu vermitteln. Ihr Thema ist die Einheit der Welt, die permanent in Frage gestellt wird durch die doppelte Bewegung der Verinnerung und der Entäußerung oder, wenn man will, durch die Tatsache, daß der Teil nichts anderes als eine Bestimmung des Ganzen sein und nicht im Ganzen aufgehen kann, das er durch sein Bestimmtsein negiert (*omnis determinatio est negatio*), das ihm indessen erst vom Ganzen verliehen wird. Die Unterscheidung zwischen der Welt *von hinten* und der Welt *von vorn* darf uns nicht die Zirkularität dieser beiden Welten verkennen lassen, die zusammen eine Einheit bilden: Im Haß Flauberts auf die Bürger entäußert er die Verinnerung des *Bürger-Seins*. Diese «Falte in der Welt», von der Merleau-Ponty gesprochen hat, ist heute der einzig mögliche Gegenstand der Literatur. Der Schriftsteller wird zum Beispiel eine Landschaft, eine Straßenszene, ein Ereignis wiedergeben:

1. Insofern diese Singularitäten Verkörperungen des Ganzen, also der Welt, sind.

2. Gleichzeitig, insofern die Art und Weise, in der er sie zum Ausdruck bringt, deutlich macht, daß er selbst eine andere Verkörperung desselben Ganzen (verinnerte Welt) ist.

3. Insofern diese unüberwindbare Dualität eine strenge Einheit manifestiert, die jedoch *unsichtbar* in den beschriebenen Gegenstand eingeht.

In der Tat ist die Person ursprünglich diese Einheit, aber ihre Existenz zerstört sie als Einheit gerade in der Form, in der sie sie manifestiert. Da aber die Zerstörung dieser Existenz die Einheit nicht wiederherzustellen vermag, ist es sinnvoller, wenn der Schriftsteller versucht, sie über die Doppeldeutigkeit des Werkes als die unerreichbare Einheit einer suggerierten Dualität ahnen zu lassen.

Wenn dies nun das – mehr oder minder – bewußte Ziel des modernen Schriftstellers ist, so ergeben sich hieraus mehrere Konsequenzen für seine Arbeiten:

1. Zunächst ist es richtig, daß der Schriftsteller eigentlich *nichts* zu sagen hat. Wir meinen damit, daß sein eigentliches Ziel nicht in der Mitteilung eines *Wissens* besteht.

2. Gleichwohl *teilt er sich mit*. Das bedeutet, daß er in Form eines Objektes (des Werkes) die Existenzbedingung des Menschen in aller Radikalität (das In-der-Welt-Sein) greifbar macht.

3. Aber dieses In-der-Welt-Sein wird nicht, wie ich es jetzt gerade tue, mit verbalen Annäherungen dargestellt, die noch auf das Universale abzielen (denn ich beschreibe es als Seinsweise aller Menschen – was folgendermaßen ausgedrückt werden könnte: Der Mensch ist der Sohn des Menschen). Der Schriftsteller kann nur von seinem In-der-Welt-Sein Zeugnis ablegen, indem er ein doppeldeutiges Objekt herstellt, das es andeutungsweise nahelegt. Somit bleibt das wirkliche Verhältnis des Lesers zum Autor das Nicht-Wissen; wenn der Leser das Buch liest, muß er mittelbar auf seine eigene Wirklichkeit des singularen Universalen zurückverwiesen werden; er muß sich erkennen – weil er in das Buch eindringt und zugleich nicht völlig eindringen kann – als einen vom selben Ganzen unterschiedenen Teil, als sich selbst in einer anderen Weltsicht.

4. Wenn nun der Schriftsteller *nichts* zu sagen hat, dann deshalb, weil er *alles* zeigen muß, das heißt dieses singulare und praktische Verhältnis des Teils zum Ganzen, welches das In-der-Welt-Sein ist; das literarische Objekt muß das Paradox menschlichen Daseins in der Welt bezeugen, nicht indem es Erkenntnisse über *die* Menschen bringt (damit wäre sein Autor ein Amateurpsychologe, ein Amateursoziologe usw.), sondern indem es das In-der-Welt-Sein, und zwar in *dieser* Welt als konstitutives und unsagbares Verhältnis aller zu allem und zu allen gleichzeitig objektiviert und subjektiviert.

5. Wenn das Kunstwerk alle Züge eines singularen Universalen trägt, dann ist es, als habe der Autor das Paradox seiner menschlichen Existenzbedingung als *Mittel* und die Objektivierung dieser Bedingung *inmitten der Welt* in einem Gegenstand als *Ziel* genommen. So ist heute die Schönheit nichts anderes als die Existenzbedingung des Menschen, dar-

gestellt nicht als eine Faktizität, sondern als Produkt einer schöpferischen Freiheit (der des Autors). Und in dem Maße, in dem diese schöpferische Freiheit auf Kommunikation ausgerichtet ist, wendet sie sich an die schöpferische Freiheit des Lesers und ermuntert ihn, das Werk in der Lektüre (die auch ein schöpferischer Akt ist) aufs neue zusammenzufügen, kurz, sein eigenes In-der-Welt-Sein frei zu erfassen, so als ob es das Produkt seiner Freiheit wäre; anders gesagt, so als ob er der verantwortliche Urheber seines In-der-Welt-Seins wäre und sich ihm zugleich fügte oder, wenn man will, als ob er aus freien Stücken die Welt verkörperte.

So kann also das literarische Kunstwerk nicht das Leben sein, das sich unmittelbar an das Leben wenden und versuchen könnte, über die Emotion, die Sinnenlust usw. eine Symbiose zwischen Leser und Autor herzustellen. Aber indem es sich an die Freiheit wendet, lädt es den Leser ein, sein eigenes Leben auf sich zu nehmen (nicht aber die Umstände, die das Leben modifizieren und es unerträglich machen können). Es fordert ihn dazu auf, nicht durch moralischen Appell, sondern im Gegenteil dadurch, daß es von ihm die ästhetische Bemühung verlangt, deren es bedarf, um das Leben als paradoxe Einheit der Einzelnheit und der Allgemeinheit wieder zusammenzufügen.

6. Von hier aus können wir verstehen, daß die *neu zusammengefügte* totale Einheit des Kunstwerks das Schweigen ist, das heißt die sich durch die Wörter und über die Wörter hinaus vollziehende freie Verkörperung des In-der-Welt-Seins als Nicht-Wissen, das sich über einem partiellen, aber universalisierenden Wissen wieder geschlossen hat. Es bleibt noch zu fragen, wie der Autor das fundamentale Nicht-Wissen – Gegenstand des Buches – mittels Bedeutungen erzeugen kann, das heißt mit Worten das Schweigen darstellen kann.

Hier nun wird verständlich, warum der Schriftsteller der Spezialist der Gemeinsprache ist, also der Sprache, die das Höchstmaß an *Desinformation* enthält. Zunächst haben die Wörter zwei Gesichter wie das *In-der-Welt-Sein*. Einerseits sind sie Objekte, die aufgegeben werden: Man geht über sie hinweg auf ihre Bedeutungen zu, die, wenn sie einmal verstanden worden sind, zu polyvalenten verbalen Schemata werden, die auf hundert verschiedene Weisen ausgedrückt werden können, das heißt durch andere Wörter. Andererseits sind sie materielle Realitäten: Als solche besitzen sie objektive Strukturen, die sich durchsetzen und sich auf Kosten der Bedeutungen stets behaupten können. Das Wort «grenouille» (Frosch) oder das Wort «bœuf» (Stier) haben eine auditive und eine optische Gestalt: Sie sind Präsenzen. Als solche enthalten sie einen bedeutsamen Teil an Nicht-Wissen, und dies in einem weit höheren Maße als mathematische Symbole. «*La grenouille qui veut se faire aussi grosse qu'un bœuf*»[1] enthält in der unentwirrbaren Verflechtung seiner Materialität mit seiner Bedeutung viel mehr Körperhaftigkeit als «x→y». Und nicht etwa *trotz*, sondern gerade *wegen* dieser materialen Schwergewichtigkeit entscheidet sich der Schriftsteller für den Gebrauch der Gemeinsprache. Seine Kunst besteht darin, zwar eine möglichst exakte Bedeutung zu liefern, zugleich aber die Aufmerksamkeit auf die Materialität des Wortes zu lenken, in der Weise, daß dabei das bedeutete Ding jenseits des Worts steht und zugleich von dieser Materialität verkörpert wird. Das Wort «Frosch» hat natürlich keine wie immer geartete Ähnlichkeit mit dem Tier, aber *gerade deshalb* kommt es ihm zu, für den Leser die unerklärbare und reine materielle Präsenz des Frosches zu manifestieren.

Kein einziges Element der Sprache kann wirksam gemacht werden, wenn nicht die ganze Sprache mit all ihrem Reichtum und in ihren Grenzen gegenwärtig ist. In dieser Hinsicht unterscheidet sich die Gemeinsprache von den technischen Sprachen, bei denen sich jeder Spezialist als Mit-Urheber fühlt, da sie auf intentionalen Übereinkünften beruhen. Die Gemeinsprache ist für mich dagegen als Ganzes verbindlich, insofern ich *ein anderer* als ich selbst bin und insofern sie das konventionale, jedoch ungewollte Produkt jedes einzelnen ist, indem dieser durch und für die anderen *ein anderer als er selbst ist*. Ich will es veranschaulichen: Auf dem Markt wünsche ich, als ich selbst, daß der Preis dieser oder jener Ware möglichst niedrig sei; aber die Tatsache meiner Nachfrage bewirkt eine Erhöhung der Preise, denn wie alle anderen bin ich für den Kaufmann *ein anderer*, und als solcher setze ich mich in Gegensatz zu meinen Interessen. So ist es auch mit der Gemeinsprache: Ich spreche sie, und auf einmal werde ich, als anderer, von ihr gesprochen. Beides verläuft freilich simultan und ist dialektisch miteinander verkoppelt. Kaum habe ich gesagt: «Guten Tag, wie geht es Ihnen?», so weiß ich auch schon nicht mehr, ob ich die Sprache gebrauche oder ob sie mich gebraucht. Zum einen gebrauche ich sie: Ich wollte einen Menschen in seiner Partikularität begrüßen, den ich gern wiedersehe; zum anderen gebraucht sie mich: Ich habe nur – wenn auch mit besonderer Intonation – einen sprachlichen Gemeinplatz reaktualisiert, der sich durch mich behauptet; und von diesem Moment an ist die ganze Sprache gegenwärtig. In der anschließenden Unterhaltung werde ich meine Intentionen durch die artikulierten Morpheme umgeleitet, beschränkt, verraten oder bereichert sehen. So verbindet mich die Sprache, dieses seltsame Bindemittel, *als anderer* mit dem anderen *als anderen* in dem Maße, wie sie uns als *die gleichen* verbindet, das heißt als absichtsvoll kommunizierende Subjekte.

---

1 Der Frosch, der dem Stier an Größe gleichen wollte.

Das Ziel des Schriftstellers ist keineswegs die Aufhebung dieser paradoxen Situation, sondern ihre größtmögliche Nutzung, um aus seinem *In-der-Sprache-Sein* den Ausdruck seines *In-der-Welt-Seins* zu schaffen. Er verwendet die Sätze als Träger der Doppeldeutigkeit, als Vergegenwärtigung des strukturierten Ganzen der Sprache; er spielt mit der Vielzahl der Bedeutungen; er bedient sich der Geschichte der Vokabeln und der Syntax, um abweichende, zusätzliche Bedeutungen zu erschließen; er will mitnichten gegen die Grenzen seiner Sprache anrennen: Er benutzt sie in einer Weise, die sie gleichsam inkommunikativ macht für alle Nicht-Landsleute, und er überwindet den nationalen Partikularismus, wenn er universale Bedeutungen liefert. Aber wenn er das Nicht-Bedeutende zum eigentlichen Material seiner Kunst macht, so will er keine absurden Wortspiele produzieren (obschon die Schwäche für Kalauer – wie man bei Flaubert sieht – keine schlechte Vorbereitung auf die Literatur ist); seine Absicht ist es vielmehr, die umdunkelten Bedeutungen so zu zeigen, wie sie sich über sein In-der-Welt-Sein darstellen. Der *Stil* vermittelt in der Tat keinerlei Wissen: Er bringt das singulare Universale hervor und zeigt dabei die Sprache als Allgemeinheit, die den Schriftsteller hervorbringt und in seiner Faktizität ganz und gar bedingt, und zugleich das Wagnis des Schriftstellers, der sich seiner Sprache zuwendet oder die Spracheigentümlichkeiten und Doppeldeutigkeiten übernimmt, um von seiner praktischen Singularität Zeugnis abzulegen oder um sein Verhältnis zur Welt als selbstgelebtes in die materielle Präsenz der Wörter einzuschließen. «Das Ich ist hassenswert; Ihr, Milton, verbergt es, und doch könnt Ihr Euch ihm nicht entziehen.» Die Bedeutung in diesem Satz ist universal, aber der Leser erfährt sie über diese schroffe, nicht-bedeutende Singularität, den Stil, der nunmehr mit der Bedeutung so eng verbunden ist, daß die Idee nur noch über diese Singularisierung gedacht werden kann, das heißt über die Art, in der Pascal sie gedacht hat. Der Stil ist die Sprache insgesamt, die durch die Vermittlung des Schriftstellers den Aspekt der Singularität übernimmt! Dies ist wohlgemerkt nur eine – wenn auch fundamentale – Art, das In-der-Welt-Sein darzustellen. Es gibt hundert andere, die gleichzeitig zu verwenden sind und die den *Lebens-Stil* des Schriftstellers kennzeichnen (Geschmeidigkeit, Härte, blitzende Angriffslust oder das Gegenteil: langsamer Anlauf, gelehrte Präliminarien, die in schroffe Kurzfassungen münden usw.). Jeder weiß, was ich meine: all die Eigentümlichkeiten, die einen Menschen so plastisch werden lassen, daß man seinen Atem zu spüren meint, die ihn jedoch *nicht wirklich erkennen lassen.*

7. Dieser fundamentale Gebrauch der Sprache ist aber völlig ausgeschlossen, wenn dabei nicht gleichzeitig Bedeutungen mitgegeben werden. Ohne Bedeutung keine Doppeldeutigkeit, der Gegenstand wird

nicht ins Wort eingehen. Und wie könnte man von Kurzfassungen reden? Kurzfassung wovon? Ich schlage vor, das essentielle Vorhaben des modernen Schriftstellers, das darin besteht, das nicht-bedeutende Element der Gemeinsprache zu bearbeiten, um dem Leser das In-der-Welt-Sein eines singularen Universalen offenbar zu machen, die Suche nach dem *Sinn* zu nennen. So ist die Totalität im Teil gegenwärtig: Der Stil befindet sich auf der Ebene der Verinnerung der Außenbeziehung, und dies könnte man, in der Einzelbemühung einer Überschreitung auf die Signifikationen hin, als die spezifische *Würze* der Epoche, den *Geschmack* des historischen Moments bezeichnen, so wie diese sich einer durch dieselbe Geschichte individuell geformten Person dartun.

Doch obwohl fundamental, bleibt dieser Umgang mit der Sprache im Hintergrund, denn er gestaltet nur die Einbettung des Schriftstellers in die Welt: Was dagegen offen und klar dargeboten wird, das ist das signifizierende Ganze, das der Welt von vorn entspricht, so wie sie als eine allgemeine unter dem von der Welt von hinten bedingten Blickwinkel erscheint. Aber die Signifikationen sind nur Scheinsignifikationen, und sie alle zusammen stellen nur ein Schein-Wissen dar: *zunächst*, weil sie als Mittel des *Sinns* gewählt worden sind und weil sie *im Sinn wurzeln* (anders ausgedrückt, weil sie ausgehend vom Stil gebildet worden sind, durch den Stil Ausdruck finden und sie solchermaßen von ihrem Ursprung her getrübt sind), *zweitens*, weil sie im Universalen durch ihre Singularität von sich selbst losgelöst erscheinen (so enthalten sie in sich selbst die Einheit und den explosiven Widerspruch zwischen Singularem und Universalem). Alles, was in einem Roman vorhanden sein kann, mag als universal erscheinen, doch diese Universalität ist eine falsche; sie widerlegt sich selbst oder wird vom Buch-Ganzen widerlegt. Akinari beginnt sein ‹Rendezvous bei den Chrysanthemen› mit folgenden Worten: «Der Unbeständige geht leicht eine Bindung ein, doch nur für kurze Zeit; wenn der Unbeständige einmal mit dir gebrochen hat, wird er nie wieder nach dir fragen.» Dies sind universale Aussagen, wenn man sie isoliert betrachtet. Aber *in der Erzählung* erweist sich die Universalität als falsch. Erst einmal werden zwei analytische Urteile abgegeben, die uns die Definition der Unbeständigkeit – die wir bereits *kennen* – mitteilen. Alsdann: Was sollen sie hier, wo doch die Geschichte nicht Unbeständigkeit, sondern im Gegenteil eine wunderbare Beständigkeit bezeugt? An diesem Punkt werden wir auf die Singularität Akinaris verwiesen. Was lag ihm an diesem Satz? Dieser Satz spielt in der chinesischen Erzählung, die er als Vorlage benutzt und dabei vollständig verändert hat, eine bestimmte Rolle: Hat er ihn versehentlich stehenlassen? Oder wollte er damit ganz offen seine Quelle angeben? Oder einen Überraschungseffekt erzielen, indem er den Leser glauben macht, der

Freund sei aus einer Laune heraus nicht zum Rendezvous gekommen, um anschließend seine unvergleichliche Treue zu offenbaren? Wie dem auch sei, der Satz ist mittelbar problematisch, und sein universaler Aspekt steht im Widerspruch zur Singularität der Gründe, aus denen er an dieser Stelle steht. Der Stil bestimmt den Ausdruck unserer unsichtbaren Bedingtheit durch die Welt hinter unserem Rücken, und die Bedeutungen bestimmen das praktische Bemühen des solchermaßen bedingten Autors, *durch diese Bedingtheit vermittelt*, zu den Gegebenheiten der Welt innerhalb des Gesichtskreises zu gelangen.

8. Ausgehend von diesen wenigen Bemerkungen kann man sagen, daß das literarische Werk von heute es sich zur Aufgabe macht, gleichzeitig die beiden Seiten des In-der-Welt-Seins zu demonstrieren; es muß sich selbst die Welt durch die Vermittlung eines singularen Teils enthüllen, den sie hervorgebracht hat, so daß das Universale überall als Erzeuger der Singularität erkennbar wird und daß man umgekehrt die Singularität als Wölbung und unsichtbare Grenze des Universalen begreift. Man könnte auch sagen, die Objektivität muß auf jeder Buchseite als Grundstruktur des Subjektiven durchscheinen und umgekehrt: Die Subjektivität muß überall wiederherstellbar sein als Unauslotbarkeit des Objektiven.

Wenn das Werk diese doppelte Absicht verfolgt, so ist es kaum von Belang, in welcher Form der Darstellung sie auftritt: Sie kann, wie bei Kafka, die Form einer objektiven und rätselhaften Erzählung annehmen, als eine Art Symbolismus ohne Symbol und ohne eigentlich Symbolisiertes (nie vermittelt eine Metapher auf indirekte Weise ein Wissen, sondern immer deutet eine *Schrift* unablässig die erlebten Modalitäten des In-der-Welt-Seins dort an, wo sie nicht dechiffrierbar sind); oder der Autor kann, wie etwa Aragon in seinen letzten Romanen, selbst in die Erzählung eingreifen, um ihre Universalität genau in dem Augenblick zu beschränken, in dem es scheint, als wolle er sie ausdehnen; oder es greift ganz einfach – wie bei Proust – eine fiktive Person (die indessen der Bruder des Erzählers ist) in das Geschehen ein, als Richter und als Partei, als *agent provocateur* und als Zeuge des Geschehens; oder das Verhältnis zwischen Singularem und Universalem kann in hunderterlei Formen gefaßt werden (Robbe-Grillet, Butor, Pinget usw.). Es hängt vom jeweiligen Vorhaben ab, keine Form hat Priorität. Wer das Gegenteil behauptet, verfällt *gleichzeitig* in Formalismus (er verallgemeinert eine Form, die nur als *ein* Ausdruck des *singularen* Universalen gelten kann: Das «Sie» in ‹La Modification›[1] ist nur dort gültig; doch dort ist es dies auch vollkommen) und in Vergegenständlichung (er macht die Form zu einem Ding, einem Etikett, einem Ritus, während sie nichts anderes als die

---

1 Roman von Michel Butor (Anm. d. Übers.).

innere Einheit des Inhalts ist).

Dagegen ist ein literarisches Werk ohne Wert, wenn es nicht vom Ganzen Zeugnis ablegt über den Modus des Nicht-Wissens, des Gelebten. Das Ganze, das will heißen die gesellschaftliche Vergangenheit und die historische Gegenwart, beide *erlebt*, ohne *erkannt* zu sein. Das bedeutet, daß das Singulare nur sichtbar gemacht werden kann als nicht-bedeutende Spezifizierung der Zugehörigkeit zur Gemeinschaft und zu ihren objektiven Strukturen, und umgekehrt, daß die angestrebten Scheinbedeutungen als objektive Strukturen des Gesellschaftlichen keinen Sinn haben, es sei denn, sie erscheinen als Strukturen, die nur dann konkret sein können, wenn sie von einer bestimmten gesellschaftlichen Verwurzelung her erlebt werden oder, wenn man will: wenn das – niemals erreichte – objektive Universale am Horizont einer Bemühung um Universalisierung sichtbar wird, die aus der Singularität erwächst und sie negierend bewahrt.

Dies bedeutet einerseits, daß das literarische Werk für die gesamte Epoche einstehen muß, das heißt für die Situation des Autors in der sozialen Wirklichkeit und, ausgehend von dieser besonderen Einbettung, für die gesamte soziale Wirklichkeit, insofern diese Einbettung den Autor – wie jeden Menschen – zu einem Wesen macht, das in seinem Sein *konkret* in Frage gestellt wird, das seine Einbettung als Entfremdung, als Verdinglichung, als Frustration, als Mangel an Rückzugsmöglichkeit vor einem vermuteten Hintergrund möglicher Fülle *erlebt*; und insofern die Totalisierung selbst historisch partikularisiert ist zum einfachen Moment eines Totalisierungsprozesses. Es ist heute für den Schriftsteller unmöglich geworden, sein In-der-Welt-Sein als ein In-der-*One-World*-Sein zu leben, das heißt, in seinem Leben nicht von den Widersprüchen dieser Welt betroffen zu sein (zum Beispiel: Atomwaffen, Volkskrieg – und dahinter immerfort die Alternative: Die Menschen haben heute die Möglichkeit, die Menschheit entweder völlig auszulöschen oder den Weg zum Sozialismus einzuschlagen). Der Schriftsteller, der es sich nicht zur Aufgabe macht, die Welt der Atombombe und der Raumforschung so wiederzugeben, wie er sie erlebt, zurückgezogen, ohnmächtig und beklommen, spricht von einer abstrakten Welt und nicht von der unseren; er wäre allenfalls ein Spaßmacher oder ein Scharlatan. Wie er über seine Einbettung in den historischen Kontext Rechenschaft ablegt, spielt nur eine geringe Rolle: Wenn nur eine nicht greifbare Angst, die aus jeder Seite spricht, die Existenz der Bombe manifestiert, dann muß von der Bombe selbst gar nicht erst die Rede sein. Die Totalisierung muß vielmehr im Nicht-Wissen vor sich gehen – und umgekehrt –, denn das Leben ist die Grundlage von allem und verneint alles, was es bedroht; die Totalisierung wird nicht passiv verinnert, sondern von der einzigartigen Bedeutung des Lebens aus erfaßt. Die Ambivalenz, Kern des literarischen Werkes, wird mit einem Satz von Malraux recht anschaulich: «Ein Leben wiegt nichts, nichts wiegt ein Leben auf»; dieser Satz vereint den Gesichtspunkt der Welt dahinter (wo das einzelne Leben gleichgültig hervorgebracht und vernichtet wird) mit dem Gesichtspunkt der Einzelnheit, die sich dem Tod entgegenstemmt und sich in ihrer Selbständigkeit behauptet.

Das Engagement des Schriftstellers zielt auf die Mitteilung des Nicht-Mitteilbaren (des erlebten In-der-Welt-Seins) durch Ausnutzung des Anteils an Desinformation, der in der Gemeinsprache enthalten ist; er ist darauf bedacht, die Spannung zwischen dem Ganzen und den Teilen, zwischen der Totalität und der Totalisierung, der Welt und dem In-der-Welt-Sein aufrechtzuerhalten als *Sinn* seines Werkes. *Gerade der Schriftsteller* ringt mit dem Widerspruch zwischen dem Partikularen und Universalen. Während die Funktion der anderen Intellektuellen für sie aus dem Widerspruch zwischen den universalistischen Ansprüchen ihres Berufes und den partikularistischen Forderungen der herrschenden Klasse erwachsen ist, sieht sich der Schriftsteller in seiner eigentlichen Aufgabe der Verpflichtung gegenüber, auf der Ebene des Gelebten zu bleiben und dabei gleichzeitig das *Streben nach Allgemeinheit* als Behauptung des Lebens *am Horizont* zu suggerieren. So betrachtet ist er also nicht wie die anderen Intellektuellen Intellektueller *aus Zufall*, sondern *seinem Wesen nach*. Und eben aus diesem Grunde verlangt das Werk, daß er sich *außerhalb desselben* auf die theoretisch-praktische Ebene stellt, auf der die anderen Intellektuellen stehen: Denn das literarische Werk ist einerseits – auf der Ebene des Nicht-Wissens – Wiederherstellung des Seins in einer Welt, die uns erdrückt, und andererseits die gelebte Bejahung des Lebens als absoluter Wert und als Forderung nach einer Freiheit, die sich an alle anderen richtet.

L'Ami du peuple

Interview mit *L'Idiot international*, Oktober 1970

FRAGE: *Seit dem Mai 1968 gibt es einen Bruch zwischen der traditionellen Konzeption dessen, was ein Intellektueller ist, und einer durch die Ereignisse neuentstandenen Konzeption eines revolutionären Intellektuellen, so daß diejenigen, die seit 1945 als Intellektuelle par excellence gelten, plötzlich einer politischen Situation gegenüberstehen, die sie nicht begreifen. Wie denken Sie darüber?*

SARTRE: Wir müssen zunächst einmal definieren, was ein Intellektueller ist. Manche glauben, ein Intellektueller sei jemand, der ausschließlich Verstandesarbeit leistet. Das ist eine schlechte Definition: Es gibt keine Arbeit, die ausschließlich Verstandesarbeit ist, so wie es keine Arbeit gibt, zu der nicht auch Verstandesarbeit gehört. Ein Chirurg, zum Beispiel, kann ein Intellektueller sein, obwohl seine Arbeit eine manuelle ist. Ich glaube nicht, daß man den Intellektuellen lediglich durch seinen Beruf definieren kann. Man muß vielmehr fragen, in welchen Berufen man zum Intellektuellen wird. Ich würde sagen, man findet Intellektuelle in allen Berufen, die ich Techniken des praktischen Wissens nenne. Natürlich ist jedes Wissen praktisch. Aber das weiß man erst seit kurzem. Deshalb verwende ich beide Wörter zusammen. Die Techniker des praktischen Wissens entwickeln oder benutzen, mittels exakter Disziplinen, einen Komplex von Kenntnissen, die sich im Prinzip auf das Allgemeinwohl beziehen. Damit bezieht sich dieses Wissen auf die Universalität. Ein Arzt studiert den menschlichen Körper *ganz allgemein*, damit er eine x-beliebige Krankheit heilen kann, deren Symptome er erkannt hat und für die er Heilmittel kennt. Aber der Techniker des praktischen Wissens kann ebenso Ingenieur, Wissenschaftler oder Schriftsteller, Lehrer sein. In all diesen Fällen stößt man nämlich auf den gleichen Widerspruch: Der Komplex ihrer Kenntnisse ist begrifflich, das heißt universal, und dennoch dient er niemals *allen* Menschen. Er dient in den kapitalistischen Ländern *vor allem* bestimmten Menschengruppen, die zu den herrschenden Klassen und ihren Verbündeten gehören. Insofern ist die Anwendung des Universalen niemals universal; sie ist partikular, sie dient nur *einzelnen*. Das hat einen zweiten Widerspruch zur Folge, der den Techniker selbst betrifft: In seiner allgemeinen Arbeit, seiner Erkenntnisweise ist er universal, aber *in der Praxis* arbeitet er für Privilegierte, auf deren

Seite er damit steht: Damit betrifft es ihn selbst. Wir haben den Intellektuellen noch nicht definiert: Es gibt Techniker des praktischen Wissens, die mit diesem Widerspruch sehr gut leben können oder dafür sorgen, daß sie nicht unter ihm leiden. Sobald aber einer von ihnen sich bewußt wird, daß er *universal arbeitet*, jedoch nur dem Partikularen dient, dann ist es das Bewußtsein dieses Widerspruchs – das Hegel «unglückliches Bewußtsein» nannte –, was ihn zum Intellektuellen macht.

Sind Sie der Meinung, daß trotz des Mai 1968 die traditionelle Mission der Intellektuellen nicht beendet ist?

Nein. Aber wir müssen uns erst darüber klarwerden, was diese «Mission» war und wer die Intellektuellen damit beauftragt hat. Da der Intellektuelle gleichzeitig universal und partikular war, verurteilte er überall den partikularen Gebrauch des Universalen und versuchte in jeder partikularen Situation auf die Grundsätze einer universalen Politik zum Wohl der Allgemeinheit hinzuweisen.

Der klassische Intellektuelle ist also derjenige, der sagt: Achtung, hier wird etwas als Anwendung des Universalen ausgegeben, zum Beispiel Gesetze. Es heißt, Gesetze werden angewendet, Leute werden verhaftet, weil die Gesetze universal sind. Genau das stimmt jedoch nicht. Die Gesetze sind nicht universal, und zwar aus dem und dem Grunde, dazu kommt das und das partikulare Interesse, es gibt eine partikulare Klasse und die und die Politik, die der Grund dafür sind, daß der und der verhaftet wird oder ein bestimmter Krieg weitergeht. Die klassische Art einer intellektuellen Aktion haben wir während des Vietnam-Kriegs gehabt. Einige Intellektuelle haben sich Parteien oder Organisationen angeschlossen, die gegen den Vietnam-Krieg kämpften, und sie haben mit Hilfe ihrer Disziplin nachgewiesen, daß die und die Entlaubungsmittel über vietnamesischen Feldern abgeworfen wurden oder daß die von den Amerikanern angeführten Argumente nicht stichhaltig sind. Die einen sind Chemiker, die anderen Historiker oder Juristen, die sich auf das Völkerrecht berufen (bei dem sie gleichzeitig einige Partikularismen aufgedeckt haben). Dennoch muß man sie «klassische Intellektuelle» nennen, weil sie zwar unter ihrem Widerspruch leiden, aber gleichzeitig glauben, gerade durch ihn seien sie für alle nützlich, und deshalb gehen sie nicht soweit, sich selbst in Frage zu stellen. In ihrer Praxis gibt es jedoch einen Hinweis auf diese Infragestellung – den sie sich selbst nicht bewußtmachen: Der Antagonismus des Universalen und des Partikularen, der sie prägt, verlangt, da sie ihn außerhalb ihrer selbst überwinden wollen, notwendig, daß sie ihn auch innerhalb ihrer selbst aufheben. Mit anderen Worten: Die universalistische Gesellschaft, die sie herbeiführen wollen, hat für den Intellektuellen objektiv keinen Platz.

Ist es im Mai 1968 wirklich zu einem Bruch gekommen? Bleibt die

Konzeption des klassischen Intellektuellen weiterhin gültig, oder entsteht eine neue Konzeption des Intellektuellen?

In den meisten Fällen hat sich eigentlich nicht viel geändert. Der klassische Intellektuelle ist geblieben. Das liegt daran, daß dieser *seine Rolle liebt*: Als gutbezahlter Techniker des praktischen Wissens, der einerseits zum Beispiel Physik lehrt, andererseits auf Versammlungen jede Repression anprangert, fühlt er sich *im Prinzip* mit sich selbst unzufrieden und glaubt, durch diese Unzufriedenheit – die nichts anderes als das Bewußtsein seines Widerspruches ist – könne er nützlich sein, weil ja sein Widerspruch der Widerspruch der ganzen Gesellschaft ist.

Man kann sagen, daß Sie der Lehrer einer ganzen Generation von Intellektuellen gewesen sind, und dennoch waren Sie einer der ersten, die plötzlich erkannten, daß ein großer Teil dieser Generation gescheitert ist und daß die Intellektuellen heute politisch ganz neue Wege gehen müssen.

Ich würde nicht sagen, einer der ersten, denn diese Einsicht ist das Verdienst der Studenten. Die Studenten, die schon Techniker des praktischen Wissens sind (und zwar vom ersten Studienjahr an), haben unmittelbar gespürt, worum es eigentlich geht: Sie sollen trotz allem zu Lohnarbeitern für das Kapital oder zu Aufsehern gemacht werden. Diejenigen, die das begriffen, sagten sich: Das wollen wir nicht, das heißt, wir wollen keine Intellektuellen mehr sein. Wir wollen, daß das von uns erworbene Wissen, das ein universalistisches Wissen ist, von allen benutzt wird. Zur Zeit der Vietnam-Basiskomitees zum Beispiel haben die Studenten langsam begriffen, daß die Tatsache, daß man sich zu einem Aufseher der Bourgeoisie ausbilden läßt, keineswegs dadurch aufgewogen wird, daß man einem Vietnam-Basiskomitee angehört. Dadurch, daß man mit diesen Gruppen Demonstrationen veranstaltete, war der Teufelskreis nicht durchbrochen, der darin besteht, daß der Intellektuelle jemand ist, der in unserer Gesellschaft nur als ständiger Widerspruch einen Sinn hat, indem er ständig das Gegenteil von dem tut, was er eigentlich vorhat, und dazu beiträgt, Menschen zu unterdrücken, die er eigentlich befreien will. Ich denke da an Professoren, die ich gut kenne und die klassische Intellektuelle geblieben sind. Manche von ihnen haben während des Algerien-Kriegs viel Zivilcourage bewiesen, haben sich ihre Wohnungen zerbomben lassen usw. Aber als Professoren blieben sie Selektionisten. Hier bewegten sie sich ganz im Bereich des Partikularen, während sie außerhalb ihres Berufs ganz für die FNL waren, das heißt für die vollständige Befreiung Algeriens. Dort sahen sie also ganz das Universale. Sie wandten ihre Kenntnisse an, ihre studienbedingte Art zu argumentieren und ihr praktisches Wissen. All das stellten sie in den Dienst von Ideen, die ebenfalls universal waren, wie zum Beispiel das

Selbstbestimmungsrecht der Völker, während sie anderseits Selektionisten blieben und ihre Vorlesung weiterhin im vorgeschriebenen Rahmen der Universität hielten. Solchen Leuten kam nie der Gedanke, sich als Intellektuelle in Frage zu stellen. Ihr gutes Gewissen beruhte *auf ihrem schlechten Gewissen,* auf dem, was sie für Algerien oder Vietnam taten oder zu tun glaubten. Der klassische Intellektuelle gewinnt sein gutes Gewissen aus seinem schlechten Gewissen durch Taten (meist Schriften), die dieses schlechte Gewissen ihn in anderen Bereichen zu tun veranlaßt. Diese Leute sind im Mai 1968 überhaupt nicht mitgegangen. Natürlich standen sie auf der Seite der Studenten, aber sie begriffen nicht, daß das eine Bewegung war, die *sie selbst* in Frage stellte. Einige waren völlig bestürzt und standen der Mai-Revolte trotz allem feindlich gegenüber, weil sie plötzlich merkten, daß die Bewegung sie *als Intellektuelle* in Frage stellte, während bisher der Intellektuelle mithalf, sich zur Verfügung stellte und sich selbstverständlich für den hielt, der die Theorie, die Ideen liefert.

Aber gerade die Form ihres Wissens wurde angegriffen, das Sie eben universales Wissen nannten und die Chinesen ganz richtig «vielleicht universales, aber in jedem Fall bürgerliches Wissen» nennen, weil es schon in seiner Form partikularisiert ist.

Richtig. Aber das hat man erst später erkannt. Ich will sagen: Der klassische Intellektuelle von 1950 hält Mathematik für ein vollständig universales Wissen. Er unterscheidet nicht zwischen einer Aneignungs- und Anwendungsmethode für Mathematik, die schon in sich universal wäre, und einer partikularistischen Aneignungsmethode.

Zum eigentlichen Bruch wäre es also im Mai 1968 in dem Augenblick gekommen, als die Intellektuellen begriffen, daß sie selbst bis zur Form ihres Wissens hin in Frage gestellt wurden?

Bis zur Form ihres Wissens hin und *in ihrer Existenz selbst.* Das heißt, man kann nicht sagen, sie sind Opfer dieses Widerspruchs. Sie müssen selbst merken, daß dieser Widerspruch in ihnen überwunden werden muß. Natürlich ist ihr Widerspruch auch der der ganzen Gesellschaft, und ein Intellektueller ist natürlich ein Lohnabhängiger. Seine eigentlichen Probleme sind die von Lohnabhängigen. Er hat ein Wissen und Können, das er einer ganz bestimmten Gesellschaft zur Verfügung stellt. Und nun hat man entdeckt, daß diese ehrenwerten Leute, die einerseits für die algerische, für die vietnamesische Befreiungsfront waren und sich überall an hervorragender Stelle engagierten, anderseits selbst völlig im Dienst von Verhältnissen blieben, durch die sie im Grunde schädlich waren. Sie waren also nicht einfach unglücklich, sondern sie waren schädlich, insofern sie von der Gesellschaft jederzeit wieder eingespannt werden konnten. Aber die Bewegung vom Mai 1968 ging nicht von den «arrivierten» Intellektuellen aus, die ein Examen gemacht hatten und Geld verdienten, sondern von den Intellektuellen-Lehrlingen, die die Situation begriffen hatten und sich sagten: So wollen wir auf keinen Fall sein.

Die Studenten der Naturwissenschaften waren im Mai 1968 politisch links, aber eine intellektuelle oder politische Rückwirkung auf ihr Wissen blieb völlig aus.

Das stimmt. Ich habe es auf Versammlungen festgestellt, wo eine Mischung aus Paternalismus – Wissen galt trotz allem als wesentliches Element der Macht – und Proletkult, das heißt die völlige Aufgabe jeder Kultur, herrschte und das eigentliche Problem nie angegangen wurde.

Vom Mai 1968 an wollten die Intellektuellen-Lehrlinge jedenfalls nicht jemand werden, der durch seine Funktion und sein Gehalt bestimmt ist, denn genau danach wird der Mensch eingestuft: Was verdient er? Was macht er? Nun könnte man sagen, was heute gelehrt wird, ist eigentlich nicht das Universale, höchstens das bürgerlich Universale. Gut. Aber wenn die Intellektuellen das 1968 gesehen hätten, dann hätten sie keine Revolte gemacht. Sie mußten zu einem bestimmten Zeitpunkt die Vorstellung vom Universalen haben. Sonst hätten sie nicht begriffen, daß dieses Universale eine universale Gesellschaft verlangt.

Damit die Gesellschaft dem Wissen entspricht?

Genau. Aber wenn sie gemerkt hätten – und das ist wirklich eine harte Wahrheit –, daß sie nicht einmal über das universale Wissen verfügten, sondern nur über seine Partikularisierung, dann wäre der Kontrast weniger eklatant gewesen. So hieß es jedoch: Wir haben das Universale, wir können es haben, aber wem dient es?

Das war die erste Erkenntnis, für die man auf die Straße ging, aber die zweite . . .

. . . kam danach. Richtig. Aber beide sind zwangsläufig miteinander verbunden und wurden gemeinsam entdeckt, vor allem auf bestimmten Gebieten, zum Beispiel in der Psychiatrie.

Wie weit ist, Ihrer Meinung nach, der Prozeß der Umerziehung, wie die Chinesen sagen, bei den Intellektuellen fortgeschritten? Zum Beispiel das Verschwinden der Barriere zwischen Kultur und Politik?

Er steckt noch ganz in den Anfängen. Wenn die Bewegung, das gewaltsame Infragestellen vom Mai 1968, angedauert hätte, wenn es nicht zu dem Verrat und der relativen Niederlage vom Juni gekommen wäre, wären wohl viele zu weitaus radikaleren Positionen gekommen. Denn vieles war in Bewegung geraten.

Wir haben also auf der einen Seite klassische Intellektuelle und auf der anderen unter den Studenten Leute, die mit ihrer bisherigen Existenz vollständig gebrochen haben, die in die Fabrik arbeiten gegangen sind und nach zwei oder drei Jahren eine völlig andere Sprache sprechen. Ihre Sprache ist einfacher, ihre Beziehungen zum Proletariat sind konkreter, sie sind ganz andere Menschen geworden. Ihre Sprache hat sich vollständig verändert. Die Umerziehung ist natürlich für Intellektuelle von dreißig, vierzig oder fünfzig Jahren sehr viel schwieriger. Aber manchmal gelingt auch sie. Was für eine Rolle könnten sie spielen?

Nun, diejenigen, die sich wirklich verändert haben, müssen begreifen, daß es keine andere Möglichkeit eines universalen Zieles mehr gibt, als sich denen anzuschließen, die eine universale Gesellschaft fordern, das heißt den Massen. Das heißt jedoch nicht, daß sie wie die klassischen Intellektuellen zum Proletariat «sprechen», eine Theorie entwickeln sollen, die von den Massen in der Aktion unterstützt wird. Diese Position muß völlig aufgegeben werden.

Was halten Sie in diesem Zusammenhang von dem Scheitern der Schriftstellerorganisationen im Mai 1968?

Sie haben alle geglaubt, der Mai 1968 sei die Gelegenheit, die Vorstellungen, die sie vorher hatten, in die Tat umzusetzen. Sie haben vergeblich versucht, den Mai 1968 ihrem festgelegten Schema anzupassen.

Sie glauben also, daß von den Intellektuellengruppen, die schon vor dem Mai 1968 mehr oder weniger etabliert waren (selbst von den Jungen), wenig zu erwarten ist?

Ja.

Ihre Umerziehung ist unwahrscheinlich?

Ja. Man darf nämlich nicht vergessen, daß ein Intellektueller ein Individualist ist. Zwar nicht alle, aber die Schriftsteller schleppen doch meist ihren Individualismus mit sich herum.

Von Leuten, die schon etwas produziert haben, ist also nichts zu erwarten, aber von Leuten, die noch nichts produziert haben, kann man eine mögliche Umerziehung zu einem neuen Intellektuellentyp erwarten?

Genau. Isaac. Deutscher verwies immer wieder auf das, was er «ideologisches Interesse» nannte. Damit ist folgendes gemeint: Sie haben zum Beispiel mehrere Bücher geschrieben, und die Bücher sind Ihr ideologisches Interesse geworden. Das bedeutet, damit sind nicht nur Ideen von Ihnen vorhanden, sondern materielle, wirkliche Gegenstände, die Ihr Interesse sind. Das heißt jedoch nicht notwendig, daß nur das Geld, das Ihre Bücher einbringen, zählt, sondern auch ihre Vergegenständlichung. Sie ist da, sie existiert, und Sie sind in diesem Moment gezwungen, entweder sie von sich zu weisen, auszuhöhlen oder sie voll zu akzeptieren, aber in jedem Fall haben Sie etwas vor sich, das Sie zu einer bestimmten Art von Menschen macht, der sich von einem, der zum Beispiel den ganzen Tag Fahrkarten knipst, unterscheidet. Dieser hat kein ideologisches Interesse. Nehmen Sie mich zum Beispiel: Ich habe ja nun eine Anzahl Bücher hinter mir. Ich bin heute nicht immer einverstanden mit dem, was ich geschrieben habe, aber sie stellen mein ideologisches Interesse dar, weil der Gedanke, daß sie völlig verschwänden, etwas ist, was ich nicht akzeptiere, und zwar keineswegs weil ich besonders stolz auf sie bin, sondern weil das einfach so ist. So sind die Menschen nun einmal. Man hat eine Vergangenheit, die man nicht ableugnen kann. Selbst wenn man sie ableugnet, leugnet man sie nie vollständig ab, weil sie in einem ist wie ein Skelett. Nun erhebt sich das Problem: Was kann man von einem 45jährigen verlangen, der schon eine ganze Produktion hinter sich hat?

Es gibt also zwei Arten von Intellektuellen: Die einen lehnen jede Parteinahme strikt ab; die anderen sind die, von denen Musil in ‹Der Mann ohne Eigenschaften› spricht, die jede Petition unterschreiben, politisch überall dabei sind, eine nützliche Rolle spielen, die aber, so ehrenhaft und streng sie auch sind, eine gewisse Schwelle nie überschreiten.

Das ist erst ein Problem von heute, denn gestern gab es keinen Linksradikalismus. Links von der Kommunistischen Partei gab es nichts. 1936, 1940/41 gab es nur eine Möglichkeit: sich auf die Seite der Kommunistischen Partei stellen. Wenn man nicht eintreten wollte, weil man trotz allem mit einigem nicht einverstanden war, dann war man ein Weggenosse. Man marschierte neben ihr mit. Mehr konnte man nicht tun. Damals wäre es sinnlos gewesen, in die Fabriken zu gehen.

Wie sehen Sie also heute die neue Mission des Intellektuellen? «Mission» ist übrigens ein unglücklicher Ausdruck.

Zunächst muß er sich als Intellektueller aufheben. Was ich Intellektueller nenne, das ist das «unglückliche Bewußtsein». Das, was er von den Disziplinen, die ihn die Technik des Universalen gelehrt haben, verwenden kann, muß er direkt in den Dienst der Massen stellen. Die Intellektuellen müssen das Universale, das von den Massen herbeigewünscht wird, in der Wirklichkeit, im Augenblick, im Unmittelbaren begreifen lernen.

Das konkrete Universale?

Das konkrete Universale. Und umgekehrt, indem sie die Sprache der Massen lernen, können sie, soweit sie diese Sprache beibehalten, den Techniken, die sie beherrschen, eine bestimmte Ausdrucksmöglichkeit geben. Ich finde zum Beispiel, eine Zeitung für die Massen müßte einen bestimmten Prozentsatz von Intellektuellen und einen bestimmten Prozentsatz von Arbeitern haben, und die Artikel müßten nicht von den Intellektuellen, nicht von den Arbeitern, sondern von beiden gemeinsam geschrieben werden. Die Arbeiter erklären, was sie machen, was sie sind, und die Intellektuellen sind dazu da, um zu verstehen, um zu lernen, und zum anderen, um der Sache in einem bestimmten Augenblick einen gewissen Allgemeinheitscharakter zu geben.

Führt, Ihrer Meinung nach, das Lernen der Sprache der Massen zu einer vollständigen Veränderung der Form des universalen Wissens?

Ich glaube nicht, zumindest nicht im Augenblick. Das ist ein ganz wichtiges Problem, das die Kultur betrifft, und die Kultur ist ein sehr schwieriges Problem.

Man weicht diesem Problem immer aus . . .

Ja, weil man noch nicht die Möglichkeit hat, es zu lösen.

Um auf das Beispiel der Zeitung zurückzukommen: Zwei Drittel der Artikel werden von etwa fünfzehn Personen redigiert (Journalisten, politisch Aktive oder Intellektuelle). Das wäre wieder eine Form, die trotz allem dem traditionellen Intellektuellen, wie Sie ihn definiert haben, recht gäbe.

Richtig, wir sind erst im Stadium des Lernens der Sprache der Massen. Viel mehr läßt sich heute dazu noch nicht sagen.

Eine persönliche oder, besser, personalisierte Frage: Inwieweit hat der Mai 1968 Sie in Ihrer Kultur verändert?

Der Mai nicht sofort, aber seine Nachwirkungen. Im Mai war ich so wie alle anderen auch. Im Moment selbst habe ich nichts begriffen. Ich verstand, was gesagt wurde, aber nicht den eigentlichen Sinn. Ich habe eine Entwicklung durchgemacht, die etwa im Mai bis zu meinem Eintritt in die Redaktion von *La cause du peuple* geht. Ich habe mich mehr und mehr als Intellektueller in Frage gestellt. Im Grunde war ich ein klassischer Intellektueller.

Seit 1968 hoffe ich mich etwas verändert zu haben, obwohl ich keine Gelegenheit habe, viel zu tun. Nominell eine Zeitschrift herausgeben, wie ich es tue, oder sie sogar auf der Straße verteilen, das ist noch keine eigentliche Arbeit, das heißt unter den angegebenen Bedingungen schreiben. Das Problem ist in meinem Fall folgendes: Ich bin ein Intellektueller von 65 Jahren, der seit 25 bis 27 Jahren sich mit dem Gedanken trägt, ein Buch über Flaubert zu schreiben, das heißt mit bekannten, wenn sie wollen wissenschaftlichen, in jedem Falle analytischen Methoden einen Menschen zu studieren. Dann kam der Mai 1968. Seit fünfzehn Jahren arbeite ich nun schon daran. Was tun? Aufgeben? Das hat keinen Sinn. Anderseits, ich weiß nicht mehr, wer das gesagt hat, «Die vierzig Bände Lenin haben für die Massen etwas Erdrückendes», was man sich vorstellen kann, denn die Massen haben gegenwärtig weder Zeit noch die Möglichkeit, sich solche Kenntnisse anzueignen, die die Kenntnisse eines Intellektuellen sind. Was also tun? Das ist ein konkretes praktisches Problem. Was tun, wenn man seit fünfzehn Jahren an einem Buch arbeitet, wenn man letztlich in gewisser Weise derselbe geblieben ist, weil man nicht seine ganze Kindheit aufgeben kann? Was tun? Ich habe mich entschlossen, die Arbeit zu Ende zu schreiben, aber dadurch, daß ich sie zu Ende schreibe, bleibe ich ein Intellektueller im herkömmlichen Sinn.

Heißt das, daß Sie sie so zu Ende schreiben wollen, wie Sie sie geplant haben?

Aber ja. Alles andere wäre sinnlos. Hier haben Sie ein gutes Beispiel für jenes Schwanken: Man geht so weit wie möglich in die eine Richtung, aber auf der andren Seite macht man weiter, was man zu tun hat . . . Ich sehe mich schwerlich darauf verzichten, denn damit wäre die Arbeit von vielen Jahren umsonst gewesen.

Aber in jüngeren Jahren haben Sie zum Beispiel ‹Die Wege der Freiheit› aufgegeben oder auch andere Werke, die Sie schon begonnen hatten.

Ja, aber das geschah aus inneren Schwierigkeiten.

Anderseits richteten sich ‹Die Wege der Freiheit› an die Massen und konnten so zu einer viel populäreren Literatur werden, als Ihr Flaubert je werden wird.

Richtig. Aber dieses Problem kann ich nicht lösen. Muß es nicht eine Forschung und eine Kultur geben, die den Massen nicht unmittelbar zugänglich sind, die jedoch Vermittlungen finden, um zu den Massen zu gelangen? Gibt es nicht trotzdem heute noch eine gewisse Spezialisierung? Oder besser, hat es einen Sinn, dieses Buch über Flaubert zu schreiben (ich spreche nicht von seinem Wert), ist es ein Werk, das notwendig dazu bestimmt ist, wieder zu verschwinden, oder aber ist es eine Arbeit, die auf lange Sicht doch zu etwas nütze ist? Das kann man nicht wissen. Ich finde zum Beispiel nicht gut, was dieser oder jener geschrieben hat, aber ich kann nicht versichern, daß er nicht eines Tages von den Massen gelesen wird, aus Gründen, die wir heute noch gar nicht kennen. Ich weiß darüber nichts. Wie sollte ich auch?

Natürlich, da selbst Mallarmé nach L'Humanité-Dimanche *zum Genossen Mallarmé geworden ist. Zwischen dem Mai 1968 und der Übernahme von* La cause du peuple *ist also etwas geschehen, was Sie zwar nicht dazu gebracht hat, Ihren Flaubert aufzugeben, aber was . . .*

. . . aber was mich in der anderen Richtung radikalisiert hat. Ich halte mich heute für jede politisch richtige Aufgabe, mit der ich betraut werde, zur Verfügung. Und die Leitung von *La cause du peuple* habe ich nicht als Bürgschaft eines Literaten übernommen, der die Pressefreiheit verteidigt. Nein, ich habe sie einfach übernommen, als eine Tat, mit der ich mich engagiere an der Seite von Leuten, die ich sehr schätze, deren Ansichten ich gewiß nicht alle teile, aber es ist kein rein formales Engagement.

Vor allem, weil es nicht nur La cause du peuple *gibt, sondern auch die Rote Hilfe, deren Mitgründer Sie sind.*

Der Unterschied zwischen der Roten Hilfe aus der Zeit vor dem Krieg und der Roten Hilfe von heute ist wichtig und eindeutig. Als die erste Rote Hilfe gegründet wurde, gab es eine wirklich mächtige und revolutionäre Kommunistische Partei, die aus ihr ein wirklich revolutionäres Organ machte. Heute ist keine Partei in ihr vertreten, sondern nur Einzelpersonen, die jedoch alle verschiedenen Gruppierungen angehören, die im Augenblick alle in absolutem Widerspruch zueinander stehen, was zur Folge hat, daß irgendwelche Initiativen, die hier oder da unternommen werden, sofort wieder dementiert werden können. Darin liegt ein konkretes Problem, das unbedingt gelöst werden muß. Ist die Rote Hilfe wirklich eine Rote Hilfe? Dann muß sie gegenüber den Aktivitäten der Gewerkschaften und eventuell auch der Partei in bestimmten Fällen Stellung nehmen. Wenn sie das jedoch nicht tut, läuft sie dann nicht Gefahr, auseinanderzufallen? Ich sehe da einen internen Konflikt bevorstehen.

Wie kann man diesen internen Konflikt überwinden? Die Rote Hilfe ist noch in einem embryonalen Stadium, und dieser Konflikt kann sehr nützlich sein, wenn er dazu beiträgt, ihre Aufgabe zu klären.

Es gibt da so etwas wie eine Linke und eine Rechte. Als rechts bezeichne ich diejenigen, die sagen: Wir halten uns so offen wie möglich, was ja bedeutet, daß den eigentlich politischen Fragen ausgewichen wird. Die Linken, zu denen ich selber gehöre, sagen dagegen: Die gegenwärtige Situation ist unhaltbar. Wir müssen vielmehr in jedem einzelnen Fall die Situation untersuchen und dann dementsprechend auf sie reagieren. Für mich steht fest, daß das der Weg ist, den wir gehen müssen, aber damit riskieren wir, wichtige Verbündete zu verlieren. Ich denke an die Mitglieder der Kommunistischen Partei, die als Einzelpersonen Mitglied der Roten Hilfe sind, und ich finde, sie dürften nicht austreten.

Ursprünglich war das doch eine Hilfsorganisation und keine Kampforganisation?

Nein. Sie war immer beides. Auch bei der alten Organisation hieß es Hilfe und Kampf:

> Contre la répression, rejoins,
> Prolétaire, ton organisation,
> Adhère au Secours Rouge
> Qui mène le vrai combat.
> Allons, peuple, bouge,
> On t'attaque, défends-toi!

Gegen die Repression, Proletarier,
schließ dich deiner Organisation an,
tritt der Roten Hilfe bei,
die den wahren Kampf kämpft.
Los, Volk, rühre dich,
man greift dich an, verteidige dich!

Lassen die Initiatoren der Roten Hilfe freie Initiativen der Basis zu?
Natürlich. Jedes Fabrik-, jedes Wohnkomitee beschließt selbst seine Aktionen gegen Entlassungen oder Verhaftungen. Das läuft nicht über die Initiatoren oder das ernannte Direktionskomitee. Es werden zwei oder drei Versammlungen gemacht. Danach folgen Sitzungen. Das Direktionskomitee soll mit allen anderen Komitees in Verbindung stehen... Aber auf der lokalen Ebene entscheidet natürlich das Basiskomitee. Die Rote Hilfe wird sein, was die Basis will. Ich glaube, die Dinge werden nur dann auf Landesebene behandelt werden, wenn die lokalen Initiativen nicht ausreichen, bei Verhaftungen oder Prozessen zum Beispiel, wenn es darum geht, Anwälte zu finden usw.

Die Rote Hilfe kann jedenfalls nur revolutionär sein, weil sie, nachdem sie es abgelehnt hat, sich als Verein einschreiben zu lassen, eine illegale Bewegung ist.
Nein, das stimmt nicht ganz. Wir sind zwar nicht berechtigt, zum Beispiel gegen die Regierung zu klagen, aber wir haben das Recht, uns zu versammeln. Die Vietnam-Basiskomitees haben auch niemals um irgendeine Erlaubnis gebeten. Sie haben sich einfach gebildet und fertig.

Sie nehmen das Recht für sich in Anspruch, die Kommunistische Partei zu kritisieren, oder nicht?
Ich nehme nicht das Recht für mich in Anspruch, die Kommunistische Partei zu kritisieren, sondern die Dinge ins reine zu bringen. Jemand ist eingesperrt oder entlassen worden. Was ist passiert? Gegen wen muß man aktiv werden, um ihn zu verteidigen?

Was die Verteidigung angeht, so würden wir gern mit beratenden Anwälten arbeiten, das heißt mit Anwälten, die die Arbeiter über ihre *bürgerlichen* Rechte aufklären, weil sie die oft nicht kennen. Wir brauchten also ein Anwaltkollektiv, das nicht nur verteidigt, sondern auch aufklärt. Das ist das erste. Zweitens wollen wir juristischen Beistand gewähren, drittens den Familien helfen. Das vierte ist das Wichtigste: die Zusammenfassung der Demonstrationen und unvorhergesehenen punktuellen Aktionen. Aber das ist meine Ansicht und die der früheren Mitglieder der «Proletarischen Linken». Ich weiß nicht, ob die gesamte Rote Hilfe da mitmacht. Für mich hat das Ganze jedenfalls nur dann einen Sinn, wenn es zur Aktion kommt.

Eines der Hauptprobleme des Semesterbeginns wird das Verbot von Presseorganen sein wie La cause du peuple, L'Idiot, Humanité Rouge ... *Welches sind, Ihrer Meinung nach, hier die möglichen Perspektiven für unseren Kampf?*

Für mich gibt es da kein Problem. Diese Presse muß sich weiterentwickeln. Sie muß überall da, wo gekämpft wird, die Massen miteinander in Verbindung bringen. Sie kann die verschiedensten Formen, selbst illegale, annehmen. Zumindest muß sie sich darauf vorbereiten, wenngleich sie so lange wie möglich versuchen sollte, legal zu bleiben.

Sie müssen uns auch etwas über die Macht und die Mängel der revolutionären Presse sagen.

Zunächst: Nirgends ist bisher der richtige Ton getroffen worden. Das gilt auch für *La cause du peuple*. Sie hat einen bestimmten Ton, aber es fehlt die Verbindung von Theorie und Praxis.

Auch die Art der Information ist ein Problem. Die systematische Aufblähung kleiner Informationen ist ja manchmal sehr anfechtbar.

Ganz richtig. Ich stelle mir eine revolutionäre Presse vor, die von positiven Aktionen berichtet, aber auch sagt, welche Aktionen nicht positiv sind. Solange man beim Siegesgeschrei bleibt, bewegt man sich auf der Ebene von *L'Humanité*. Das ist unbedingt zu vermeiden. Es gibt alte Techniken der Lügen, die ich nicht mag. Man muß auf jeden Fall die Wahrheit sagen, das heißt sagen: Das und das war falsch, und warum, oder das und das ist gut gelaufen, und warum. Wir müssen immer die ganze Wahrheit sagen. Die Wahrheit ist revolutionär. Die Massen haben ein Recht auf die Wahrheit. Das hat man noch niemals getan. Können Sie sich vorstellen, was es für das Leben eines Arbeiters meines Alters, der Stalinist war, bedeutet hat, als er eines Tages unvermittelt und ohne Erklärung erfuhr, daß Stalin nichts taugte? Und der bei der Stange geblieben ist, ohne daß man ihm mehr gesagt hat? Was sind das für Methoden! Behandelt man so einen Menschen? Das ist schrecklich gewesen. Das hat die Menschen in Verzweiflung gestürzt. Aber schlimmer ist, daß die bürgerlichen Zeitungen mehr die Wahrheit sagen als die revolutionäre Presse, selbst wenn sie lügen. Sie lügen weniger. Sie manipulieren zwar die Wahrheit, aber sie verschweigen nicht die Tatsachen. Es ist doch schlimm, daß die revolutionären Zeitungen den bürgerlichen Zeitungen, was die Wahrheit angeht, nicht überlegen sind, sondern unterlegen. Wir – die wir auch die Massen sind – müssen lernen, die Wahrheit zu akzeptieren. Die Revolutionäre wollen sie nicht sehen. Man hat sie mit bequemen Halbwahrheiten gefüttert. Sie leben mit Träumen. Wir müssen bei allen, auch bei uns selbst, eine Vorliebe für die Wahrheit entstehen lassen.

Eine Vorliebe, die der Mai 1968 übrigens vielleicht nicht hat entstehen lassen.

Das ist richtig. Der Mai hat sie zweifellos nicht entstehen lassen. Teils aus einem Lyrismus heraus, den man übrigens nicht verwerfen sollte.

Es geht jetzt also um den Versuch, die neue Rolle der Intellektuellen zu definieren. Weil sie im Grunde seit dem Mai 1968 weiterhin nur die Rolle der Unterstützung, der Bürgschaft für eine Massenbewegung spielen (ob Studenten- oder Arbeiterbewegung). Ich denke zum Beispiel an die Besetzung des CNPF.

Ich möchte dazu nur sagen: Damit nehmen Sie sie wieder nur als Intellektuelle. Das gefällt mir nicht.

Sie haben recht. Das ist ein Fehler von uns.

Ja, das ist ein Fehler. Hören Sie: Was nötig ist, ist gemeinsame Arbeit. Und die fehlt noch. Wenn man die «organische Einheit» wiederherstellen will, die es im 19. Jahrhundert gegeben hat, die organische Einheit von Intellektuellen und Arbeitern, dann müssen gemischte Zellen gebildet werden. Schluß mit den getrennten Zellen, die völlig voneinander isoliert sind! Das ist das einzige Mittel, die Intellektuellen zu ändern. Und anderseits gibt das ihnen die Möglichkeit, hin und wieder ihre Ansicht über einen Plan zur Geltung zu bringen, der zu ihrer Praxis gehört. So müssen sie aktiv werden.

Glauben Sie, daß die Intellektuellen, die das CNPF mitbesetzt haben, eine Möglichkeit der Mitarbeit in den Massenbewegungen finden könnten?

Das scheint mir unmöglich. Wissen Sie, mit den Intellektuellen ist das so eine Sache... Ich denke viel eher an die Jungen. Wenn ich mir Organisationen vorstelle, in denen Intellektuelle und Arbeiter zusammenarbeiten, dann denke ich an Zwanzig- bis Dreißigjährige, also an Leute, die aus dem Mai 1968 hervorgegangen sind.

Die Anthropologie

Interview; publiziert in der Zeitschrift *Cahiers de philosophie* Nr. 2, 3. Februar 1966

FRAGE: *Wenn man davon ausgeht, daß es keine wirkliche Anthropologie geben kann, die nicht zugleich Philosophie wäre, schöpft die Anthropologie dann den ganzen Bereich der Philosophie aus?*

SARTRE: Ich sehe es so: Der Bereich der Philosophie ist der Mensch, das heißt, jedes andere Problem kann nur in bezug auf den Menschen erfaßt werden. Ob es sich um Metaphysik handelt oder um Phänomenologie, es kann nur immer in bezug auf den Menschen gefragt werden, in bezug auf den Menschen in der Welt. Alles, was die Welt in philosophischer Hinsicht betrifft, ist die Welt, in der sich der Mensch befindet, und zwar notwendigerweise die Welt, in der der Mensch in bezug auf den Menschen ist, der sich in der Welt befindet.

Der Bereich der Philosophie wird durch den Menschen begrenzt. Heißt das, die Anthropologie kann aus sich selbst Philosophie sein? Ist der «Anthropos», den die Humanwissenschaften erfassen wollen, der gleiche wie der, den die Philosophie erfassen will? Das ist das Problem, wie es sich für mich stellt. Ich will zu zeigen versuchen, daß es hauptsächlich die Methoden sind, die eine Veränderung in der untersuchten Wirklichkeit herbeiführen. Anders ausgedrückt: Der Mensch der Anthropologie ist Objekt, der Mensch der Philosophie ist Subjekt–Objekt. Die Anthropologie betrachtet den Menschen als Objekt, das heißt, Menschen, die Subjekte sind – Ethnologen, Historiker, Analytiker –, betrachten den Menschen als Studienobjekt. Der Mensch ist für den Menschen Objekt, kann nicht umhin, es zu sein. Ist er nur dies? Das Problem besteht darin, ob wir in der Objektivität seine Wirklichkeit ganz erfassen.

In der Sondernummer von *Esprit* über das behinderte Kind kann man eine vollkommene Übereinstimmung der Mediziner, Analytiker und Nichtanalytiker darüber feststellen, daß man bis vor fünfundzwanzig Jahren fälschlicherweise das debile Kind als Objekt ansah, daß man meinte, es habe einen Defekt. Man stellte Strukturen fest, die unveränderlich schienen, und auf dieser Grundlage ging man an die klinische Heilung. Die einzige Heilmöglichkeit besteht nun heute darin, das Kind als Subjekt zu behandeln – damit nähern wir uns der Philosophie – und nicht als ein Objekt, das sich in die Gesellschaft einfügt, sondern als ein in der Entwicklung stehendes Prozeß–Subjekt, das sich wandelt, im geschichtlichen Zusammenhang steht, in einen umfassenden Plan eingegliedert und dennoch zugleich eine eigenständige Subjektivität ist. Selbst auf einer praktischen, ethischen Ebene erscheint der Begriff des Subjekts jenseits des Objekts. Sobald der Mensch – wie Merleau-Ponty es sehr treffend ausgedrückt hat – *für bestimmte Menschen,* Ethnologen, Soziologen, Objekt ist, haben wir es mit etwas zu tun, was man nicht mehr in einem kurzen Überblick erfassen kann. Ohne daß wir diesen Komplex von Erkenntnissen in Frage stellen, müssen wir doch sagen, daß es sich um eine Beziehung von Mensch zu Mensch handelt; als Anthropologe tritt der Mensch in ein bestimmtes Verhältnis zum anderen; er steht ihm nicht gegenüber, sondern befindet sich in einer Situation in bezug auf den anderen. Philosophisch verstanden bleibt der Begriff des Menschen nie auf sich selbst beschränkt.

Soweit die Anthropologie Objekte vorweist, muß sie im Menschen etwas erforschen, das nicht der totale Mensch ist und auf eine bestimmte Weise den Menschen rein objektiv spiegelt. In der ‹Kritik der dialektischen Vernunft› habe ich es das «Praktisch-Inerte» genannt, das heißt die menschlichen Aktivitäten, insofern sie durch ein streng objektives Material vermittelt werden, das sie auf die Objektivität verweist. In der Ökonomie beispielsweise haben wir nicht die Kenntnis vom Menschen, wie sie die Philosophie definieren kann, dafür aber eine Kenntnis von der Aktivität des Menschen, insofern sie vom Praktisch-Inerten gespiegelt wird, einer Aktivität des zurückgeworfenen Menschen.

Unter diesen Umständen verweist die Gesamtheit der soziologischen und ethnologischen Kenntnisse auf Fragen, die nicht Fragen der Anthropologie sind, sondern diesen Bereich überschreiten. Nehmen wir etwa den Begriff der Struktur und die Beziehungen zwischen Struktur und Geschichte.

Die Arbeiten von Jean Pouillon über die Korbos zeigen uns die innere Gliederung kleiner sozialer Gruppen, innerhalb deren die politischen und religiösen Beziehungen auf bestimmte Weise festgelegt sind. Die Gruppen sind voneinander verschieden, verstehen einander jedoch bestens. Und wenn man sie vergleicht, so stellt man fest, daß der Gesamtkomplex dieser Praktiken genauso viele verschiedene Beispiele einer übergreifenden Struktur darstellt, die das Verhältnis vom Politischen zum Religiösen betrifft. Von der Erforschung der Gesellschaften, die der Beobachtung zugänglich sind, geht man zur rekonstruierenden Erforschung einer strukturierten Gesellschaft über, die sich nur mittels einer Vielzahl von konkreten und gerade dadurch differenzierten Fällen realisieren kann – genau jenen Fällen, von denen man ausgegangen war, um zur Struktur als Objekt zu gelangen. Die Rolle, die eine bestimmte strukturalistische

Anthropologie der Geschichte zuweist, ist ganz merkwürdig: Von der rekonstruierten Struktur aus kann man abstrakt alle differenzierten Möglichkeiten der Reihe nach durchgehen, die sich aus ihr ergeben; andrerseits ist nun aber eine bestimmte Anzahl dieser Möglichkeiten im Erfahrungsfeld gegeben. Die Rolle der Geschichte wäre es dann, zu berichten, daß dieser festumrissene Komplex (*alle* Möglichkeiten oder *einige* davon) sich realisiert hat. In anderen Worten: Man reduziert die Geschichte auf reine Zufälligkeit und auf Exteriorität. Und damit wird die Struktur konstitutiv.

Nun stellen wir aber fest, daß die Strukturen, wenn man sie *an sich* setzt, wie es einige Strukturalisten tun, falsche Synthesen sind: In der Tat kann ihnen nichts die strukturelle *Einheit* geben, wenn nicht die vereinheitlichende *Praxis* die Strukturen zusammenhält. Zweifellos erzeugt die Struktur die Verhaltensweisen. Was aber am radikalen Strukturalismus stört – wo die Geschichte den Anschein von Exteriorität und Zufälligkeit gegenüber irgendeinem strukturierten Gesamtkomplex hat; eine reine Entwicklung der Ordnung, insofern man sie als eine Struktur ansieht, die selbst das Gesetz ihrer zeitlichen Entwicklung bestimmt –, das ist die Tatsache, daß die dialektische Kehrseite verschwiegen und die Geschichte niemals als Produzent der Strukturen gezeigt wird. In der Tat schafft die Struktur den Menschen in dem Maße, in dem die Geschichte – hier verstanden als *Praxis*-Prozeß – die Geschichte schafft. Betrachten wir den Menschen als Objekt des radikalen Strukturalismus, so fehlt eine Dimension der *Praxis*; man sieht nicht, daß der soziale Handlungsträger sein Schicksal auf der Basis äußerer Umstände lenkt und als historisches Wesen eine doppelte Wirkung auf die Strukturen ausübt: Durch seine Verhaltensweisen hält er sie ständig aufrecht, und durch sie zerstört er sie oft gleichzeitig. Die ganze Bewegung reduziert sich auf eine Arbeit der Geschichte an der Struktur, die in jener ihre dialektische Intelligibilität findet und ohne Bezug auf sie im Bereich der analytischen Exteriorität bliebe und damit ihre Einheit ohne einigendes Handeln als pure Mystifikation darböte. Wenn wir uns andrerseits fragen, wie diese inerten Strukturen durch die Praxis bewahrt, aufrechterhalten und modifiziert worden sind, so kehren wir zur Geschichte als anthropologische Disziplin zurück: die Struktur ist Vermittlung; man muß aber untersuchen – wenn Materialien und Dokumente vorhanden sind, was bei ethnographischen Arbeiten nicht immer der Fall ist –, wie die *Praxis* in das Praktisch-Inerte eindringt und es unablässig unterminiert. Dieses Problem führt uns übrigens zur rein philosophischen Forschung zurück: Der Historiker ist historisch, das heißt, er ist gegenüber der sozialen Gruppe, die er historisch untersucht, *situiert*. Die Philosophie – ebenfalls situiert – untersucht diese Situationen von einem dialektischen Gesichtspunkt.

Es lassen sich drei Momente unterscheiden: Die Einwirkung des Menschen auf die Materie modifiziert die Beziehung zwischen den Menschen, insofern die bearbeitete Materialität die Vermittlung zwischen ihnen darstellt. Wenn ein praktisch-inerter Komplex so konstruiert ist, kann er, falls seine Entwicklung langsamer verläuft, Objekt der strukturalen Analyse werden – das ist das zweite Moment. Aber diese langsameren Vorgänge sind nichtsdestoweniger Entwicklungen: Man kann die Institutionen der römischen Republik untersuchen, doch verweist diese Untersuchung – und das ist das dritte Moment – in sich selbst auf ein Studium der tiefer liegenden Kräfte und der Gleichgewichtsstörungen, die diese Institutionen allmählich in Richtung auf die des Kaiserreichs treiben. So ist die strukturale Untersuchung Moment einer Anthropologie, die zugleich historisch und struktural sein muß. Hier stellt sich wieder die philosophische Frage, die Frage nach der Totalisierung: Der Handelnde wird wieder Subjekt–Objekt, da er sich in diesem Faktum verliert und gleichzeitig durch diese seine *Praxis*, dem, was er getan hat, entgeht. Die Philosophie beginnt in dem Augenblick, in dem das dialektische Verhältnis von Geschichte und Struktur uns erkennen läßt, daß in allen Fällen der Mensch – als reales Glied einer vorgegebenen Gesellschaft und nicht als abstrakte menschliche Natur – für den Menschen nur ein Quasi-Objekt ist. Es handelt sich weder um eine Erkenntnis des Objekts noch um eine Erkenntnis des Subjekts durch dieses selbst, sondern um eine Erkenntnis, die, insofern wir es mit Subjekten zu tun haben, bestimmt, was in Anbetracht dessen erreicht werden kann, daß der Mensch zugleich Objekt, Quasi-Objekt und Subjekt ist und daß infolgedessen der Philosoph immer in bezug auf sich selbst situiert ist. In diesem Sinn kann man eine Grundlage der Anthropologie konzipieren, die die Grenzen und die Möglichkeiten festsetzen könnte, an denen und mit denen der Mensch sich selbst erreicht. Das anthropologische Feld reicht vom Objekt zum Quasi-Subjekt und bestimmt die realen Merkmale des Objekts.

Die philosophische Frage heißt zunächst: Wie gelangt man vom Quasi-Objekt zum Objekt–Subjekt und zum Subjekt–Objekt? Diese Frage kann man folgendermaßen formulieren: Wie muß ein Objekt beschaffen sein, damit es sich als Subjekt begreifen kann (der Philosoph ist Teil dieser Frage), und wie muß ein Subjekt beschaffen sein, damit wir es als Quasi-Objekt verstehen können (und letztlich als Objekt)? Anders ausgedruckt: Der Gesamtkomplex der Verinnerungs- und Rückentäußerungsprozesse bestimmt den Bereich der Philosophie, insofern sie nach der Grundlage ihrer Möglichkeiten fragt. Die Entwicklung der Anthropologie wird, selbst wenn sie alle Disziplinen in sich vereint, die Philosophie niemals abschaffen, insofern diese den *homo sapiens* selbst befragt und eben deswegen ihn vor der Versuchung bewahrt, alles zu *objektivieren*. Sie zeigt ihm, daß der Mensch, wenn er letztlich Objekt für den Menschen ist, zugleich derjenige ist, durch den die Menschen zu Objekten werden. Hier stellt sich wiederum die Frage: Ist die Totalisierung möglich?

Gibt es selbständige Humanwissenschaften, oder gibt es vielmehr eine Wissenschaft vom Menschen und verschiedene anthropologische Disziplinen, deren Gegenstand die Vermittlungen beim Verhältnis des Menschen zur Welt sind? Kann von innen heraus eine Einheit hergestellt werden?

Wenn die Einheit nicht von Anfang an vorhanden ist, wird sie auch am Ende nicht gegeben sein, man wird eine bloße Ansammlung von Einzelerkenntnissen haben. Auf der Grundlage einer gemeinsamen Intention gibt es eine Spezifizierung, die aber nur insoweit sinnvoll ist, als sich darin ein gleiches Anliegen ausdrückt. Im Grunde gibt es zwei Anliegen: Das eine besteht darin, den Menschen als Exteriorität zu behandeln, und dazu ist es unerläßlich, ihn als natürliches Wesen in der Welt anzugehen und ihn als Objekt zu studieren; hier ergibt sich die Spezifizierung nicht aus der Intention, die dieselbe ist, sondern daraus, daß man nicht alles gleichzeitig untersuchen kann. Das andere Anliegen geht dahin, den Menschen immer wieder als Interiorität anzugehen. Es gibt ein Moment der Spezifizierung, das von dem Menschen-als-Objekt stammt und das dialektische Moment der Totalisierung voraussetzen müßte. Es bestehen zwar eine ganze Reihe von getrennten Disziplinen, aber keine davon durch sich selbst intelligibel.

Jede fragmentarische Untersuchung verweist auf etwas anderes, hinter jeder fragmentarischen Erkenntnis steht die Idee einer Totalisierung der Erkenntnisse. Jede Untersuchung ist das analytische Moment einer Rationalisierung, setzt aber eine dialektische Totalisierung voraus. Ich betrachte den Marxismus, so wie er sich entwickeln sollte, als dieses Bemühen, die Totalisierung wieder zu leisten. Eine Reihe zeitgenössischer Marxisten nehmen ihm seine Möglichkeiten zur Totalisierung, indem sie ihn zum Strukturalismus hinüberziehen.

Kann das linguistische Modell das Erklärungsmodell für alle menschlichen Phänomene sein?

Das linguistische Modell selbst ist inintelligibel, wenn man es nicht auf den sprechenden Menschen bezieht. Es bleibt inintelligibel, sofern wir es nicht als ein historisches Kommunikationsverhältnis begreifen. Doch man muß ja sprechen. Die eigentliche Intelligibilität der Linguistik verweist uns notwendigerweise auf die *Praxis*. Das linguistische Modell ist das klarste Strukturmodell, aber es führt notwendigerweise zu etwas anderem hin: zur Totalisierung, die das Sprechen darstellt. Ich erzeuge die Sprache, und sie erzeugt mich. Es gibt ein Moment der Selbständigkeit, das der Linguistik eignet, doch dieses Moment muß als vorläufiges betrachtet werden, als abstraktes Schema, als eine Stasis. Soweit die Sprache nicht von der Kommunikation überschritten wird, gehört sie in den Bereich des Praktisch-Inerten. Darin finden wir ein umgekehrtes Bild des Menschen wieder, das Inerte, das drinnen ist, doch ist dies eine falsche Synthese.

Das Modell stimmt aber nur im Inerten. Jedes strukturalistische Modell ist ein inertes Modell. Der Mensch verliert sich in der Sprache, weil er sich selbst in sie hinauswirft. Bei der Linguistik befinden wir uns auf der Stufe der inerten Synthese.

Welche anthropologische Bedeutung hat Ihr Begriff von der detotalisierten Totalität?

Der Begriff der detotalisierten Totalität leitet sich zugleich aus der Pluralität der Subjekte und aus der dialektischen Einwirkung des Subjekts und der Subjekte auf eine Materie her, die zwischen ihnen vermittelt. Ich bezeichne mit «detotalisierter Totalität» das strukturale Moment schlechthin. Auf dieser Stufe muß zuerst das Erklären (*intellection*) einsetzen. Die verschiedenen Disziplinen, Ökonomie, Linguistik usw. müssen erklären; sie müssen sich dem Wissenschaftsmodell der Naturwissenschaften nähern, abgesehen davon, daß es in der Natur keine inerte Synthese gibt. Der Übergang von Erklären zum Verstehen (*compréhension*) ist der Übergang von der Stasis, bei der es darum geht, die Gegebenheiten zu analysieren oder zu beschreiben, der analytischen und auch phänomenologischen Stasis, zur Dialektik. Es ist notwendig, das Objekt der Untersuchung wieder in die menschliche Aktivität einzubringen, verstehen kann man nur die *Praxis*, und nur durch die *Praxis* versteht man. Das Verstehen nimmt das analytische Moment der strukturalen Untersuchung als Faktum der praktischen Totalisierung wieder in sich auf. Es gibt das Moment des Erklärens, das das Moment der linguistischen Untersuchung ist, das analytische Moment, das die dialektische Vernunft ist, die sich inert macht; die Analyse ist nichts anderes als die dialektische Vernunft an ihrem Nullpunkt. Das Verstehen besteht, nach Untersuchung des Modells, darin, dieses auf seinem Weg durch die Geschichte zu verfolgen. Der Moment des totalen Verstehens wäre der Moment, in dem man die historische Gruppe durch ihre Sprache und die Sprache durch ihre historische Gruppe verstünde.

Wird eine verstehende Anthropologie auf der Ebene Ihrer Kritik an den positivistischen und «gestalttheoretischen» Versuchen anthropologischer Disziplinen (Abram Kardiner und Kurt Lewin), die durch diese Disziplinen nachgewiesenen Gegebenheiten ohne weiteres übernehmen, oder wird die Hinzufügung der menschlichen Grundlage der anthropolo-

gischen Disziplinen diese Disziplinen vielmehr umstürzen; in anderen Worten: Ist es nicht so, daß wir mit Hilfe einer Anthropologie die Darlegungen und die Verfahren des Positivismus in seiner sozialen und menschlichen Bedeutung verstehen können werden?

Wenn man den Positivismus übernimmt, muß man ihn völlig verändern. Im Gegensatz zur Intention des Positivismus, das Wissen zu zerlegen, liegt das wirkliche Problem darin, daß es keine partielle Wahrheit gibt, keinen abgesonderten Bereich, daß die einzige Beziehung zwischen den verschiedenen Elementen eines sich totalisierenden Komplexes die Beziehung der Teile untereinander, der Teile zum Ganzen, der Teile im Gegensatz zu den anderen Teilen, die das Ganze repräsentieren, sein muß. Man muß stets das Ganze vom Teil aus und das Teil vom Ganzen aus betrachten. Das setzt voraus, daß die menschliche Wahrheit eine totale ist, das heißt, daß es möglich ist, durch die konstanten Detotalisierungen hindurch die Geschichte als ablaufende Totalisierung zu begreifen. Jedes untersuchte Phänomen hat seine Intelligibilität nur in der Totalisierung der anderen Phänomene der historischen Welt. Jeder von uns ist ein Produkt dieser Welt; wir bringen dies auf verschiedene Weise zum Ausdruck, doch insofern wir an die Totalität schlechthin gebunden sind, bringen wir es total zum Ausdruck. In jeder Gruppe sehe ich einen bestimmten Typus der Beziehung vom Teil zum Ganzen. In dem Maße, in dem wir hier die Realität des Vietnam-Kriegs zum Ausdruck bringen, kann man sagen, daß die Vietnamesen uns zum Ausdruck bringen. Das Objekt der Geschichte bezeugt ebenso das Subjekt, wie das Subjekt das Objekt bezeugt. Genauso kann man sagen, daß das Proletariat und die Unternehmerschaft sich gegenseitig durch ihren Kampf definieren. Es gibt einen bestimmten Typus der Beziehung, der für Saint-Nazaire charakteristisch ist, anderswo ist die Taktik anders, ist der Kampf anders. Man kann sagen, ein Unternehmer aus Saint-Nazaire ist ebenso Ausdruck seiner Arbeiter, wie der Arbeiter Ausdruck seines Unternehmers ist.

Sie haben unterschieden zwischen dem methodologischen und dem anthropologischen Prinzip. Das anthropologische Prinzip definiert den Menschen durch seine Materialität. Marx hat die Materialität des Menschen durch zwei Merkmale definiert, das Bedürfnis und den Stand des Bewußtseins. Können Sie die Bedeutung darlegen, die Sie der Materialität des Menschen geben?

Die Materialität des Menschen besteht in der Tatsache, daß der Ausgangspunkt der Mensch als lebender Organismus ist, der von seinen Bedürfnissen her materielle Komplexe schafft. Wenn man nicht davon ausgeht, bekommt man niemals einen richtigen Begriff davon, inwiefern der Mensch ein materielles Wesen ist. Ich bin nicht ganz einverstanden mit einem gewissen Marxismus, was den Überbau angeht; die Unterscheidung von Basis und Überbau ist insofern hinfällig, als ich davon ausgehe, daß die tieferen Bedeutungen von Anfang an gegeben sind. Die Arbeit ist bereits ein Erfassen der Welt, und dieses variiert je nach dem Werkzeug. Man darf die Ideologie nicht zu etwas Totem werden lassen, sondern die Ideologie liegt auf der Ebene des Arbeiters, der die Welt in einer bestimmten Weise erfaßt. Betrachtet man die Idee auf der Ebene des Philosophen – Lachelier oder Kant –, dann ist dies der Tod der Idee. Schon die Arbeit ist ideologisch, und der Arbeiter bringt sich durch den Gebrauch von Werkzeugen hervor. Die wahre Idee befindet sich auf der Ebene des Arbeiters, des Werkzeugs, des Instruments, der Produktionsverhältnisse. Dort ist sie lebendig, wenn auch implizit.

I. Die Frage nach dem Verhältnis zwischen dem psychoanalytischen Feld und der durch dieses Feld begründeten Erfahrung, zwischen der existentiellen Dimension, die es begründet, und den Grundlagen Ihrer Reflexion wird Gegenstand einer Frage, einer Befragung sein. Ich betrachte die «Theorie der praktischen Komplexe» als eine Ontologie des Bewußtseins, das fortschreitet und sich immer genauer bestimmt. Die Frage nach dem Verhältnis Ihrer Ontologie des Bewußtseins zur Psychoanalyse stellt sich auf Grund der Negation, die vielleicht das Zentrum Ihrer engagierten Existenz ist. Diese Negation wurde für Sie zur Triebkraft der Anfechtung und der menschlichen Anerkennung – eine humanisierte Negation also. Sie ist gebunden an eine Interpretation des intentionalen Bewußtseins, des Für-sich als Negation des Selbst und Negation von allem Offenbarten wie von allem Gegebenen, das es enthüllt; sie ist gebunden an eine Interpretation des Für-sich als Seinsnichts; das sich um den Preis einer unablässigen Nichtung des Selbst behauptet, um den Preis einer unaufhörlichen Transzendenz der Faktizität. Sie haben gezeigt, daß das Für-sich, diese praktische Freiheit, durch seine historische Objektivität bestimmt ist und darauf abzielt, diese zu überschreiten, die entfremdete Arbeit, diese ursprüngliche Praxis, durch eine revolutionäre Praxis zu überschreiten.

II. Doch das Problem der Negation, das das Für-sich darstellt, existiert, wirft erneut das Problem der Alterität auf, insoweit die Psychoanalyse darin ihren Anfang erkennt – ausgehend von einem Ort, der der Ort einer Rede ist – die Rede des Anderen. Ich möchte Sie bitten, einmal Ihre Beziehung zu Jacques Lacan zu präzisieren, die meines Wissens keine Ihrer Schriften präzisiert. Wie ist das Verhältnis zwischen dem Bewußtsein und dem symbolischen Anderen? Ist das Bewußtsein als Negation dieses Anderen – als Negation der Rede dieses Anderen – nicht dazu verurteilt, die ganze Sprache zu erzeugen oder aber das Sprechen durch die Reflexion zu ersetzen? Ist es nicht die Negation des symboli-

schen Anderen, das Nein der begehrten Abwesenheit, das sich gegen das Subjekt kehrt, um ihm nur ein leeres, nichtendes Bewußtsein zu lassen, eine Negation des Selbst, die ständig anfechten muß, um anzuerkennen?

Tatsächlich ist das praktische Bewußtsein an das Bedürfnis gebunden, dessen Befriedigung einen undifferenzierten Körper voraussetzt. Verschafft nicht selbst die unentfremdete Arbeit dem Körper eine sexuelle Differenzierung – die Arbeit, die Praxis, *setzt sie nicht eine Tilgung der Welt voraus, eine Neutralität des Körpers?*

Zunächst einmal verwechselt Ihre Frage «Negation» und «Nichtung». Die Nichtung konstituiert gerade die Existenz des Bewußtseins, während die Negation sich auf der Ebene der historischen *Praxis* vollzieht; sie ist immer von einer Affirmation begleitet, man bejaht sich, indem man verneint, und man verneint, indem man sich bejaht.

Sie machen mir einen nichtdialektischen Einwand, nämlich: Führt die Negation nicht dazu, daß der Andere verneint wird? Sie fassen die Negation so auf, als gäbe es nicht ihre Kehrseite. Ich werfe der Psychoanalyse vor, daß sie auf einer nichtdialektischen Ebene verharrt. Sie können jeden Plan als eine Flucht betrachten, aber Sie müssen auch sehen, daß jede Flucht ein Plan ist. In jedem Fall von Flucht muß man untersuchen, ob es nicht auf der anderen Seite eine Affirmation gibt. Flaubert schildert sich, indem er flieht. In Flauberts Kampf gegen eine verkehrte Situation ist zuerst ein negatives Moment. Diese Negation führt ihn zu Sprachstörungen, Solipsismus und Lyrismus; das ist noch nicht ‹Madame Bovary›, aber es verwirklicht sich als Zeichen eines sehr großen künftigen Talents. Wir können die Jugendwerke nicht erklären, wenn wir nicht davon ausgehen, daß diese Negation sich nur in Form einer Affirmation vollziehen kann; in der Annahme, er lehne seine Situation ab, legte er sie offen. ‹Die Pest in Florenz›, ein Werk, das er mit vierzehn Jahren geschrieben hat, gibt uns weit mehr Aufschluß über ihn als das, was er zwischen siebzehn und neunzehn Jahren geschrieben hat, wo er den Heranwachsenden im allgemeinen schildert. In dem Maße, wie er vor sich floh, zeichnete er sich; er wird seine Bücher seinen Freunden vorlesen und eine bestimmte Form von Kommunikation herstellen. Der Fall Flaubert führt uns zur Dialektik als einer Methode; ich möchte sagen: Die Dialektik hat sich umgekehrt.

Der dritte Ausdruck bezeichnet nicht unbedingt eine Person, «der symbolische Andere» kann das Publikum sein; die Beziehung zum Publikum ist nicht eine Beziehung zu einem symbolischen Dritten; es existiert wirklich, ohne daß es einer unmittelbaren Nähe bedürfte. Flaubert hatte eine sehr klare Vorstellung von seinem Publikum, eine bestimmte Art, es zu sehen, aber dieser Dritte war nicht symbolisch, weil er real war; das Verhältnis zum Publikum ist eine Realität und nicht der Ersatz für einen

Dritten, der nicht existiert. Flaubert schreibt, um seinen Zustand als zurückgebliebenes Kind zu negieren, um sich zu behaupten, um die Sprache wiederzugewinnen; er hat sich der Sprache bemächtigt, weil man sie ihm vorenthielt. Er schreibt, um sich beim Doktor Flaubert Anerkennung zu verschaffen. Die Anerkennung durch den Vater läuft über die Anerkennung durch die Familie, durch das Publikum – den verminderten Dritten –, das zu überzeugende Element ist der Vater.

War Flaubert durch diese Negation dazu verurteilt zu sehen, wie die Sprache ihm entging? Meiner Meinung nach ist ihm die Sprache entgangen, als er drei Jahre alt war, weil er ein unerwünschtes, überfürsorglich behandeltes, passives Kind war. Es gab keine ursprüngliche Kommunikationsart, Sprache war etwas Magisches, der Andere in ihm selbst und nicht die Anerkennung. Flaubert hat ziemlich spät lesen gelernt, es kam offenbar zu einer Art Kommunikationsabbruch, der ihn zu einem zurückgebliebenen Kind machte. Er schreibt, um die Sprache zurückzugewinnen, die Negation kam von außen; die Negation der Negation ist eine Affirmation; er schreibt, weil für ihn die Sprache eine magische Anerkennung ist.

Ich stimme den Analysen der Psychoanalytiker zu, daß es einen Komplex strukturaler Elemente gibt, über den die Philosophie nicht Aufschluß gibt, doch ‹Madame Bovary› ist nicht nur eine Kette von Kompensationen, sondern auch ein positives Objekt, ein bestimmtes Kommunikationsverhältnis zu jedem von uns.

Das Bild, die Vorstellung, ist eine Abwesenheit; aber das bedeutet nicht, daß die einzige Beziehung der Menschen zueinander Abwesenheit–Anwesenheit ist, es gibt Zwischenstufen. Was die unbewußte Struktur der Sprache betrifft, so müssen wir sehen, daß die Anwesenheit bestimmter Sprachstrukturen über das Unbewußte Aufschluß gibt. Meiner Meinung nach hat Jacques Lacan das Unbewußte als Rede erklärt, die durch die Sprache hindurchgeht oder, wenn man will, als Gegenfinalität des Sprechens: Verbale Komplexe strukturieren sich im Akt des Sprechens als praktisch-inerter Komplex. Diese Komplexe konstituieren oder drücken Intentionen aus, die mich determinieren, ohne meine eigenen zu sein. Unter diesen Umständen – und gerade insoweit ich mit Lacan übereinstimme – muß die *Intentionalität* als fundamental angesehen werden. Es gibt keinen geistigen Prozeß, der nicht intentional wäre, ebensowenig wie es keinen geistigen Prozeß gibt, der nicht durch die Sprache geleimt, pervertiert, verraten würde; doch umgekehrt sind wir Komplizen dieses Verrats, der unsere Tiefe *konstituiert*.

Ich will keineswegs die Existenz eines *sexuellen Körpers* bestreiten noch die der Sexualität als eines Grundbedürfnisses, das in seiner Entfaltung eine bestimmte Beziehung zum Anderen impliziert. Ich stelle nur fest, daß dieses Bedürfnis von der individuellen Totalität abhängt: Die Untersuchung von Erscheinungsformen chronischer Unterernährung zeigt, daß Eiweißmangel das Verschwinden der Sexualität als Bedürfnis zur Folge hat. Andrerseits können Arbeitsbedingungen – die unvermittelte Verpflanzung von Bauern in die Stadt und ihre neuen Tätigkeiten, die im Gegensatz zu ihrem früheren Lebensrythmus stehen, zum Beispiel autogenes Schweißen – Impotenz schon mit fünfundzwanzig, achtundzwanzig Jahren hervorrufen. Das Sexualbedürfnis kann sich nur dann als *Begehren* auf den anderen hin überschreiten, wenn bestimmte historische und soziale Voraussetzungen gegeben sind. In anderen Worten: Die wahre Funktion der Analyse ist die eine Vermittlung.

Wer Bücher schenkt ...

... schenkt Wertpapiere, heißt es bei Stendhal. Denn: Bücher sind Geschenke ganz besonderer Art; sie verwelken nicht, sie zerbrechen nicht, sie veralten nicht, und sie gleichen dem Kuchen im Märchen, den man ißt, und der nicht kleiner wird.

Man könnte hinzufügen, etwas prosaischer: Und sie tragen Zinsen wie ein klug angelegtes Kapital.

Wer Bücher schenkt, schenkt Wertpapiere.

Pfandbrief und Kommunalobligation

Meistgekaufte deutsche Wertpapiere - hoher Zinsertrag - schon ab 100 DM bei allen Banken und Sparkassen

Verbriefte Sicherheit

«Sartre über Sartre»

Interview mit Perry Anderson, Ronald Fraser und Quintin Hoare aus dem Jahre 1969

FRAGE: *Wie beurteilen Sie heute Ihre frühere Philosophie, vor allem ‹Das Sein und das Nichts›, im Verhältnis zu Ihren heutigen theoretischen Arbeiten, etwa seit der ‹Kritik der dialektischen Vernunft›?*

SARTRE: Das entscheidende Problem ist mein Verhältnis zum Marxismus. Ich möchte bestimmte Aspekte meines früheren Werkes autobiographisch erklären und auf diese Weise deutlich machen, warum sich meine Ansichten seit dem Zweiten Weltkrieg so grundlegend geändert haben. Auf eine einfache Formel gebracht, könnte man sagen, das Leben hat mich «die Macht der Dinge»* gelehrt. Eigentlich hätte schon mit ‹Das Sein und das Nichts› die Entdeckung dieser Macht der Dinge beginnen müssen, denn ich war schon damals gegen meinen Willen Soldat geworden. Ich war also schon auf etwas gestoßen, was mich von außen steuerte, etwas, das nichts mit meiner Freiheit zu tun hatte. Ich war sogar in Gefangenschaft geraten – ein Schicksal, dem ich immerhin zu entgehen versucht hatte. So fing ich an, die Realität der Situation des Menschen inmitten der Dinge zu entdecken, die ich das «In-der-Welt-Sein» genannt habe.

Dann wurde mir nach und nach klar, daß die Welt noch komplizierter ist, denn während der Résistance schien es noch eine Möglichkeit freier Entscheidung zu geben. Ich glaube, daß meine ersten Theaterstücke für meine damalige Einstellung symptomatisch sind; ich nannte sie «Theater der Freiheit». Als ich unlängst mein Vorwort zu einer Ausgabe dieser Stücke – ‹Die Fliegen›, ‹Bei geschlossenen Türen› und andere – las, war ich geradezu entsetzt. Ich hatte geschrieben: «Gleich, unter welchen Umständen, in welcher Lage: der Mensch ist stets frei, zu wählen, ob er ein Verräter sein will oder nicht...» Als ich das las, habe ich mir gesagt: «Unfaßbar, daß ich das wirklich geglaubt habe!»

Um das verstehen zu können, muß man daran denken, daß es während der Résistance nur ein sehr einfaches Problem gab, das im Grunde nur

---

* Frz. ‹La force des choses›. Anspielung auf den Titel des 3. Bandes der Memoiren von Simone de Beauvoir, dt. ‹Der Lauf der Dinge›. Reinbek 1966.

eine Mutfrage war. Man mußte die Risiken des eigenen Tuns auf sich nehmen, das heißt damit rechnen, eingesperrt oder deportiert zu werden. Das war alles. Ein Franzose hatte damals keine andere Wahl: Er konnte nur für oder gegen die Deutschen sein. Eigentlich politische Probleme, Entscheidungen ‹dafür, aber . . .› oder ‹dagegen, aber . . .› gab es damals nicht. So kam ich zu dem Schluß, daß jede Situation eine freie Entscheidung zuläßt. Und das war falsch. Es erwies sich als so falsch, daß ich mich später zu widerlegen versuchte in der Gestalt Heinrichs in ‹Der Teufel und der liebe Gott›, der ja nicht wählen kann. Er möchte gern wählen, aber er kann nicht: weder die Kirche, die die Armen im Stich gelassen hat, noch die Armen, die sich von der Kirche losgesagt haben. Er ist ausschließlich durch seine Situation bedingt.

Das alles habe ich aber erst viel später begriffen. Die Erfahrung des Krieges war für mich, wie für alle, die daran teilgenommen haben, die Erfahrung des Heldentums. Natürlich nicht meines eigenen Heldentums – ich habe nur einige Koffer getragen. Aber der Widerstandskämpfer, der gefangengenommen und gefoltert wurde, war für uns zum Mythos geworden. Solche Kämpfer gab es ja tatsächlich, aber für uns waren sie darüber hinaus ein persönlicher Mythos. Würden auch wir Folterungen aushalten und schweigen? Es ging damals allein um die Frage der physischen Ausdauer, nicht aber um die List der Geschichte oder die Fallen der Entfremdung. Ein Mensch wird gefoltert: Was wird er tun? Wird er sprechen, oder wird er schweigen? Das verstehe ich unter der Erfahrung des Heldentums, die eine falsche Erfahrung ist.

Nach dem Krieg kam dann die echte Erfahrung: die Erfahrung der *Gesellschaft*. Ich glaube allerdings, daß für mich der Mythos des Heldentums eine notwendige Etappe war. Das heißt, der egoistische Vorkriegsindividualist mehr oder weniger Stendhalscher Prägung mußte gegen seinen Willen in die geschichtliche Wirklichkeit gestoßen werden, gleichzeitig aber gerade noch ja oder nein sagen können, damit er dann an die unentwirrbaren Probleme der Nachkriegszeit als jemand herangehen konnte, der ausschließlich durch seine gesellschaftliche Existenz bedingt ist, aber immer noch genügend Entscheidungsmöglichkeiten hat, um dieses Bedingtsein auf sich nehmen und dafür verantwortlich sein zu können. Denn ich habe niemals aufgehört zu zeigen, daß jeder letztlich dafür verantwortlich ist, was man aus ihm macht, selbst dann, wenn ihm nichts andres übrigbleibt, als diese Verantwortung auf sich zu nehmen. Ich bin davon überzeugt, daß der Mensch immer etwas aus dem machen kann, was man aus ihm macht. Heute würde ich den Begriff Freiheit folgendermaßen definieren: Freiheit ist jene kleine Bewegung, die aus einem völlig gesellschaftlich bedingten Wesen einen Menschen macht, der nicht in allem das darstellt, was von seinem Bedingtsein herrührt. So wird aus Jean Genet ein Dichter, obwohl er ganz dazu bedingt war, ein Dieb zu werden.

Vielleicht ist ‹Saint Genet› das Buch, in dem ich am besten dargelegt habe, was ich unter Freiheit verstehe. Als Genet, der zum Dieb gemacht worden war, sagte: «Ich bin ein Dieb», bedeutete diese unscheinbare Abweichung den Beginn eines Prozesses, durch den er zum Dichter und schließlich zu einem Wesen wurde, das nicht mehr am Rande der Gesellschaft lebt, jemand, der nicht mehr weiß, wo er sich befindet, und daher schweigt. In einem solchen Fall kann Freiheit kein Glück sein. Freiheit ist kein Triumph. Für Genet hat sie nur einige Wege eröffnet, die ihm anfangs verschlossen waren.

‹Das Sein und das Nichts› zeichnet eine innere Erfahrung nach ohne Bezug auf die äußere Erfahrung des kleinbürgerlichen Intellektuellen, der ich war, die sich in einem bestimmten Augenblick als historisch katastrophal erwies. Denn ich habe ‹Das Sein und das Nichts› ja erst nach der Niederlage Frankreichs geschrieben. Aber Katastrophen erteilen keine Lehren, es sei denn, sie sind das Ergebnis einer Praxis. Dann kann man nämlich sagen: «Meine Aktion ist gescheitert.» Der Zusammenbruch unseres Landes hatte uns jedoch nichts gelehrt. So ist das, was ich in ‹Das Sein und das Nichts› unter ‹Subjektivität› verstand, etwas anderes als das, was ich heute darunter verstehe, nämlich der enge Spielraum innerhalb des Handelns, durch das sich eine Verinnerung in eine Tat rückentäußert. Jedenfalls erscheinen mir heute die Begriffe ‹Subjektivität› und ‹Objektivität› völlig unbrauchbar. Und wenn ich heute noch den Begriff ‹Objektivität› verwende, dann nur, um zu betonen, daß alles objektiv ist. Das Individuum verinnert sein gesellschaftliches Bedingtsein: es verinnert die Produktionsverhältnisse, die Familie, in der es heranwuchs, die geschichtliche Vergangenheit, die zeitgenössischen Institutionen, und dann rückentäußert es all das wieder in Handlungen und Entscheidungen, die uns zwangsläufig auf alles vorher Verinnerte zurückverweisen. Von alldem findet man noch nichts in ‹Das Sein und das Nichts›.

Die Definition, die Sie in ‹Das Sein und das Nichts› vom Bewußtsein geben, schließt jede Möglichkeit eines Unbewußten aus. Das Bewußtsein ist sich selbst stets transparent, auch dann, wenn das Subjekt sich hinter der trügerischen Wand der «Unaufrichtigkeit» [mauvaise foi] verschanzt. Inzwischen haben Sie unter anderem das Drehbuch für einen Film über Sigmund Freud geschrieben

Von Huston habe ich mich gerade deshalb getrennt, weil er nicht begriff, was das Unbewußte ist. Daher kamen alle Schwierigkeiten. Er wollte es unterdrücken, durch das Vor-Bewußte ersetzen. Er wollte um keinen Preis etwas vom Unbewußten wissen.

Darf ich fragen, wie Sie heute den theoretischen Wert des Freudschen

Werks einschätzen? Angesichts Ihrer Klassenzugehörigkeit kann es ja nicht überraschen, daß Sie Marx nicht vor dem Krieg entdeckt haben. Aber Freud? Schon damals hätten Ihnen doch die dunkle Evidenz des Unbewußten und seine Widerstände zugänglich sein müssen. Das ist ja etwas anderes als der Klassenkampf.

Dennoch hängt das beides miteinander zusammen. Sowohl Marx' wie auch Freuds Theorien sind Theorien von der äußeren Bedingtheit. Wenn Marx sagt: Es sei unwichtig, was die Bourgeoisie zu tun glaubt, wichtig ist nur, was sie tut, so braucht man nur ‹Bourgeoisie› durch ‹ein Hysteriker› zu ersetzen, um eine Freudsche Formulierung zu erhalten. Aber abgesehen davon will ich meine Beziehungen zu Freud von meiner Biographie her erklären. Zunächst muß ich sagen, daß ich in meiner Jugend eine tiefe Abneigung gegen die Psychoanalyse hegte, eine Tatsache, die ebenso erklärt werden muß wie meine völlige Ignoranz gegenüber dem Klassenkampf. Den Klassenkampf lehnte ich ab, weil ich ein Kleinbürger war, und man könnte sagen, Freud lehnte ich ab, weil ich Franzose bin.

Darin steckt etwas Wahres. Man darf nämlich nicht vergessen, welches Gewicht der kartesianische Rationalismus in Frankreich hat. Wenn man mit 17 Jahren das Abitur bestanden hat, und zwar auf der Grundlage von Descartes' «Ich denke, also bin ich», und wenn man dann ‹Zur Psychopathologie des Alltagslebens› von Freud aufschlägt und auf die berühmte Signorelli-Episode stößt mit ihren Ersatznamen, Assoziationen und Verschiebungen, die daher rühren, daß Freud gleichzeitig an den Selbstmord eines Patienten, an gewisse Sitten der Türken und noch vieles andere gedacht hat – dann verschlägt es einem die Sprache.

Solche Untersuchungen lagen also jenseits meines damaligen Denkens, das sich um eine Grundlegung des philosophischen Realismus drehte, was, meiner Ansicht nach, heute möglich ist und was ich mein ganzes Leben lang versucht habe. Dabei ging es um die Frage: Wie kann man zugleich die Autonomie des Menschen und seine Realität unter den realen Objekten fassen, ohne entweder dem Idealismus oder einem mechanistischen Materialismus zu verfallen? So stellte sich mir das Problem, weil ich den dialektischen Materialismus nicht kannte, ich muß aber hinzufügen, daß es mir eben darum später möglich war, den dialektischen Materialismus in gewisser Hinsicht einzugrenzen: ich bestätigte die Gültigkeit der historischen Dialektik, verwarf aber eine Dialektik der Natur, die den Menschen, wie jedes Ding, zu einem bloßen Produkt von Naturgesetzen machen würde.

Aber lassen Sie uns auf Freud zurückkommen. Ich will sagen, daß es mir als Franzose echter kartesianischer Tradition und rationalistischer Prägung unmöglich war, ihn zu verstehen, daß mich die Idee des Unbewußten völlig schockierte. Aber das war nicht alles; noch heute schockiert mich etwas, was für das Freudsche Denken unvermeidlich ist: die biologische und physiologische Sprache, in der er Gedanken ausdrückt, die anders nicht mitteilbar sind. Das Ergebnis ist, daß seine Beschreibung psychoanalytischer Phänomene nicht frei ist von einer Art mechanistischen Krampfes. Manchmal gelingt es ihm, diese Schwierigkeit zu überwinden. Aber meist bringt seine Sprache eine *Mythologie* des Unbewußten hervor, die für mich unannehmbar ist. Was die *Tatsachen* der Verstellung und der Verdrängung als Tatsachen betrifft, so stimme ich ihm völlig zu. Aber *Wörter* wie «Verdrängung», «Zensur» oder «Trieb», die einmal eine finalistische, dann wieder eine mechanistische Auffassung insinuieren, lehne ich ab.

So ist beispielsweise der Begriff Verdichtung bei Freud ein ambivalenter Terminus. Einmal kann man darunter einfach ein Assoziationsphänomen verstehen, entsprechend den Vorstellungen der englischen Philosophen und Psychologen des 18. und 19. Jahrhunderts. Zwei Bilder werden durch äußere Einwirkung zusammengefügt, verdichten sich und bilden so ein drittes – das ist klassischer psychologischer Atomismus. Man kann diesen Terminus aber auch als Ausdruck einer Finalität interpretieren: Es kommt zu einer Verdichtung, weil die Verschmelzung zweier Bilder einem Begehren oder einem Bedürfnis entspricht. Solche Zweideutigkeiten findet man bei Freud überall. Daraus ergibt sich eine eigenartige Darstellung des Unbewußten: Einmal erscheint es als ein Ensemble völlig mechanistischer Determinationen, das heißt als ein System von Kausalitäten, dann wieder als mysteriöse Finalität, so daß es eine ‹List› des Unbewußten zu geben scheint, so wie es eine ‹List› der Geschichte gibt. Diese Grundambiguität gibt es bei vielen Analytikern – besonders den älteren: Das Unbewußte ist zuerst *ein anderes Bewußtsein,* und im nächsten Moment ist es etwas *anderes als das Bewußtsein.* Was aber etwas anderes als das Bewußtsein ist, wird einfach zum Mechanismus.

Ich werfe also der psychoanalytischen Theorie vor, daß sie synkretistisch und nicht dialektisch ist. Das kann man besonders gut an dem Begriff ‹Komplex› erkennen: Er bezeichnet eine gegenseitige Durchdringung ohne Widerspruch. Ich bestreite natürlich nicht, daß in jedem Individuum zahlreiche ‹verborgene› Widersprüche stecken, die unter gewissen Umständen in gegenseitiger Durchdringung, nicht aber in Konfrontationen hervortreten. Aber das bedeutet nicht, daß es diese Widersprüche gar nicht gibt.

Die Ergebnisse dieses Synkretismus kann man zum Beispiel am Ödipuskomplex ablesen, der bei den Psychoanalytikern für alles herhalten muß: Mutterbindung, Liebe zur Mutter und Haß auf die Mutter (siehe Melanie Klein). Und zwar kann man deshalb alles aus dem Ödipuskomplex ableiten, weil er nicht *strukturiert* ist. So kann ein Psychoanalytiker einmal dies und dann das Gegenteil davon sagen, ohne sich im geringsten um den Mangel an Logik kümmern zu müssen, denn die ‹Gegensätze durchdringen sich› ja. Ein Phänomen kann dasselbe bedeuten wie sein Gegenteil, das heißt, die psychoanalytische Theorie fußt auf einem ungefähren Denken, es mangelt ihr an dialektischer Logik. Die Psychoanalytiker werden mir entgegenhalten, eine solche Logik gebe es auch in der Realität nicht. Aber eben dessen bin ich nicht so ganz sicher: Ich bin sicher, daß es Komplexe gibt, aber ich bin nicht so sicher, daß sie nicht strukturiert sind.

Vor allem glaube ich, daß, wenn Komplexe echte Strukturen darstellen, der ‹affektive Skeptizismus› nicht mehr möglich ist. Was ich als ‹affektiven Skeptizismus› der Psychoanalytiker bezeichne, ist die Ansicht vieler von ihnen, daß die Beziehung, die zwei Menschen miteinander verbindet, nur als ‹Verweis› auf eine ursprüngliche, absolut entscheidende Bindung zu verstehen sei, eine Anspielung also auf eine unvergleichliche und unvergeßliche – obwohl vergessene – Urszene zwischen Vater und Mutter. Schließlich erkennt der Psychoanalytiker in jedem Gefühlserlebnis des Erwachsenen den Anlaß für die Wiederentstehung eines anderen Gefühls. Darin liegt gewiß etwas Wahres: Die Bindung eines Mädchens an einen älteren Mann mag durchaus auf eine Vater-Bindung zurückgehen, desgleichen die Bindung eines jungen Mannes an ein Mädchen auf ein Geflecht ursprünglicher Bindungen. Was aber in der klassischen psychoanalytischen Interpretation fehlt, ist die Idee einer dialektischen Unreduzierbarkeit.

Nach einer wirklich dialektischen Theorie wie dem historischen Materialismus leiten sich die Phänomene dialektisch voneinander her. Es gibt verschiedene Gestalten der dialektischen Realität, und jede ist völlig bedingt durch die vorausgehende, die sie zugleich in sich aufbewahrt und überschreitet. Und eben dieses Überschreiten ist nicht reduzierbar. Niemals kann eine Gestalt auf die vorausgehende reduziert werden. In der Psychoanalyse fehlt diese Idee der *Autonomie*. Gefühle oder Leidenschaften zwischen zwei Menschen sind sicher erheblich durch ihr Verhältnis zu einer Urszene bedingt, und man kann diese Urszene rekonstruieren, um die neue Beziehung damit zu erklären: Die Beziehung selbst aber bleibt unreduzierbar.

Es besteht also ein wesentlicher Unterschied zwischen meinem Verhältnis zu Marx und dem zu Freud. Als ich den Klassenkampf entdeckte, da war das eine *echte* Entdeckung, von deren Wahrheit ich noch heute zutiefst überzeugt bin, und zwar glaube ich an sie genau in der Form, in der Marx sie beschrieben hat. Die Zeit hat sich geändert, aber es ist immer noch derselbe Kampf derselben Klassen auf demselben Weg zum Sieg.

Dagegen glaube ich nicht an das Unbewußte in der Form, in der die Psychoanalyse es darstellt.

In meinem Flaubert-Buch habe ich den früher verwendeten – und auch heute noch oft benutzten – Begriff ‹Bewußtsein› durch das ersetzt, was ich «le vécu» [die gelebte Erfahrung] nenne. Ich werde gleich versuchen zu erklären, was ich unter diesem Begriff verstehe, der weder die Ausflucht des Vor-Bewußten bedeutet noch das Unbewußte, noch das Bewußte bezeichnet, sondern den Bezirk umschreibt, in dem das Individuum immerfort von sich selbst und seinen Reichtümern überwältigt wird und wo das Bewußtsein zu der List greift, sich selbst durch Vergessen zu bestimmen.

In ‹Das Sein und das Nichts› ist kaum vom Traum die Rede, während er für Freud der privilegierte ‹Raum› des Unbewußten ist, ja der Bereich, in dem die Psychoanalyse entdeckt wurde. Versuchen Sie eigentlich in Ihrem neuen Werk dem Bereich des Traums einen neuen Platz einzuräumen?

In ‹Das Imaginäre› habe ich viel vom Traum gesprochen, und auch in meiner Flaubert-Studie komme ich auf Träume zu sprechen. Leider berichtet Flaubert selbst nur über wenige seiner Träume. Es gibt allerdings zwei, zwei Alpträume, die besonders bezeichnend sind, obwohl er sie vielleicht zum Teil erfunden hat, da sie in den ‹Mémoires d'un fou› stehen, einer Autobiographie, die Flaubert als Siebzehnjähriger geschrieben hat. Der eine betrifft seinen Vater, der andere seine Mutter, beide lassen seine Beziehung zu den Eltern in ungewöhnlicher Klarheit hervortreten.

Interessant ist, daß Flaubert seine Eltern in seinen Werken eigentlich nie erwähnt. Tatsächlich hatte er zum Vater wie zur Mutter ein sehr schlechtes Verhältnis. Dafür gibt es eine ganze Reihe von Gründen, die ich in meinem Buch zu analysieren versuche. Flaubert spricht nie von ihnen. Sie kommen nicht einmal in seinen frühen Werken vor. Die einzige Anspielung auf sie findet sich genau da, wo der Psychoanalytiker es erwartet: in der Schilderung eines Traumes. Hier spricht jedoch Flaubert ganz spontan selbst von ihnen. Erst gegen Ende seines Lebens, fünf Jahre vor seinem Tode, schreibt er mit der Novelle ‹Die Legende vom Heiligen Julianus dem Gastfreundlichen›, was er seit dreißig Jahren hatte schreiben wollen: Es ist die Geschichte eines Mannes, der seinen Vater und seine Mutter tötet und durch eben diesen Akt zum Heiligen wird, das heißt für Flaubert zum Schriftsteller.

So hat Flaubert zwei grundverschiedene Vorstellungen von sich selbst. Die eine überschreitet nicht das Niveau der banalen Beschreibung, etwa wenn er an seine Geliebte Louise schreibt: «Was bin ich? Bin ich intelligent oder dumm? Empfindsam oder stumpf? Kleinherzig oder großzügig? Egoistisch oder selbstlos? Ich weiß es nicht. Wahrscheinlich bin ich wie alle anderen, schwanke ich zwischen alldem hin und her . . .» Mit anderen Worten: auf dieser Ebene ist er vollkommen verloren. Warum? Weil keiner dieser Begriffe für sich selbst Bedeutung hat. Sie alle gewinnen erst aus der Intersubjektivität einen Sinn, das heißt aus dem, was ich in der ‹Kritik› als «objektiven Geist» bezeichnet habe, von dem her sich jedes Mitglied einer Gruppe oder Gesellschaft selbst beurteilt und von anderen beurteilt wird, wodurch sich zu anderen ein Interioritätsverhältnis herstellt, das auf einer gemeinsamen Information oder einem gemeinsamen Kontext beruht.

Man kann jedoch nicht behaupten, Flaubert habe auf dem Höhepunkt seines Schaffens keine Ahnung von den dunkelsten Ursprüngen seiner eigenen Geschichte gehabt. Er schreibt einmal den bemerkenswerten Satz: «Zweifellos seid Ihr so wie ich, alle kennt Ihr dieselben Abgründe des Schreckens und des Überdrusses [les mêmes profondeurs terribles et ennuyeuses].» Läßt sich die Welt der Psychoanalyse auf eine treffendere Formel bringen, eine Welt, in der erschreckende Entdeckungen bis zum Überdruß immer auf das gleiche hinauslaufen? Dieses Bewußtsein des Abgründigen war bei Flaubert jedoch nie intellektueller Art. Später schrieb er einmal, er habe oft jähe Intuitionen gehabt, die wie Blitze alles grell erleuchtet und zugleich verborgen hätten. Jedesmal habe er dann, im darauffolgenden Dunkel tappend, versucht, die Wege wiederzufinden, die er im grellen Licht gesehen hatte.

Für mich umschreiben diese Formulierungen Flauberts Beziehung zu dem, was man gewöhnlich das Unbewußte nennt und was ich eher gänzliches Fehlen von Erkenntnis bei eigentlichem Verstehen nennen möchte. Ich unterscheide hier zwischen Verstehen und Erkennen: Erkennen kann man ein praktisches Verhalten, aber verstehen kann man nur eine Leidenschaft. Was ich «le vécu» [die gelebte Erfahrung] nenne, ist nun aber gerade das Ganze des dialektischen Prozesses des psychischen Lebens, ein Prozeß, der sich selbst notwendig weitgehend verborgen bleibt, weil er eine ständige Totalisierung ist, und zwar eine Totalisierung, die sich ihrer nicht bewußt sein kann. Man kann sich zwar einer äußeren Totalisierung bewußt sein, aber nicht einer Totalisierung, die auch das Bewußtsein totalisiert. Die gelebte Erfahrung [le vécu] führt also immer zum Verstehen, nie zum Erkennen.

Die höchste Form des Verstehens der «gelebten Erfahrung» [le vécu] kann ihre eigne Sprache hervorbringen – die immer unangemessen sein, aber oft die metaphorische Struktur des Traums haben wird. Einen Traum versteht, wer ihn in einer Sprache erzählen kann, die selbst geträumt ist. Jacques Lacan sagt, das Unbewußte ist wie eine Sprache strukturiert: Ich würde eher sagen, die Sprache, die das Unbewußte wiedergibt, hat die Struktur eines Traumes. Anders ausgedrückt: das Verstehen des Unbewußten findet in den meisten Fällen keinen klaren Ausdruck.

Flaubert spricht immer vom «indisable», was «unsagbar» bedeutet; nur kennt das Französische dieses Wort nicht, es müßte «l'indicible» heißen (vielleicht war es zu Flauberts Zeit ein regionaler Ausdruck). Das «Unsagbare» [l'indisable] ist für ihn jedoch etwas ganz Bestimmtes. Als er mit fünfundzwanzig Jahren seiner Geliebten seine Autobiographie schickte, schrieb er ihr: «Sie werden alles Unsagbare [l'indisable] erahnen.» Das bezog sich nicht auf Familiengeheimnisse oder dergleichen. Gewiß haßte er seinen älteren Bruder, aber davon war nicht die Rede. Er meinte vielmehr eben jenes Sich-selbst-Verstehen, das nicht benannt werden kann und sich einem ständig entzieht.

Der Begriff des «vécu», der «gelebten Erfahrung», kennzeichnet meine Entwicklung seit ‹Das Sein und das Nichts›. Meine früheren Werke waren der Versuch einer rationalistischen Philosophie des Bewußtseins. Soviel ich auch über offensichtlich nicht-rationale Prozesse individuellen Verhaltens zusammengeschrieben habe, ‹Das Sein und das Nichts› bleibt ein Monument der Rationalität. Genau deshalb läuft es letztlich auf Irrationalismus hinaus, weil es jene Prozesse nicht rational erklären kann, die sich ‹unter› dem Bewußtsein abspielen, obwohl auch sie rational sind und nur irrational erlebt werden. Mit dem Begriff des «vécu», der «gelebten Erfahrung», wird nun der Versuch gemacht, jenes «Beisichsein» [présence à soi] zu umschreiben, das mir für die Existenz psychischer Fakten unentbehrlich zu sein scheint, obwohl es für sich selbst so undurchsichtig und blind ist, daß es zugleich «Abwesenheit von sich selbst» [absence de soi] ist.

Das «vécu», die «gelebte Erfahrung», ist sich selbst immer zugleich gegenwärtig und von sich abwesend. Mit Hilfe dieses Begriffs habe ich versucht, die traditionelle psychoanalytische Zweideutigkeit der sowohl teleologisch wie mechanistisch erklärten psychischen Fakten zu überwinden, indem ich nachwies, daß jedes psychische Faktum eine auf etwas Bestimmtes hinzielende Intentionalität einschließt, daß aber einige von diesen Fakten nur existieren können, wenn sie lediglich verstanden, aber weder benannt noch erkannt werden.

Ihre Arbeit über Flaubert legt eine Frage nahe. Sie haben bereits eine Studie über Baudelaire[1] geschrieben

... eine sehr mangelhafte, eine außerordentlich schlechte ...

... *dann ein dickes Buch über Genet[2], einen Aufsatz über Tintoret-*

---

1 ‹Baudelaire›. Paris 1946. Dt. ‹Baudelaire›. Hamburg 1953.
2 ‹Saint Genet›. Paris 1952. Dt. Auszüge in Jean Genet, ‹Querelle›. Marginalien. Reinbek 1965.

to¹ *und schließlich* ‹Die Wörter›², *eine Autobiographie. Worin wird nach diesen Veröffentlichungen die methodologische Neuheit Ihres Werks über Flaubert bestehen? Warum haben Sie sich noch einmal die Aufgabe gestellt, ein Leben zu erklären?*

In ‹Marxismus und Existentialismus›³ habe ich die verschiedenen Vermittlungen und Verfahrensweisen erörtert, die, miteinander kombiniert, unsere Erkenntnis des Menschen vertiefen können. Jeder weiß heute, daß zum Beispiel zwischen Psychoanalyse und Marxismus Vermittlungen gefunden werden können, die eine kombinierte Anwendung beider Erkenntnismethoden möglich machen. Jeder weiß auch, daß die Psychoanalyse keine wirkliche Grundlage darstellt, daß sie aber, richtig und rational mit dem Marxismus gekoppelt, von Nutzen sein kann. Ebenso ist allgemein bekannt, daß die amerikanische Soziologie mit Begriffen arbeitet, die eine gewisse Gültigkeit haben, und daß überhaupt die Soziologie berücksichtigt werden muß – ausgenommen allerdings die sowjetische Soziologie, die nicht mehr als eine Aufzählung oder Nomenklatur ist. Darüber sind sich alle einig. Jeder *sagt* es – aber wer hat bisher versucht, es zu *tun*?

In ‹Marxismus und Existentialismus› habe ich diese unbestreitbaren Maximen nur wiederholt. Ziel meines Flaubert-Buches ist es nun, von diesen theoretischen Erörterungen, die letztlich zu nichts führen, wegzukommen und ein konkretes Beispiel dafür zu geben, wie man es machen könnte. Wie immer das Ergebnis sein mag, selbst wenn dieser Versuch scheitert, kann er den Anstoß dazu geben, daß andere es noch einmal versuchen und besser machen. Die Frage, auf die ich in meinem Buch eine Antwort geben will, ist folgende: Kann ich mit all diesen Methoden einen Menschen untersuchen, und wie bedingen sich diese Methoden dabei wechselseitig, welchen Stellenwert erhalten sie schließlich?

Glauben Sie nicht, daß Sie diese Schlüsselgedanken schon früher hatten, etwa als Sie ‹Saint Genet› *schrieben?*

Nein, nicht alle. Denn eine Untersuchung der Bedingtheit Genets durch seine objektive Geschichte ist ganz offensichtlich unzureichend, völlig unzureichend. Die Grundzüge der Interpretation – daß Genet ein Waisenkind unter Vormundschaft der Sozialfürsorge war, das in eine Bauernfamilie gegeben wurde, nichts besaß usw. – bleiben zwar gültig. Aber das alles geschah außerdem um 1925, also in einem bestimmten Kontext, der in dem Buch völlig fehlt. Die Sozialfürsorge und die Situa-

1 ‹Le séquestré de Venise›. In: ‹Situations, IV›. Paris 1964. Dt. ‹Der Eingeschlossene von Venedig›. In: ‹Porträts und Perspektiven›. Reinbek 1968.
2 ‹Les mots›. Paris 1964. Dt. ‹Die Wörter›. Reinbek 1965.
3 ‹Questions de méthode›. In: ‹Critique de la raison dialectique›. Paris 1960. Dt. ‹Marxismus und Existentialismus›. Reinbek 1964.

tion eines Findelkindes sind andererseits spezifische gesellschaftliche Phänomene, und Genet ist ein Produkt des 20. Jahrhunderts; aber von alldem wird in dem Buch nichts erwähnt.

Ich möchte, daß der Leser meines neuen Buches die ganze Zeit die Gegenwart Flauberts spürt; ideal wäre es, wenn er die Persönlichkeit Flauberts immer zugleich fühlen, verstehen und erkennen könnte als eine ganz individuelle und gleichzeitig ganz für seine Zeit repräsentative. Mit anderen Worten: Flaubert kann nur durch das verstanden werden, was ihn von seinen Zeitgenossen unterscheidet.

Verstehen Sie, was ich damit meine? Es hat zum Beispiel damals zahlreiche Schriftsteller gegeben, etwa Leconte de Lisle oder die Brüder Goncourt, die analoge Theorien entwickelt und, davon inspiriert, mehr oder weniger bedeutende Bücher geschrieben haben. Nun geht es darum, zu untersuchen, wie sie alle in ihrer besonderen Anschauungsweise bedingt waren und wie Flaubert gleich und doch anders bedingt war und die Dinge anders gesehen hat. Mein Ziel ist, das Zusammentreffen der personalen Entwicklung, wie wir sie mit Hilfe der Psychoanalyse erkennen, mit der historischen Entwicklung deutlich zu machen. Es kann passieren, daß ein Individuum in völligem Bedingtsein, etwa durch die Familie, zu einem bestimmten Moment eine historische Rolle spielt. Robespierre ist ein gutes Beispiel dafür. Aber es wäre unmöglich, eine entsprechende Untersuchung über ihn zu machen, weil dafür einfach kein Material da ist. Dazu müßte man wissen, was zu dem Zusammentreffen zwischen dem Sohn von Herrn und Frau Robespierre aus Arras und der Revolution geführt hat, die den Wohlfahrtsausschuß hervorbrachte.

Das ist also das theoretische Ziel Ihrer gegenwärtigen Arbeit. Aber warum haben Sie gerade Flaubert gewählt?

Weil er das Imaginäre bedeutet. Bei ihm bin ich an der Grenze, an der Schwelle des Traums. Es gab jedoch eine ganze Reihe von Gründen, die mich auf Flaubert gebracht haben. Der erste ist ganz zufälliger Art: Flaubert ist eine der sehr seltenen historischen oder literarischen Erscheinungen, die eine solche Menge an Information über sich selbst hinterlassen haben. Seine Korrespondenz umfaßt nicht weniger als dreizehn Bände, von denen jeder etwa 600 Seiten enthält. Flaubert schrieb manchmal am selben Tag an verschiedene Personen – meist nur mit leichten Varianten, die oft sehr bezeichnend sind. Außerdem gibt es zahlreiche Berichte und Zeugnisse über ihn. Die Brüder Goncourt besuchten ihn oft und notierten in ihrem Tagebuch nicht nur, was sie über ihn dachten, sondern auch, was er selbst über sich sagte. Das ist keine ganz zuverlässige Quelle, denn die Goncourts waren in mancher Hinsicht gehässige Dummköpfe, aber dennoch enthält ihr Tagebuch manche interessante

Tatsache. Dazu kommt noch die ganze Korrespondenz mit George Sand, die Briefe von George Sand an Flaubert, die «Autobiographien», die er in seiner Jugend geschrieben hat, und tausend andere Sachen. All das sind natürlich nur äußere Umstände, aber sie sind sehr wichtig.

Zweitens aber bedeutet Flaubert für mich das genaue Gegenteil meiner eigenen Auffassung von Literatur: totale Unengagiertheit und die Suche nach einem Formideal, das ganz und gar nicht das meine ist. Stendhal zum Beispiel ist ein Schriftsteller, den ich Flaubert entschieden vorziehe, obwohl Flaubert für die Entwicklung des Romans zweifellos viel wichtiger ist als Stendhal. Ich will damit sagen, daß Stendhal zugleich feiner und stärker ist. Man kann sich ihm ganz hingeben: Sein Stil ist vollendet, seine Helden sind sympathisch, seine Weltsicht ist richtig, seine Deutung der Geschichte scharfsinnig. Nichts von alldem bei Flaubert.

Aber Flaubert ist für die Geschichte des Romans viel wichtiger als Stendhal. Auch ohne Stendhal hätte es einen direkten Weg von Choderlos de Laclos zu Balzac gegeben, während etwa Zola oder der Nouveau Roman ohne Flaubert undenkbar sind. Sosehr die Franzosen Stendhal lieben, so gering ist sein Einfluß auf den Roman. Flauberts Einfluß dagegen ist immens, und schon darum lohnt es, sich mit ihm zu beschäftigen. Für mich gab es jedoch noch einen anderen Grund: Er begann mich zu fesseln, gerade weil ich in ihm in jeder Hinsicht das genaue Gegenteil von mir selbst erkannte. Ich fragte mich einfach: «Wie war ein solcher Mann möglich?»

Dann habe ich eine andere Dimension Flauberts entdeckt, die übrigens eine der Quellen seines Talents ist. Wenn ich Stendhal und andere lese, fühle ich mich mit den Helden in jeder Hinsicht in Einklang, sei es nun Julien Sorel oder Fabrice. Bei der Lektüre Flauberts dagegen befinde ich mich mitten unter irritierenden Personen, mit denen ich mich ganz und gar nicht im Einklang fühle. Manchmal fühlt man mit ihnen, aber dann stoßen sie einen plötzlich ab, und man steht ihnen wieder feindlich gegenüber. Aber gerade das hat mich gefesselt, weil es mich neugierig gemacht hat: Genau darin liegt Flauberts ganze Kunst. Es ist klar, daß er sich selbst verachtete, und wenn er von seinen Hauptpersonen spricht, dann immer mit einem erschreckenden Gemisch aus Sadismus und Masochismus: Er quält sie, weil sie er selbst sind und weil er zeigen will, daß die anderen Menschen, daß die ganze Welt ihn quälen. Er quält sie aber auch, weil sie nicht er selbst sind, und da er bösartig und sadistisch ist, will er immer andere quälen. In diesem Kreuzfeuer haben seine unglücklichen Personen wenig Chancen.

Gleichzeitig versetzt sich Flaubert immer ganz in seine Personen hinein und spricht daher in gewisser Weise immer von sich selbst. So gelingt es ihm in einer einzigartigen Weise, von sich selbst zu sprechen.

Diese Art versteckter, sich sträubender Beichte mit ihrem Selbsthaß und ihrem ständigen Bezug auf Dinge, die er versteht, ohne sie zu kennen, mit ihrem Willen, ganz luzide zu sein, was ihn nicht daran hindert, immer sarkastisch zu sein – das ist etwas ganz Ungewöhnliches, was es nie zuvor und seitdem nie wieder gegeben hat. Auch dies ist ein Grund, sich mit ihm zu beschäftigen.

Der dritte Grund besteht darin, daß die Studie über Flaubert für mich eine Fortsetzung meiner frühen Arbeit über ‹Das Imaginäre› darstellt. In diesem Buch versuchte ich zu zeigen, daß Vorstellungen keine neuerweckten oder vom Verstand bearbeiteten Empfindungen und auch keine vom Wissen veränderten und verminderten früheren Wahrnehmungen sind, sondern etwas ganz anderes: eine abwesende Realität, die sich eben gerade in ihrer Abwesenheit in dem kundtut, was ich ein *Analogon* genannt habe, das heißt in einem Objekt, das als Analogieträger dient und von einer Intention durchdrungen wird. Beim Einschlafen zum Beispiel können die kleinen Lichtpunkte, die einem bei geschlossenen Augen erscheinen, die Phosphene, als Analogieträger jeder Art von Traum- oder hypnagogischer Vorstellung dienen.

Zwischen Wachen und Schlafen sehen manche Menschen vage Gebilde vorüberziehen, die Phosphene sind, vermittels deren sie die Vorstellung von einer Person oder Sache projizieren. In ‹Das Imaginäre› habe ich zu beweisen versucht, daß imaginäre Objekte – Vorstellungen – Abwesenheit sind. In meinem Buch über Flaubert untersuche ich imaginäre Personen, die, wie Flaubert, Rollen spielen. Der Mensch gleicht entweichendem Gas, er strebt hinaus ins Imaginäre. Das tat Flaubert sein ganzes Leben lang. Gleichzeitig mußte er jedoch die Realität fixieren, weil er sie haßte. Das ist das ganze Problem der Beziehung zwischen dem Realen und dem Imaginären, das ich an Flauberts Leben und Werk studieren will.

Von daher läßt sich schließlich die Frage stellen: worin bestand die ‹imaginäre gesellschaftliche Welt› der verträumten Bourgeoisie von 1848? Das ist schon allein ein faszinierender Gegenstand. Zwischen 1830 und 1840 war Flaubert in einem Gymnasium in Rouen, und in all seinen Texten aus dieser Zeit beschreibt er seine Mitschüler als erbärmliche und mittelmäßige Bürger. Nun haben sich aber damals in diesem Gymnasium fünf Jahre lang heftige politische Kämpfe abgespielt. Einige Schüler trugen nach der Revolution von 1830 den politischen Kampf in die Schule. Sie kämpften und unterlagen. Die Lektüre der Romantiker, die Flaubert oft als eine Herausforderung an ihre Eltern schildert, läßt sich nur unter diesem Aspekt erklären: Als jene jungen Rebellen schließlich blasiert wurden, hat man sie als «ironische» Bürger wieder in die Gesellschaft aufgenommen; sie waren gescheitert.

Überraschend ist nun, daß Flaubert von alldem nichts erwähnt. Er beschreibt die jungen Menschen seiner Umgebung einfach als zukünftige Erwachsene, das heißt als abscheulich. Er schreibt: «Ich sah Fehler, die zu Lastern, Bedürfnisse, die zu Süchten, Torheiten, die zu Verbrechen wurden – kurz: Kinder, die zu Männern werden würden.» Die Jahre seiner Schulzeit waren für ihn nichts andres als der Übergang von der Kindheit zur Reife. In Wirklichkeit waren sie jedoch die Geschichte einer Bourgeoisie, die in ihren Söhnen plötzlich Scham über sich selbst empfand, dann die Geschichte der Niederlage dieser Söhne und des Erlöschens jener Scham. Das alles endete mit dem Massaker von 1848.

Vor 1830 hielt sich die Bourgeoisie von Rouen versteckt. Als sie schließlich hervortrat, riefen ihre Söhne: Bravo! Wir proklamieren die Republik! Ihre Väter aber fanden, daß sie sich doch wieder verstecken müßten. Louis Philippe wurde König. Die Söhne glaubten, ihre Väter seien betrogen worden, und setzten den Kampf fort. Das Ergebnis war ein ungeheurer Aufruhr in den Schulen: die Aufrührer wurden von den Schulen verwiesen. Als Louis Philippe 1831 Lafayette entläßt und der Reaktion Tür und Tor öffnet, gibt es in Flauberts Schule Dreizehn- oder Vierzehnjährige, die sich eisern weigern, zur Beichte zu gehen, weil sie der Meinung sind, das sei ein ausgezeichneter Anlaß für eine Kraftprobe mit den Autoritäten; schließlich war die Bourgeoisie offiziell voltairianisch eingestellt. Die Beichte in den Schulen war ein Relikt aus der Restauration und hing mit dem peinlichen Problem des obligatorischen Religionsunterrichts zusammen, über das schließlich in der Abgeordnetenkammer debattiert wurde.

Ich ziehe meinen Hut vor diesen Vierzehnjährigen, die diese Strategie entwickelten, obwohl sie sich darüber im klaren waren, daß sie von der Schule verwiesen würden. Erst kam der Kaplan: «Beichte!» – «Nein!», dann ein anderer Lehrer ... «Nein! Nein! Nein!» Dann wurden sie zum Direktor zitiert und schließlich von der Schule verwiesen. Es gab einen gewaltigen Sturm im ganzen Gymnasium – so wie die Jungen es gehofft hatten. Die Quartaner bewarfen den stellvertretenden Direktor mit faulen Eiern, worauf zwei weitere Jungen hinausgeworfen wurden. Dann versammeln sich im Morgengrauen die Externen und schwören feierlich, ihre Kameraden zu rächen. Am nächsten Morgen um sechs öffnen ihnen die Internatsschüler die Türen, und gemeinsam besetzen sie das Gebäude. Und das 1831! Aus ihrer Festung bombardieren sie die Lehrerversammlung, die in einem Nachbargebäude tagt.

Währenddessen wirft sich der Direktor den älteren Schülern zu Füßen und beschwört sie, sich nicht mit den Besetzern zu solidarisieren – mit Erfolg. Am Ende erreichen die Quartaner zwar nicht die Wiederaufnahme ihrer Mitschüler, aber die Vorgesetzten müssen versprechen, daß niemand wegen der Besetzung der Schule bestraft wird. Drei Tage später stellen die Schüler fest, daß man sie betrogen hat: Das Gymnasium wird für zwei Monate geschlossen. Genau wie heute!

Als sie im nächsten Jahr zurückkommen, sind sie natürlich wütend, und so kam es zu ständigen Unruhen in der Schule. Das war die Zeit, in der Flaubert lebte, und doch hat er sie nicht so erlebt. Soviel er auch über seine Kindheit und Jugend geschrieben hat, man findet nicht einen einzigen Text, der sich auf diese Schülerrevolte bezieht. Natürlich macht auch Flaubert die gleiche Entwicklung wie seine ganze Generation durch, nur in ganz anderer Weise. Die turbulente Besetzung seiner Schule hat er zwar nicht miterlebt, aber er kommt später auf anderem Wege zu demselben Ergebnis.

Eines Tages, im Jahre 1839, erkrankt der Philosophielehrer, und ein anderer Lehrer vertritt ihn. Die Schüler beschließen, diesen für unfähig zu halten, und machen ihm das Leben schwer. Der Direktor versucht, zwei oder drei ‹Rädelsführer› zu bestrafen, aber die ganze Klasse erklärt sich mit ihnen solidarisch, und nun ist es Flaubert, der für sie einen Brief an den Direktor aufsetzt, in dem die Schüler gegen den schlechten Unterricht und die Strafandrohungen protestieren. Daraufhin wird er mit zwei oder drei anderen von der Schule verwiesen. Diesmal ist die Bedeutung des Protests ganz klar: Als junge Bourgeois verlangen Flaubert und seine Mitschüler eine korrekte bürgerliche Erziehung: «Schließlich zahlen unsere Väter teuer genug dafür.» Diese zweite Episode ist sehr bezeichnend für die Entwicklung einer ganzen Generation und Klasse. Diese Erfahrungen finden in einer verbitterten Literatur über das Bürgertum ihren Niederschlag, deren Autoren sich schließlich damit begnügen, nur noch ironisch zu sein – eine andere Art der Bürgerlichkeit.

Warum haben Sie in den letzten Jahren den Roman aufgegeben und nur noch Biographien und Theaterstücke geschrieben? Liegt das vielleicht daran, daß die Begrifflichkeit von Marxismus und Psychoanalyse zu erdrückend ist, als daß man den Roman als literarische Form beibehalten könnte?

Diese Frage habe ich mir schon oft gestellt. Es gibt tatsächlich keine Technik, mit der man eine Romanfigur so analysieren könnte, wie das mit den Mitteln der marxistischen und psychoanalytischen Interpretation bei einem wirklichen Menschen möglich ist. Und wenn ein Autor sich dieser beiden Interpretationssysteme beim Schreiben eines Romans zu bedienen versucht, ohne vorher eine entsprechende Form gefunden zu haben, so ist der Roman verloren. Eine solche Form hat noch keiner gefunden, und ich weiß nicht, ob es überhaupt möglich ist.

Jedenfalls kann man sagen, daß seit dem Aufkommen von Marxismus und Psychoanalyse heute kein Romancier mehr ‹naiv› schreiben kann?

Das stimmt nicht ganz. Aber wenn er es tut, wird sein Roman in jedem Fall ‹naiv› genannt werden. Mit anderen Worten, für den Roman gibt es kein natürliches Universum mehr, und es gibt nur noch einen bestimmten Romantyp: den ‹spontanen›, den ‹naiven› Roman. Wir haben dafür ausgezeichnete Beispiele, aber wer so schreibt, muß auf die marxistischen und psychoanalytischen Interpretationsmethoden bewußt verzichten, wodurch er zwangsläufig an Naivität verliert.

Dann gibt es noch den Romantyp, der wie eine Höllenmaschine konzipiert ist – der ‹falsche› Roman, wie der von Gombrowicz zum Beispiel, der Psychoanalyse, Marxismus und vieles andere genau kennt, aber alldem gegenüber eine skeptische Haltung bewahrt, so daß er Objekte konstruiert, die sich im Augenblick der Konstruktion selbst zerstören. So etwas könnte das Modell für einen sowohl analytischen als auch materialistischen Roman sein.

Warum haben Sie selbst aufgehört, Romane zu schreiben?

Weil ich kein Bedürfnis mehr danach hatte. Ein Schriftsteller hat sich immer mehr oder weniger für das Imaginäre entschieden. Er braucht ein gewisses Quantum Fiktion. Ich finde sie in meiner Arbeit über Flaubert, die man übrigens als Roman betrachten kann. Ich möchte sogar, daß die Leser sagen, das sei ein echter Roman. Ich versuche in diesem Buch mit Hilfe meiner Hypothesen einen bestimmten Zugang für das Verständnis Flauberts zu schaffen. Dazu verwende ich auch die Fiktion – die zwar gesteuert und kontrolliert ist, aber dennoch Fiktion bleibt. Ich verwende sie zum Beispiel, um herauszufinden, warum Flaubert dem gleichen Briefpartner am 21. März genau das Gegenteil von dem schreibt, was er ihm am 15. März geschrieben hat, ohne sich um diesen Widerspruch zu kümmern. Insofern veranlassen mich meine Hypothesen dazu, einen Teil meiner Person zu erfinden.

Werden Sie weiter Theaterstücke schreiben?

Ja, denn Theaterstücke sind etwas ganz andres. Für mich schafft das Theater seinem Wesen nach Mythen. Nehmen wir beispielsweise einen Kleinbürger und seine Frau, die sich ständig streiten. Wenn man ihre Streitereien auf Band aufnimmt, so hat man nicht nur ein Dokument über die beiden Personen, sondern über das ganze Kleinbürgertum und seine Welt, das, was die Gesellschaft aus diesen Kleinbürgern gemacht hat usw. Zwei oder drei solcher Studien würden jeden erdenklichen Roman über das Leben eines Kleinbürgerpaars übertreffen. Dagegen kann die Darstellung der Beziehungen von Mann und Frau, die uns Strindberg im ‹Totentanz› gibt, nie übertroffen werden. Der Gegenstand ist derselbe, nur in den Bereich des Mythischen erhoben. Der Dramatiker hält den Menschen das *eidos* ihrer Alltagsexistenz vor Augen: Er zeigt ihnen ihr eignes Leben so, als sähen sie es von außen. Darin bestand auch das Genie von Brecht. Brecht hätte gewiß heftig protestiert, wenn man ihm gesagt hätte, seine Stücke seien Mythen. Aber was ist ‹Mutter Courage› andres als ein Anti-Mythos, der gegen seinen eigenen Willen zum Mythos wird?

In der ‹Kritik der dialektischen Vernunft› gibt es eine Thematik, die heute jedem neuen Leser besonders auffallen muß. In mancher Hinsicht scheint sie die beiden bedeutendsten geschichtlichen Ereignisse der letzten Jahre zu antizipieren: die Mai-Revolte in Frankreich und die Kulturrevolution in China. Das Buch enthält ausführliche Analysen der dialektischen Beziehungen zwischen Klassen, Kadern, Gewerkschaften und Parteien während der Fabrikbesetzungen von 1936, die oft die Aktionen des französischen Proletariats im Mai 1968 vorzuzeichnen scheinen. An andrer Stelle sprechen Sie von den großen Aufmärschen der frühen sechziger Jahre auf dem Platz Tien An-men in Peking: Sie sehen in ihnen eine Art pyramidaler ‹Mineralisierung› des Menschen, durch die eine bürokratische Ordnung zerstreute Serien manipuliert, um ihnen den falschen Schein von Gruppen zu verleihen. Sehen Sie die Kulturrevolution als einen Versuch, den Verfall des chinesischen Regimes durch eine Art gigantischer «Apokalypse» aufzuhalten, die in ganz China noch einmal «fusionierende Gruppen» hervorbringen soll, wie es einst im «Langen Marsch» und im «Volkskrieg» geschah?

Über die Kulturrevolution fühle ich mich sehr schlecht informiert. Diese Erscheinung spielt sich auf der Ebene der Ideologie, der Kultur und der Politik, mit anderen Worten, auf der Ebene des Überbaus ab, der die höheren Stufen jeder dialektischen Skala bildet. Was geschah aber in China auf der Ebene der Basis, das diese Bewegung im Überbau auslöste? Es muß bestimmte Widersprüche in der Basis der sozialistischen Wirtschaft Chinas gegeben haben, die diese Bewegung zu einer Rückkehr zu so etwas wie einer ständig «fusionierenden Gruppe» verursacht hat. Vielleicht ist der Ursprung der Kulturrevolution in den Konflikten zwischen der Politik des «Großen Sprungs» und der damaligen Investitionspolitik zu finden. Japanische Marxisten haben das wiederholt behauptet. Ich muß allerdings gestehen, daß es mir selbst nicht gelungen ist, die Ursachen dieses Phänomens in seiner Totalität zu verstehen. Die Vorstellung einer permanenten «Apokalypse» ist natürlich sehr verführerisch; aber ich bin überzeugt, daß das die Sache nicht ganz trifft und daß die Gründe für die Kulturrevolution in der Basis zu suchen sind. Das heißt nicht, daß diese Bewegung die mechanische Widerspiegelung von Widersprüchen der Basis ist; ich glaube nur, daß man ihre ganze Bedeutung erst dann verstehen kann, wenn man in der Lage ist, den genauen Moment des historischen Prozesses und der wirtschaftlichen Entwicklung zu rekonstruieren, in dem die Explosion ausbrach. Es ist zum

Beispiel keine Frage, daß Mao eine Zeitlang tatsächlich in den Hintergrund gedrängt war und daß er jetzt die Macht zurückgewonnen hat. Dieser Machtwechsel hängt zweifellos mit innerchinesischen Konflikten zusammen, die zumindest bis in die Zeit des «Großen Sprunges» zurückreichen.

China ist bis heute ein sehr armes Land, in dem sich die Produktivkräfte nur sehr langsam entwickeln. Nach dem, was Sie in der ‹Kritik› über das Reich des Mangels schreiben, ist es unmöglich, daß in einem solchen Land die Bürokratie abgeschafft wird. Jeder Versuch, den bürokratischen Verfall der Revolution zu vermeiden, wird unweigerlich an die objektiven Schranken stoßen, die der Mangel verursacht. Ist das eine Erklärung für die Eindämmungen – seien sie nun institutioneller Art wie die Armee oder ideologischer Art wie der Personenkult –, die die Masseninitiative in China bremsen sollen?

Es ist klar, daß völlig unkontrollierte Initiativen zu einer Art Rausch führen können. Denn die freie und anarchische Entfaltung des Individuums -- nicht des gesellschaftlichen Individuums der Zukunft, sondern des «freien praktischen Organismus» von heute – kann zwar nicht die eigene Vernunft, wohl aber die Gesellschaft in Gefahr bringen. Doch innerhalb einer «fusionierenden Gruppe» die totale Freiheit des Individuums ausrufen und ihm zugleich den Kopf mit Steinen beschweren, die man ‹Maos Gedanken› nennt – damit schafft man noch keinen vollständigen Menschen. Beides steht in völligem Widerspruch zueinander.

Liegt nicht vielleicht das Paradoxe der Kulturrevolution darin, daß sie in China, wo sie erfunden wurde, eigentlich unmöglich ist, während sie in den hochentwickelten westlichen Ländern viel eher denkbar wäre?

Ich glaube, das stimmt. Mit einer Einschränkung: Ist eine Kulturrevolution ohne die Revolution selbst möglich? Die französischen Studenten wollten im Mai eine Kulturrevolution – und was fehlte ihnen dazu? Die Möglichkeiten für eine wirkliche Revolution, das heißt eine Revolution, die zunächst keine Kulturrevolution ist, sondern die Machtübernahme durch den gewaltsamen Klassenkampf. Das soll natürlich nicht heißen, daß die Idee einer Kulturrevolution in Frankreich nur ein Hirngespinst war; im Gegenteil, die Mai-Bewegung war Ausdruck einer radikalen Infragestellung der etablierten Werte von Universität und Gesellschaft und der Entschluß, sie als bereits tot zu betrachten. Und diese Infragestellung darf auf keinen Fall aufgegeben werden.

Ich bin immer der Meinung gewesen, daß die Mai-Bewegung vom Vietnam-Krieg ausgelöst worden ist. Für die französischen Studenten, die den Mai-Aufstand auslösten, bedeutete der Vietnam-Krieg nicht nur eine Parteinahme für die Nationale Befreiungsfront und das vietnamesische Volk gegen den amerikanischen Imperialismus. Die ungeheure

Wirkung, die dieser Krieg auf europäische und amerikanische Linke ausgeübt hat, beruhte darauf, daß er den Bereich des Möglichen vergrößert hat. Bis dahin hatte man es nicht für möglich gehalten, daß die Vietnamesen der riesigen amerikanischen Kriegsmaschine standhalten, ja sie sogar besiegen könnten. Aber gerade das haben sie getan und damit den französischen Studenten und anderen eine ganz neue Perspektive eröffnet: Sie wußten jetzt, daß es Möglichkeiten gab, die bisher unbekannt waren. Nicht daß alles möglich ist, aber daß man nur das als unmöglich erklären kann, was man versucht hat und womit man gescheitert ist. Das war eine entscheidende, folgenreiche und für den Westen revolutionäre Entdeckung.

Heute, nach über zwei Jahren, ist es offensichtlich, daß wir in gewisser Hinsicht das Unmögliche erkannt haben. Solange zum Beispiel die Kommunistische Partei die größte konservative Partei Frankreichs bleibt und solange sie das Vertrauen der Arbeiter hat, wird es keine Möglichkeit geben, die freie Revolution zu machen, die im Mai gescheitert ist. Das heißt nichts anderes, als daß der Kampf fortgesetzt werden muß, so lange er auch dauert, und zwar mit der Hartnäckigkeit der Vietnamesen, die allem zum Trotz weiter kämpfen und weiter siegen.

Die Mai-Bewegung war keine Revolution, sie hat den bürgerlichen Staat nicht beseitigt. Wenn die Revolution nicht beim nächstenmal wieder scheitern soll, so wird eine Organisation zur Koordinierung und Führung des Kampfes nötig sein. Welche Art politischer Organisation halten Sie für die heute geeignetste?

Heute gilt ebenso wie gestern, daß der Anarchismus zu nichts führt. Die Hauptfrage ist, ob letztlich die einzig mögliche Form politischer Organisation die der heutigen kommunistischen Parteien ist, das heißt: hierarchische Trennung zwischen Führung und Basis, nur von oben nach unten laufende Kommunikations- und Instruktionswege, Isolierung der einzelnen Zellen, von oben auferlegte Disziplin, Trennung von Arbeitern und Intellektuellen. Dieses Modell geht auf die bolschewistische Geheimorganisation der Zarenzeit zurück. Wodurch ist es aber heute in der westlichen Welt objektiv gerechtfertigt? Es scheint hier nur noch dazu dazusein, einen autoritären Zentralismus aufrechtzuerhalten, der jede demokratische Praxis ausschließt. Natürlich ist in einer Bürgerkriegssituation eine militärische Disziplin notwendig. Aber muß eine proletarische Partei zwangsläufig so aussehen wie die heutigen kommunistischen Parteien? Wäre nicht eine Form politischer Organisation denkbar, in der niemand unterdrückt und geknebelt wird? Eine solche Organisation müßte verschiedene Tendenzen dulden können und in der Lage sein, im Moment der Gefahr geschlossen aufzutreten, um sich danach wieder zu öffnen.

Es ist natürlich immer so, daß, wer eine Sache bekämpfen will, sich in sie verwandeln, das heißt das genaue Gegenteil dieser Sache werden muß, nicht nur etwas anderes als sie. Eine revolutionäre Partei muß also – bis zu einem bestimmten Grade – die Zentralisation und den Zwang des bürgerlichen Staates, den sie abschaffen will, reproduzieren. Das ganze Problem besteht nun darin – das beweist die Geschichte unseres Jahrhunderts –, daß eine Partei, wenn sie diese Feuerprobe erst einmal dialektisch bestanden hat, Gefahr läuft, in diesem Stadium steckenzubleiben, und große Schwierigkeiten hat, das bürokratische Gleis wieder zu verlassen, das sie ursprünglich nur zum Zwecke einer Revolution gegen eine militärisch-bürokratische Maschinerie befahren hat. Und eben von diesem Zeitpunkt an kann nur eine Kulturrevolution gegen die neue Ordnung deren Verfall verhindern. Was sich heute in China abspielt, ist keine gemäßigte Reform, sondern die gewaltsame Zerstörung eines ganzen Systems von Privilegien. Wie allerdings das zukünftige China aussehen wird, wissen wir noch nicht.

Die Gefahr einer bürokratischen Entartung bedroht für den Fall einer siegreichen Revolution auch jedes westliche Land: Das ist absolut unvermeidlich, solange die äußere Einkreisung durch den Imperialismus und der Klassenkampf im Innern weitergehen. Die Hoffnung auf eine baldige und vollständige Befreiung ist utopisch. Wir können also schon verschiedene Grenzen und Einschränkungen einer zukünftigen Revolution voraussehen; aber wer das als Entschuldigung dafür nimmt, daß er heute nicht für die Revolution kämpft, der ist ganz einfach ein Konterrevolutionär.

Im Ausland hält man Sie oft für das klassische Produkt der französischen Universität. Nun war gerade das Universitätssystem, in dem Sie ausgebildet worden sind und Ihre Laufbahn begannen, die Zielscheibe heftiger Angriffe zu Beginn der Bewegung, die die Mai-Explosion ausgelöst hat. Wie beurteilen Sie dieses System heute?

Sicher bin ich ein Produkt dieses Systems, dessen bin ich mir bewußt; aber hoffentlich bin ich nicht nur das. Als ich Student war, ging nur eine ganz kleine Elite zur Universität, und wer außerdem das ‹Glück› hatte, in die École Normale Supérieure aufgenommen zu werden, hatte dazu noch alle erdenklichen materiellen Vorteile. In gewisser Hinsicht bin ich durch das Universitäts*system* viel mehr geformt worden als durch die Professoren, die damals, von ein oder zwei Ausnahmen abgesehen, recht mittelmäßig waren. Das System, und besonders die École Normale Supérieure, akzeptierte ich als etwas ganz Natürliches: Als Sohn und Enkel kleinbürgerlicher Intellektueller wäre ich niemals auf den Gedanken gekommen, es in Frage zu stellen. Die Vorlesungen an der Sorbonne erschienen uns damals ziemlich idiotisch, aber nur weil die Professoren, die sie hielten, uns nichts zu sagen hatten. Andere begriffen später, daß das ganze Vorlesungswesen unhaltbar sei. Wir dagegen blieben der Sorbonne einfach fern; nur einmal sind wir zu Vorlesungen gegangen, als reaktionäre Jurastudenten sie stören wollten. Sonst setzten wir niemals den Fuß in die Sorbonne. Die meisten Studenten der École Normale Supérieure waren damals sehr stolz darauf, daß sie «agrégés» werden würden (obwohl es einige gab, die die Unterscheidung zwischen «agrégés» und «licenciés» als skandalös empfanden). Paul Nizan war natürlich eine Ausnahme. Er verabscheute die École Normale Supérieure aus guten Gründen, zum Beispiel weil sie eine Klasseninstitution zur Heranbildung einer privilegierten Elite war. Obwohl er akademisch durchaus ‹Erfolg› hatte, paßte er sich dem System niemals an: Nach drei Jahren war ihm alles so zuwider, daß er nach Aden floh. Gewiß spielten dabei auch persönliche Probleme eine Rolle, aber entscheidend war, daß er in diesem System, das dazu bestimmt war, ein Wissensmonopol aufrechtzuerhalten, einfach erstickte.[1]

Wie hätte, Ihrer Meinung nach, nach der Mai-Bewegung eine wirklich marxistische Praxis innerhalb der Institutionen der bürgerlichen Kultur auszusehen?

Anders gefragt: Ist heute eine positive revolutionäre Kultur überhaupt denkbar? Das ist für mich das schwierigste Problem dieser Frage. Ich bin ehrlich davon überzeugt, daß all das von der bürgerlichen Kultur, was von einer revolutionären Kultur überschritten werden wird, dennoch von eben dieser Kultur aufbewahrt werden wird. Ich glaube nicht, daß eine revolutionäre Kultur Rimbaud, Baudelaire oder Flaubert vergessen wird, nur weil sie ausgesprochene Bürger und nicht gerade Freunde des Volkes waren. Sie werden in jeder zukünftigen sozialistischen Kultur ihren Platz haben, aber es wird ein *neuer* Platz sein, der durch neue gesellschaftliche Bedürfnisse und Verhältnisse bestimmt sein wird. Sie werden keine beherrschenden Werte, aber doch Teil einer Tradition sein, die von einer neuen Praxis und einer neuen Kultur einen neuen Wert erhalten wird.

Aber welchen Wert können sie heute haben, wo es noch keine revolutionäre Kultur gibt? In der gegenwärtigen Gesellschaft haben sie nur den Platz, der ihnen von der bürgerlichen Kultur zugewiesen wurde. Welchen ‹Gebrauch› kann ein junger Sozialist in Vincennes oder Nanterre[2] von Rimbaud machen? Diese Frage läßt sich nicht beantworten. Manche Intellektuelle der älteren Generation sind zwar in einer Gesellschaft zu Revolutionären geworden, die ihnen *diese* Kultur vermittelt hat. Aber

---

[1] S. Paul Nizan, ‹Aden. Die Wachhunde. Zwei Pamphlete›. Reinbek 1969.
[2] Hochschulen bei Paris.

inzwischen hat sich die Situation völlig verändert. Betrachten wir nur die sachlichen Voraussetzungen für eine Universitätsausbildung: Zu meiner Zeit saßen in den üblichen Vorlesungen vielleicht fünfzehn bis zwanzig Leute. Das war gar nicht einmal so unangenehm, weil auf diese Weise diskutiert werden konnte; man konnte den Professor unterbrechen und sagen, daß man nicht mit ihm einverstanden war. Der Professor duldete das, weil dieser scheinbare Liberalismus den völlig autoritären Charakter des ganzen Vorlesungsbetriebs kaschierte. Wo früher zwanzig Studenten saßen, sitzen heute 100 bis 200, und da sind solche Unterbrechungen nicht mehr möglich. Während man früher die bürgerliche Kultur gegen sie selbst kehren konnte, indem man zeigte, daß Freiheit, Gleichheit und Brüderlichkeit sich in ihr Gegenteil verwandelt hatten, kann man heute die bürgerliche Kultur nur ablehnen, weil das ganze herkömmliche System dabei ist, zusammenzubrechen. Das französiche Abitur ist völlig antiquiert geworden. In Rouen lautete vor einem Jahr ein Philosophiethema: «Epiktet sagte zu einem seiner Schüler: ‹Lebe im Verborgenen.› – Nehmen Sie Stellung dazu.» Es ist schon völlig absurd, heute 17jährigen Gymnasiasten ein solches Thema zu stellen. Außerdem glauben zehn bis zwanzig Prozent der Kandidaten, «Vis caché» [Lebe im Verborgenen] bedeute «Vices cachés» [Verborgene Laster], sicher weil sie annahmen, es handele sich um eine veraltete Schreibweise, und so glauben sie, es solle heißen «Verbirg deine Laster». Daraufhin behandelten sie das Thema nach dem Motto: «Hast du Laster, so fröne ihnen, aber im Verborgenen», und das kommentierten sie dann ausführlich. Das Groteske und zugleich Traurige an der Sache ist, daß sie dem Rezept Epiktets zustimmten! «Denn es ist wie in der Gesellschaft: Man kann ein Laster haben, darf ihm aber nur im Verborgenen nachgehen.» Arglose Antworten, die zeigen, was es mit der bürgerlichen Moral in Wirklichkeit auf sich hat; erbärmliche Antworten, weil diese Schüler offensichtlich dachten: Epiktet muß ein berühmter Mann sein, wenn ich ihn kritisiere, falle ich durch, man muß also schreiben, daß man ihm zustimmt.

Es gibt überhaupt keine echten Beziehungen, keine Kontakte zwischen Schülern und Lehrern. Die bürgerliche Kultur Frankreichs zerstört sich selbst. Ich bin daher im Augenblick – ohne Rücksicht auf irgendeine Zukunft – der Meinung, daß den Jungen nur die Wahl bleibt, die bestehende Kultur radikal abzulehnen – eine Ablehnung, die oft genug die Form gewaltsamen Protests annehmen wird.

Werden Sie ‹Die Wörter› fortsetzen? Und was sind Ihre weiteren Pläne?

Nein, ich glaube nicht, daß eine Fortsetzung von ‹*Die Wörter*› von großem Interesse wäre. Ich habe ‹*Die Wörter*› geschrieben aus dem gleichen Grunde, aus dem ich über Genet und Flaubert geschrieben habe:

Wie wird ein Mensch zu einem Schriftsteller, zu einem, der von Imaginärem sprechen will? Das ist die Frage, die ich für mich – wie für andere – zu beantworten versucht habe. Was gäbe es über mein Leben seit 1939 zu sagen? Wie ich der Schriftsteller wurde, der ganz bestimmte Werke verfaßte? Warum ich ‹Der Ekel› geschrieben habe statt eines anderen Buches? Das ist uninteressant. Interessant ist nur die Entstehung des Entschlusses zu schreiben. Interessant sind auch die Gründe dafür, warum ich genau das Gegenteil von dem geschrieben habe, was ich schreiben wollte. Aber das ist ein ganz anderes Thema: die Beziehungen eines Menschen zur Geschichte seiner Zeit. Darum werde ich eines Tages ein politisches Testament schreiben. Der Titel ist vielleicht schlecht, weil das Wort ‹Testament› immer die Vorstellung von guten Ratschlägen einschließt; in meinem Fall soll es aber nichts weiter als eine Lebensbilanz sein.

Ich möchte zeigen, wie jemand zur Politik kommt, wie sie ihn gefangennimmt und einen anderen Menschen aus ihm macht. Denken Sie daran, daß ich nicht für die Politik geschaffen war und doch durch sie so verändert wurde, daß ich am Ende selbst Politik machen mußte. Das ist überraschend. Ich möchte einfach darlegen, was ich politisch getan, welche Fehler ich gemacht habe und was sich aus alldem ergeben hat. Damit will ich gleichzeitig zu definieren versuchen, was Politik heute in unserer Phase der Geschichte bedeutet.

Palmiro Togliatti

Dieser Nachruf auf Togliatti erschien am 30. August 1964 in der italienischen Zeitung *L'Unità*, in Frankreich im Oktober 1964 in *Les Temps modernes*, Nr. 221

Ich bin Ausländer, und doch ist die Trauer Italiens meine Trauer. Das zeugt zweifellos vom internationalen Ansehen Togliattis. Aber das ist nicht alles. Wer führende Vertreter der KPI außerhalb ihres Landes zusammen mit Repräsentanten anderer kommunistischer Parteien traf, dem fiel eine Besonderheit eurer Partei auf: Man liebte sie. Inzwischen ist mir klargeworden: Was man an euch vor allem liebte – abgesehen von allen persönlichen Fragen –, war eben Togliatti. Um von meiner eigenen Erfahrung zu sprechen – er war nicht der erste italienische Kommunist, den ich getroffen habe. Schon meine ersten kommunistischen Freunde, Mitglieder der italienischen Delegation auf dem Kongreß von Wien, stachen gegenüber den anderen durch Freimütigkeit der Rede ab, durch gedankliche Klarheit und leichte Selbstironie, die aber weder ihre Tätigkeit noch ihre Zuverlässigkeit in Frage stellten. Während andere in ihrer Umgebung häufig Marx im Munde führten, zitierten sie ihn nicht, sondern wandten seine Prinzipien und seine Methode an: nicht auf die Bourgeosie allein, sondern mit derselben Schärfe auch auf die Geschichte ihrer Partei und die der sozialistischen Länder. Der Marxismus war für sie, was er eigentlich sein sollte: ein immenses, geduldiges Bemühen, mit dem Ziel, die Theorie in die Praxis einzubringen – eine ständige Selbstreflexion. Sie haben immer darauf bestanden, die sozialistischen Gesellschaften und die kommunistischen Parteien – also ihre Parteien – in die marxistischen Interpretationen einzubeziehen, und haben so den nur allzu natürlichen und folgenschweren Fehler vermieden, der den Kindern Freuds unterlaufen ist, als sie in ihren Kindheitserinnerungen die ganze Welt der Psychoanalyse unterzogen – mit Ausnahme ihres Vaters. Ich war davon sehr angetan: Das also war der italienische Geist. Ich schrieb ihre Unvoreingenommenheit den Traditionen dieses Landes zu, das so viel Größe und so viel Trauer gesehen hat und das alles daransetzt, die Erinnerung an so viel vergangene Größe wachzuhalten. Ich täuschte mich zwar nicht, aber an der Vergangenheit orientierte Erklärungen taugen nicht viel, wenn man nicht die aus Gegenwart und Zukunft damit verknüpft. Die KPI war Italien. Als ich dann Togliatti begegnet bin, dachte ich, Italien, das sei er. Er bewahrt es, hält es zusammen und verändert es, er, der Mann des ganzen Volkes und der Mann seines Landes, der seine Partei vor jeglichem Dogmatismus bewahrt und sie geduldig und entschlossen zum Sozialismus führt.

Als ich ihn zum erstenmal sah – wenn ich mich nicht irre, im Juli 1954 –, war ich verblüfft: Ich war bei Parteiführern und Staatschefs einigen Pomp und eine Menge – oft durchaus gerechtfertigte – Vorsichtsmaßnahmen gewohnt. Togliatti lud mich in ein Restaurant in Trastevere zum Essen ein; er kam in Begleitung meiner Freunde Alicata und Guttuso, zusammen mit zwei oder drei anderen Personen, die, bei allem gebührenden Respekt vor Leibwächtern, keine sein konnten, und das, obwohl fast auf den Tag genau sechs Jahre zuvor ein junger verrückter Rechtsextremist, der durch die Hetze einer widerwärtigen Presse zum Mord angestachelt worden war, aus nächster Nähe drei Schüsse auf ihn abgefeuert hatte, die ihn an den Rand des Todes brachten. Und nun kam dieser wieder zum Leben erweckte Mann mit bedächtigem und weichem Schritt ganz entspannt zu unserem Treffen und nahm in dieser *Trattoria* Platz, die von Fremden und gewiß feindseligen Italienern überlaufen war. Santa Maria del Trastevere war damals eine merkwürdige Gegend: Auf der Straße lungerten Arme, fast durchweg junge Leute; in einem heute verschwundenen Café stillten Mütter ihre Kinder; sie gingen nicht vor Mitternacht nach Hause, um die Kinder nicht der Hitze der römischen Wohnungen auszusetzen. Einige wenige Autos, alle teuer und riesengroß, mit amerikanischen Nummernschildern; auf den Terrassen der Restaurants nur Reiche. Zu jener Zeit kamen Reiche und Arme gerade recht und schlecht miteinander aus. Man tolerierte diese Freßsäcke, die beim Schein kleiner Lämpchen und zu den Klängen einer servilen und schmalzigen Musik speisten und sich dabei betont volkstümlich gaben. Ich kann mir so etwas in Frankreich nicht vorstellen. Und doch ist der Klassenkampf in Italien nicht weniger heftig, manchmal sogar noch härter, er weist aber andere Züge auf. Die Touristen, Exportgeschäft im eigenen Land, werden zwar verlacht und geneppt, aber man läßt sie unbehelligt. Togliatti lud uns ein, auf der Terrasse Platz zu nehmen, und zunächst erkannte niemand diesen kleinbürgerlich gekleideten Mann mit dem feinen Gesicht, mit dem Lächeln und den ungezwungenen und dennoch etwas scheuen Gesten. Doch dann, als man uns die Pasta servierte, drängten sich die Leute um uns. In derselben Trattoria hatte mir Moravia, als die Lollobrigida vorüberging, im Juni 1952 erklärt: «Um so gefeiert zu werden, muß man ein Star sein.» Ganz und gar nicht: Togliatti war kein Star; er war einfach ein Mensch wie alle anderen, einer, der auf die Sechzig zuging. Und doch umlagerte die Menge das Lokal: diese Blicke! Alle Härte war aus ihnen verschwunden. Ich konnte

113

in ihnen Zärtlichkeit entdecken. Erst riefen einige, dann alle laut: «Togliatti! Es lebe Togliatti!» Die ausländischen Gäste fragten sich beunruhigt, welche Säule des Forums, welches Monument plötzlich mitten in Trastevere aufgetaucht sei. Die speisenden Einheimischen wußten jedoch Bescheid: Sie sprachen leise, fühlten sich unbehaglich. Falls es Togliatti angenehm war, seine Popularität einmal mehr bestätigt zu sehen, so ließ er sich jedenfalls nichts davon anmerken. Er sprach, und vor allem befragte er mich über Frankreich und hörte mir zu, wie stets außergewöhnlich höflich und voll Wißbegier. Über eine alte Schweizerin mit blaugefärbtem Haar gebeugt, säuselte der Sänger des Restaurants einen neapolitanischen Schlager. Als er das Rufen vernahm, drehte er sich um, kam zu uns herüber und sagte bleich vor Erregung: «Genosse Togliatti, ich bin Parteimitglied.» Er zog seine Brieftasche hervor und zeigte stolz seine Mitgliedskarte. «Was soll ich für Sie singen?» – «Sing uns alte römische Lieder», sagte Togliatti. Der Sänger begann zu singen; ich werde mich immer an eines davon, ein zweifellos reaktionäres Lied, erinnern:

«Alarm! Alarm!
Die Mauren sind gelandet,
Garibaldi steht vor den Toren Roms.»

Togliatti hörte lächelnd zu, und offensichtlich sprach ihn mehr die Spontaneität dieser Lieder an als ihr Inhalt. Zu einer Zeit, als der Papst Herr über Rom war, hatten Menschen dieses Lied erfunden. Es waren Menschen, und das genügte Togliatti. Er hat niemals jemanden verurteilt, ohne daß er zuvor versucht hätte, ihn zu verstehen. Die Menge begleitete den Gesang mit Geschrei, das ohrenbetäubend, doch voller Hoffnung war. Schließlich hatten auch die Touristen begriffen, was hier vorging. Was für eine merkwürdige Szene: Da saß dieser gelassen lächelnde Mann in einem engen Kreis von Haß, über den hinweg ihm die Zuneigung der Menge entgegenschlug. An unserem Tisch wurde man langsam unruhig: Eine Provokation von seiten der Reichen hätte einen Sturm auf das Restaurant, einen Krawall ausgelöst. Genau in diesem Augenblick stießen zwei Amerikaner einen schwachen Pfiff aus, der jedoch sofort von Angst erstickt wurde. Auf der Straße war er dennoch zu hören, und in der Menge entstand ein Gemurre. Alicata und Guttuso drängten Togliatti zum Aufbruch: «Es könnte Schlimmes passieren, wenn wir noch länger blieben.» Er hörte sie an, erhob sich schlechtgelaunt und sprach dann im Auto kaum noch. Er kam mir vor wie jemand, den es irritiert, daß man ihn der Rechte beraubt, die alle anderen genießen. Danach sah ich ihn ziemlich häufig in den römischen Trattorien. Einmal begrüßte seine Adoptivtochter Simone de Beauvoir, die mit mir

«*Bei Pancrazio*» zum Essen war: Sie hatte ihre Bücher gelesen. Ich hob den Kopf: Zwei Meter weiter saß ruhig Togliatti in Begleitung zweier Männer und einer Frau und hatte den Rücken der Straße zugekehrt. Warum diese unaufdringliche und doch unerschütterliche Starrköpfigkeit? Alle führenden Vertreter der KPI zeigten das gleiche Verhalten, mit ihrer Hilfe habe ich Rom kennengelernt. Er aber, er riskierte Kopf und Kragen. Und doch geschah es weder um einer Herausforderung willen noch um seinen Mut hervorzukehren: Im Untergrundkampf und während des Krieges in Spanien hatte er zu oft seinen Mut bewiesen, als daß er es nötig gehabt hätte, ihn zur Schau zu stellen. Nein: Allmählich begriff ich, daß er Parteichef und zugleich Mensch unter Menschen sein wollte. Und diese Haltung, glauben Sie mir, ist eine unter tausend anderen (und er gebot auch über alle anderen), zwar die am wenigsten wirkungsvolle, jedoch die spontanste Haltung, will man verhindern, daß der Kontakt zu den Massen nicht verlorengeht. Auch als Generalsekretär der KPI und als Intellektueller war Togliatti dennoch ein Mann aus dem Volk, und das wollte er sein. Mir fällt jene Anekdote ein, in der erzählt wird, wie Lenin zu Fuß zu seinem Friseur ging und zeitunglesend wartete, bis er an der Reihe war: Er war damals noch nicht lange der erste Mann der UdSSR; fast nirgends war er seines Lebens sicher, das beweist das Attentat auf ihn, von dessen Folgen er sich nicht mehr erholte. Dieses exemplarische Verhalten haben sich meines Wissens nur zwei Männer zu eigen gemacht: Fidel Castro und Togliatti.

Dafür habe ich ihn vor allem geliebt. Inzwischen habe ich noch andere Parteiführer und Chefs gesehen; um sie in ihren Arbeitszimmern aufzusuchen, mußte ich zwischen Spalieren von Polizisten und Leibwächtern hindurchgehen. Sie hielten schöne Reden, aber sie waren allein: Niemals, bei keinem einzigen von ihnen, bin ich dieser einfachen und starken Liebe zu den menschenbelebten Straßen, zu den Massen begegnet. Sie sprachen zu ihnen aus der Höhe herab, aus der Entfernung, und grenzenlos genossen sie den Anblick dieses schwarzen Kaviars, der Köpfe der Zuhörer. Aber sie wurden nicht ein Teil dieser Massen; ein Körnchen Kaviar zu werden widerstrebte ihnen, Togliatti aber liebte die Menschen: Zwar sprach auch er zu ihnen von einer Tribüne herab; das gehörte zu seinem Amt. Aber er ging, sobald es ihm möglich war, ganz in der Menge auf. Sie trug ihn und riß ihn mit sich. Ebenso wie die Einsamkeit seiner Berge liebte er das gemeinschaftliche Leben in den Städten. Niemals hat dieser Mann die Verbindung zu den Massen abreißen lassen. Diese Liebe – die ich verstehen kann, weil ich sie teile – war viel mehr als nur eine Taktik, sie war ein Charakterzug. Das Ergebnis: zwei Millionen eingeschriebener Parteimitglieder, acht Millionen Wähler. Die Massen haben begriffen, daß sie für sich selbst stimmten, wenn sie ihm ihre Stimme gaben. Als 1948 auf ihn geschossen wurde, trieb sie der Zorn auf die Straße, gegen Polizei und Armee; die Regierung sah sich bereits verloren.

Die Partei ist sein Ebenbild. Als ich auf den Mauern von San Gimignano – sogar auf den Kirchenmauern – die Plakate sah, die unterschiedslos die ganze Bevölkerung zum Fest der *Unità* einluden, als ich im Zentrum einer italienischen Kleinstadt zur Stunde der Siesta einen alten Mann auf der Schwelle einer großen geöffneten Tür zu einem leeren Saal vor sich hindösen sah und als ich das Schild über seinem Kopf las: «Geschäftsstelle der KP», da begriff ich die politische Tragweite von etwas, das zunächst nur ein persönlicher Charakterzug gewesen war. Die Partei schützte sich nicht: Sie begab sich in den Schutz des Volkes. Damit setzte sie sich mancher Gefahr aus: Es gab Bombenattentate, doch weniger als anderswo. Aber dafür sonderte sie sich nicht vom Volk ab, und sie nahm den Antikommunisten die Möglichkeit, sie «separatistisch» zu nennen. Zweifellos war der Untergrundkampf gegen Mussolini eine harte Bewährungsprobe für die KPI, die sie ungeheure Opfer kostete, in dessen Verlauf sie erst zu einer festen Einheit fand und damit für andere Antifaschisten zur nationalen Widerstandsbewegung gegen den Faschismus wurde, der das Volk in den Untergang führte. Die Partei war damals weder antistalinistisch noch stalinistisch: Die UdSSR war weit, und die Probleme des eigenen Landes standen an vorrangiger Stelle. Nach dem Krieg galt es zunächst einmal abzuwarten. Aber welch eine Erleichterung brachte der XX. Parteitag! Und wer hätte besser begriffen als Togliatti, daß die Volkspartei in Symbiose mit dem Volk leben muß, daß die Lehren aus dem Partisanenkampf nicht in dem Augenblick vergessen werden durften, als er beendet war? Der Volkskrieg ist nicht mit dem Frieden zu Ende: Er ist die privilegierte Form des Klassenkampfes, und für eine kommunistische Partei besteht der einzig mögliche Weg zum Internationalismus darin, daß eine größtmögliche Einheit mit der eigenen Nation hergestellt wird. So gesehen kann man sagen – und Togliatti hat es mir gegenüber einmal bestätigt –, daß der «italienische Weg zum Kommunismus» im Keim bereits im Kampf gegen den Faschismus angelegt war. Seit jener Zeit kämpfte die KP allein, sie konnte weder die Hilfe der Sowjetunion in Anspruch nehmen noch die Ratschläge der Komintern befolgen: Einzig auf ihre Bündnisse mit den anderen antifaschistischen Bewegungen, einzig auf die wechselvollen Beziehungen der einander gegenüberstehenden Kräfte kam es an. «Man macht nicht das, was man will; man tut, was man kann», hat Togliatti gesagt. Aber das, was man tun kann, bestimmt, was man ist. Die Partei konnte und mußte das Volk von Mussolini befreien: Auf diesem Weg wurde sie zu einer nationalen Partei, doch nicht zu einer nationalistischen: Togliatti hat nachdrücklich dargelegt, daß der Polyzentrismus der einzige Weg zur Einheit sei. Sobald man Anweisungen von außen befolgt – selbst wenn sie von der Union aller kommunistischen Parteien kämen –, läuft man Gefahr, die Verbindung zu der konkreten Gesellschaft, in der man lebt, zu verlieren, denn solche Anweisungen können nur unter Schwierigkeiten der jeweiligen spezifischen Situation angepaßt werden. Gerade ihre universale Ausrichtung macht sie unbrauchbar. Zwar bedarf es gemeinsamer Prinzipien, eines gemeinsamen Zieles, doch auf der Grundlage dieser Richtlinien muß jeder entsprechend seinen eigenen Möglichkeiten dieses Ziel erreichen. Der Vorwurf des Voluntarismus, den man der UdSSR zu bestimmten Zeiten machen konnte, traf auf Togliatti nie zu: «Man tut, was man kann.» Das hieß nicht etwa, daß er Fatalist war; das Feld der Möglichkeiten ist zwar begrenzt, doch man hat immer noch die Wahl, und Togliatti hielt *freiwillig* an der einmal getroffenen Entscheidung fest, ohne auch nur einen Fingerbreit davon abzuweichen oder etwas davon preiszugeben. Und doch wollte dieser bewegliche und großdenkende Geist, bevor er auch nur das geringste unternahm, *sämtliche* Möglichkeiten in Betracht ziehen und in Ruhe seine Wahl treffen. Es heißt, er habe damals, 1948, auf dem Krankenlager, von dem man glaubte, es würde sein Totenbett werden, gemurmelt: «Keine Abenteuer, Genossen, nur keine Abenteuer!» Zu diesem Zeitpunkt war eine Woge von Menschen auf Italiens Straßen, die alles mit sich fortzureißen schienen. Togliatti wußte das oder erriet es. Aber er wußte auch, daß die Regierung nach der ersten Panik reagieren und die Armee einsetzen würde. Ein Volksaufstand mußte scheitern, da er nicht vorbereitet, sondern nur affektbestimmt statt sorgfältig geplant war. Ein Scheitern hätte Angst und Schrecken ausgelöst, hätte die Arbeiterbewegung dezimiert und um zehn Jahre zurückgeworfen. Es war Togliatti, der von seinem Krankenlager aus dem entfesselten Volkszorn, den die Industriellen und die Politiker nicht so schnell vergessen werden, Einhalt gebot. Seine Popularität und zugleich seine Umsicht wurden offenkundig. Deutlich wurde vor allem, daß er das Land nicht der Katastrophe ausliefern wollte. Für diese maßvolle Haltung waren ihm fast alle – sogar die Antikommunisten – dankbar. Er wollte ein anderes Italien mit einer anderen Regierung und anderen Strukturen; keineswegs aber wollte er – wie ihm das nur allzu häufig unterstellt wurde – Italien in ein Abenteuer schicken, in dem es möglicherweise zugrunde ginge. Von diesem Tag an, da die KP machtvoll ihre Stärke und Unerschütterlichkeit demonstriert hatte, wurde sie ohne direkte Absicht zu einer nationalen Partei. Zwar ist sie, wie alle anderen kommunistischen Parteien anderswo auch, bezichtigt worden, Anweisungen aus Moskau zu folgen, doch geschah dies ohne wirkliche Überzeugung, und niemand glaubte im Ernst, daß die aufrichtige Solidarität der italienischen Kommunisten mit dem Land der Revolution bis zur Unterordnung gehe. Zweifellos gab es schwierige Momente: Dann hieß es schweigen. Aber im November 1956, als man andernorts die Aufständischen von Budapest als Konterrevolutionäre und Faschisten bezeichnete, war ich in Rom, sprach mit Kommunisten und las täglich die *Unità*: Ich teilte ihren Standpunkt nicht, und die Unumgänglichkeit des russischen Einmarsches leuchtete mir nicht ein. Aber für mich waren sie Brüder: Guttuso war noch mehr erschüttert als ich, und zweifellos auch Togliatti. Niemals hat die *Unità* die Besiegten beschimpft: Sie stellte den ungarischen Aufstand als ein nationales Unglück dar, verteidigte zwar die Intervention, forderte aber gleichzeitig die Sieger auf, Verhältnisse herzustellen, die eine Wiederholung solcher Gewalttätigkeiten verhindern würde. Als später der Gemeinsame Markt gegründet wurde, war es Togliatti, der den schlecht beratenen Sowjets die Augen öffnete und sie über die Macht und die wirklichen Gefahren der EWG aufklärte. Und er war es schließlich auch, der sich mit allen Mitteln der Verurteilung der chinesischen KP widersetzte, obwohl sie ihn als Zielscheibe benutzte und obwohl er die Auffassung Moskaus bezüglich der Politik Pekings teilte. Auf diese Weise unternahm seine nationale und unabhängige Partei – die ihre Unabhängigkeit der Tatsache verdankt, daß sie eine nationale Partei ist – alles in ihren Kräften Stehende, um die internationale Freundschaft aufrechtzuerhalten.

Einheit, das ist, glaube ich, ein Schlüsselwort zum Verständnis Togliattis. Aber dieser gute und humane Mensch wollte nicht, daß sie von außen aufgedrängt würde, weder seiner Partei durch eine internationale Vereinigung noch seinen Parteimitgliedern durch eine übergeordnete und von den Massen isolierte Autorität. Sein Vorgehen war dabei ebenso einzigartig wie wirkungsvoll: Ich habe gesehen, wie er mit Parteimitgliedern sprach, die untereinander nicht immer einig waren. Er wurde nur dadurch ihr Chef, daß er seinerseits die Widersprüche aufgriff, daß er sie in der Einheit seiner Person aufhob und gerade dadurch den Ausbruch von Konflikten und die Konfrontation rivalisierender Gruppen verhinderte. Ein Freund erzählte mir folgendes Erlebnis: Er war mit einigen Leuten von der *Rinascita* uneins; bei einem Mittagessen spricht er darüber mit Togliatti; dieser widerlegt Punkt für Punkt seine Argumente, und sie trennen sich, ohne daß es ihm gelungen wäre, Togliattis Standpunkt zu erschüttern. Einige Zeit später findet eine Versammlung von *Rinascita*-Redakteuren und Kulturfunktionären statt. Die ersten Redner vertreten den gleichen Standpunkt wie Togliatti; mein Freund bittet ums Wort, um ihnen zu antworten. Da erhebt sich Togliatti und sagt zu ihm: «Wenn du nichts dagegen hast, spreche ich zuerst.» Und verblüfft hört mein Freund, wie Togliatti fast alle Einwände, die er die

Woche zuvor widerlegt hat, nun seinerseits vorbringt. Kurzum, man erlebte also ein Streitgespräch Togliattis gegen Togliatti. Er beschloß seinen Diskussionsbeitrag, indem er meinem Freund und einigen anderen Vorhaltungen machte, weil sie ihn nicht eher informiert hatten. Diese Geschichte zeigt – falls das überhaupt notwendig ist –, daß Togliatti zuzuhören und nachzudenken verstand. Er war ein Dickschädel, und er setzte sich nicht gern selbst ins Unrecht: Wurde ihm widersprochen, so war seine erste Reaktion der Gegenangriff. War ein Gespräch beendet, so setzte er es im Geiste fort, wog objektiv das Für und Wider ab und scheute sich nicht – was bei einem Mann in leitender Position höchst selten vorkommt –, in bestimmten Fällen zuzugeben, daß er unrecht hatte. Im Grunde gestattete er es nur sich selbst, sich zu überzeugen, aber es kam vor, daß er sich gegen seine früheren Entschlüsse entschied und dabei von Einwänden ausging, die andere vorgebracht hatten. Ein solches Verhalten ist mir lieber, als wenn er von vornherein nachgegeben hätte, denn es ist Zeichen einer Verbindung von Charakterstärke und geistiger Ungebundenheit. Was mich aber an dieser Geschichte am meisten beeindruckt, ist die Tatsache, daß er als erster sprach, daß er, der Chef, gegen sich selbst Stellung bezog, die vorgebrachten Beschwerden selbst aufgriff und so von vornherein meinen Freund der Notwendigkeit enthob, sich in die Debatte einzuschalten, es sei denn, um zu erklären: «Ich schließe mich der Meinung Togliattis an.» Hätte mein Freund das Wort ergriffen, so hätte er sich durch seine zweifellos allzu große Entrüstung Feinde geschaffen – und vermutlich auch Feunde. Der kulturelle Sektor wäre zu einem Kampfplatz geworden, auf dem sich die Anhänger zweier Gruppen gegenübergestanden wären. Und selbst wenn der Chef im Anschluß daran gesprochen und einer der beiden Gruppen recht gegeben hätte, wären die Gegensätze unüberbrückbar geblieben; bei der nächsten Gelegenheit wäre der Konflikt von neuem und mit größerer Heftigkeit wieder ausgebrochen. Indem Togliatti selbst die Kritik äußerte und sie in Selbstkrtik verwandelte, nahm er alles auf sich und konnte seinen Mitarbeitern einen *Verweis erteilen*, ohne jemanden zu demütigen, denn seine Vorwürfe trafen ihn zuerst. Danach brachte er geschickt die Argumente aller Anwesenden auf einen vorläufigen Nenner, wodurch es ermöglicht wurde, daß man zunächst einmal abwarten, die Frage offenlassen und gleichzeitig die Debatte abschließen konnte. Er behielt sich vor, die endgültigen Entscheidungen zu treffen, wenn die Zeit reif war oder der Konflikt sich von selbst erledigt hatte. Man hat den Eindruck, daß in etlichen anderen Ländern diejenigen, die aus der Partei ausgetreten oder aus ihr ausgeschlossen worden sind, moralisch und manchmal auch physisch für immer erledigt sind, und zwar deshalb, weil die Führung der Massen sich nur schwer mit der Achtung vor der Einzelperson vereinbaren läßt.

Togliatti wußte das eine mit dem anderen zu verbinden: Die aus der Partei Ausgeschlossenen – es gibt sie natürlich auch, aber weniger häufig als anderswo – verlieren nicht ihre Persönlichkeit von dem Tag an, an dem die Partei nichts mehr von ihnen wissen will; sie leben weiter. Die kleine Geschichte, die ich erzählt habe, zeigt deutlich, mit welcher Besorgtheit dieser Führer einer Partei mit zwei Millionen Mitgliedern sich um jeden einzelnen kümmerte: Niemanden fertigmachen, niemals jemanden erniedrigen – das war seine Grundeinstellung. Ihm ist es zu danken, daß ein italienischer Kommunist sich rühmen kann, ein ganzer Mensch zu sein. Was meine persönlichen Erfahrungen betrifft, so habe ich an der Höflichkeit, mit der er mich über ein Land befragte, das er genauso gut kannte wie ich, oft gespürt, daß seine Aufmerksamkeit Ausdruck der Achtung war, die er für jeden Menschen – gleich, wen – empfand, der ihm aufrichtige und selbsterworbene Gedanken darlegte. Und es war auch zu spüren, daß er sich seine eigenen Gedanken gemacht hatte, sie aber gleichsam zurückhielt, immer in der Hoffnung, der Gesprächspartner würde ihm, ohne es gewahr zu werden, helfen, diese Gedanken deutlich werden zu lassen und sie nötigenfalls zu revidieren. Am Tag seiner Beisetzung sah ich auf einer Mauer in der Nähe der Parteizentrale die Aufschrift «Monolith», die sicher von der Hand eines jungen Faschisten stammte. Ich hätte darüber lächeln müssen, wenn mir zum Lachen zumute gewesen wäre: Niemand war weniger monolithisch als er und folglich nichts so wenig monolithisch wie seine Partei. Er hatte es verstanden, zwei Eigenschaften zu vereinen, die nur schwer zu vereinbaren sind, über deren eine ein jeder verfügen sollte, der sich in einer verantwortlichen Stellung befindet und deren andere unerläßlich für einen Intellektuellen ist: Togliatti war unerschütterlich in der Aktion, doch ohne jemals die allgemeinen Grundsätze, die Methode und das Ziel in Frage zu stellen, und niemals entwickelte er einen Gedanken, der nicht im Keim auch seine Kritik daran enthalten hätte. Aus diesem Grunde hat die große Mehrheit der Schriftsteller immer gute Beziehungen zur Partei unterhalten. Im Gegensatz zu Frankreich, wo die konservativen oder reaktionären Intellektuellen eine wirkliche Macht darstellen, gibt es in Italien auf der Rechten sehr wenige Intellektuelle. Der Kommunismus hat hier alle anderen auf seine Seite gezogen. Die meisten sind zwar nicht in die Partei eingetreten, aber sie stehen ihr bei fast allen ihren Kämpfen zur Seite. So ist die Partei der Ausgebeuteten zugleich die Partei der Intelligenz – wie es eigentlich sein sollte, aber nicht immer der Fall ist. Gerade deshalb sagte ich einmal zu Togliatti: «Im Gegensatz zu Frankreich hat Italien die besten linken Zeitungen und die schlechtesten auf der Rechten.» Auch das ist Togliattis Werk. Als er nach dem Krieg *Rinascita* gründete, protestierten manche Kommunisten: Es galt Aufbauarbeit zu leisten und zu kämpfen; wozu brauchte man ein theoretisches Organ? Sogar bei denen, die Mussolini am entschiedensten bekämpft hatten, hatten zwanzig Jahre Faschismus Spuren hinterlassen: Sie glauben an die Trennung von Gedanke und Tat. Aber Togliatti gab nicht nach: Dieser Mann trug seinen Widerspruch in sich selbst, und dieser Widerspruch war äußerst fruchtbar: Italiener und Spanier hatten sich während des Spanischen Bürgerkrieges von seinem Organisationstalent überzeugen können. Doch war dieser Mann der Tat ein Intellektueller reinsten Wassers geblieben. Fraglos stellte er seine Kultur und seine hohe Intelligenz ganz und gar in den Dienst der notleidenden Massen. Aber er hörte nie auf, jegliche Art von Schematismus, jegliche Vereinfachung zu hassen. Er hatte sich den Marxschen Satz «Wir wollen die Welt nicht verstehen; wir wollen sie verändern» zu eigen gemacht, jedoch hinzugefügt – was Marx nicht mißbilligt hätte –: «Doch nur wenn man sie verändert, vermag man sie zu begreifen, denn die Tat erhellt die Herkunft dessen, was kommen wird.» Bei der Lektüre von Togliattis Reden und Schriften springt einem ein Wort in die Augen, das ständig wiederkehrt: *neu*. Immer ist alles *neu* für ihn: In jeder Situation sieht er zunächst das Neue, das Unvorhergesehene. Nach dem Ersten Weltkrieg entsteht *L'Ordine Nuovo*, an dem er zusammen mit Gramsci arbeitet; der Faschismus stellt neue Aufgaben, ist eine historisch mit nichts vergleichbare Reaktion der Bourgeoisie; neu ist der Zweite Weltkrieg, neu sind die Probleme der Nachkriegszeit und schließlich auch diejenigen, die sich aus der Herrschaft der Monopole und aus dem Phänomen ergeben, das man sehr zu Unrecht das «Italienische Wunder» nennt. Jedesmal heißt es, sich darauf einzustellen, das Neue zu durchschauen, die marxistische Methode gründlichst anzuwenden: Schließlich ist sie die einzig wahre. Zu behaupten, Marx habe alles vorausgesehen, nichts habe sich seit dem *Kommunistischen Manifest* verändert, und sich mit ein paar Zitaten aus der Affäre zu ziehen war nicht Togliattis Art. Er hat irgendwann einmal gesagt, man müsse die Analyse bis ins Detail vorantreiben, man dürfe nichts außer acht lassen und niemals werde etwas erklärt, wenn man sich darauf beschränke, in jeder politischen und wirtschaftlichen Entwicklung das berühmte Verteidigungsmanöver des bedrohten Kapitalismus zu sehen. Die Traditionen, die Vergangenheit, die Massen, die inneren Beziehungen der Kräfte der Linken, die falschen Machenschaften und hundert andere Faktoren müssen berücksichtigt werden: Auch der Kapitalismus tut, was er kann, nicht, was er will; will man ihn verstehen, so muß man unablässig das Feld seiner Möglichkeiten ermitteln. Und auch diese Feststellung stammt von Togliatti: Die Formen, die aus der Geschichte, das heißt aus unseren Kämpfen entstehen, sind zu komplex, als daß wir sie voraussehen könnten. Deshalb, auf Grund dieses analytischen und synthetischen Charakters, der von Gramsci und Togliatti herrührt, ist die KPI nicht allein die Partei der Arbeiter und die der Intelligenz: Sie ist gleichermaßen die intelligenteste aller Parteien. Nach einer kurzen Zeit der Verwirrung hat sie als erste ihren Kampf an jener «neuen und komplexen» Form ausgerichtet, die aus der Politik der Monopole entstanden ist und die man, zu Recht oder Unrecht, «Neo-Kapitalismus» nennt. Dank der geistigen Freiheit ihres Parteiführers ist sie für ihre Anhänger nicht nur zum Versprechen einer künftigen Befreiung geworden, sondern sie vermittelt ihnen jetzt schon eine Freiheit, zu denken und zu handeln, die Freiheit, die Welt zu begreifen und sich der Entfremdung zu entledigen. Aus eben diesen Gründen und nicht nur auf Grund der bekannten taktischen Überlegungen – die bürgerlichen Freiheiten sind zu verteidigen, da sie in den Händen der Massen zu ausgezeichneten Kampfinstrumenten werden – ist die KPI zum besten Verteidiger der Demokratie gegen die Bourgeoisie selbst geworden.

Wegen alldem liebte ich Togliatti: Auch dann, wenn ich ihn nicht von Angesicht sah, fand ich ihn doch in all meinen kommunistischen Freunden wieder. Es gab einen «Stil Togliatti», der ihn, so hoffe ich, überdauern wird. Er selbst war gleichwohl unnachahmlich in seiner ruhigen Schlichtheit, mit seinem Lächeln, seiner Ironie – die beißend sein konnte, wie man mir sagte, die ich jedoch anziehend fand –, mit seiner Bildung, seiner Stärke, die unter seiner Gelassenheit zum Vorschein kam, so als hätte sich ein Riese im Körper eines Gymnasiallehrers breitgemacht. Und ich vermisse nicht allein den Mann, der aus eigener Kraft eine Partei starker und freier Menschen aufgebaut hat – diese Partei wird ihn überleben und seinem Weg folgen –, sondern vor allem den ruhigen, kraftvollen alten Mann, den ich im Mai vor einem Jahr zum letztenmal gesehen habe. Einen Menschen, den ich liebte. Meinen Freund Togliatti.

Das singulare Universale

Diesen Vortrag hielt Sartre am 21. April 1964 bei dem von der UNESCO veranstalteten Kolloquium, das vom 21. bis 23. April 1964 in Paris stattfand. Erstveröffentlicht in dem 1966 bei **Éditions Gallimard**, Paris, erschienenen Band ‹**Kierkegaard vivant**›

Unser Kolloquium heißt: «Lebendiger Kierkegaard.» Damit gelangen wir geradewegs zum Kern des *Paradoxons*, und Sören selbst würde darüber lächeln. Denn wenn wir zusammengekommen wären, um zum Beispiel über Heidegger zu sprechen, so wäre niemand auf die Idee gekommen, unser Treffen unter das Motto «Lebendiger Heidegger» zu stellen. «Lebendiger Kierkegaard» bedeutet folglich: «Kierkegaard ist tot.» Und nicht nur dies. Es bedeutet auch, daß er für uns existiert, daß er der Gegenstand unserer Gespräche ist, daß er ein Instrument unseres Denkens gewesen ist. Aus dieser Sicht könnte man jedoch jeden beliebigen Toten, der Bestandteil der Kultur geworden ist, mit der gleichen Formulierung bezeichnen. Wenn man zum Beispiel vom «lebendigen Arcimboldo» spräche, weil uns der Surrealismus in die Lage versetzt hat, diesen Maler und sein Werk wiederaufzugreifen und in einem neuen Licht zu sehen, so hieße das, daß man aus ihm ein *Objekt* macht innerhalb dieses Raumes, den Kierkegaard den *weltgeschichtlichen* (*l'historico-mondial*) genannt hat. Genauer: Wenn nun Sören für uns eine Art radioaktives Objekt darstellt, ungeachtet seiner Wirkung und seiner Virulenz, so ist er nicht mehr dieser lebende Mensch, dessen Subjektivität sich notwendigerweise, insofern sie gelebt ist, als eine andere darstellt als die, von der wir Kenntnis haben. Kurz, er wird im Tode ausgelöscht. Dieser geschichtliche Skandal, der hervorgerufen wird durch die Aufhebung des Subjektiven in einem Subjekt der Geschichte und durch das Objekt-Werden desssen, was ein Handelnder gewesen ist, stellt sich immer ein, wenn jemand stirbt. Die Geschichte wird durchlöchert. Aber nirgends wird dies deutlicher als im Fall des «Ritters der Subjektivität». Es war Kierkegaard, der die Frage nach dem geschichtlichen Absoluten gestellt hat, der das skandalöse Paradoxon vom Erscheinen und Verschwinden dieses Absoluten im Laufe der Geschichte hervorgehoben hat.

Wenn der Märtyrer der Interiorität von uns nur in der Form eines Erkenntnisobjekts wieder zum Leben erweckt werden kann, wird uns nie eine Definition seiner *Praxis* gelingen: das lebendige Bemühen, dem Wissen durch das Leben in der Reflexion zu entrinnen, sein Anspruch, in seiner Singularität inmitten seiner Endlichkeit absolutes Subjekt zu sein, das in der Interiorität definiert wird durch seine absolute Beziehung zum Sein. Mit anderen Worten: Wenn der Tod, historisch gesehen, einfach der Übergang vom Verinnern zum Entäußern ist, dann verliert der Titel «Lebendiger Kierkegaard» seine Berechtigung. Und wenn für uns etwas bleibt von diesem Leben, das zu seiner Zeit und an seinem Ort verschwunden ist, dann ist Kierkegaard selbst der Skandal und das Paradoxon. Da er nur als jene Immanenz begriffen werden kann, die *sich selbst* vierzig Jahre lang unaufhörlich als solche bezeichnet hat, verschwindet er entweder für immer – dann wäre die Welt 1856 um *nichts* ärmer geworden –, oder aber das Paradoxon, das dieser Tod bezeichnet, besteht darin, daß ein geschichtliches Wesen über seinen Abgang hinaus in seiner Eigenschaft als Nicht-Objekt, als absolutes Subjekt immer noch mit den späteren Generationen in Verbindung stehen kann. Was uns hier beschäftigt, ist also weder das religiöse Problem des fleischgewordenen Christus noch das metaphysische Problem des Todes, sondern das rein geschichtliche Paradoxon des Weiterlebens: Wir befragen unser Wissen über Kierkegaard, um herauszufinden, was sich, wenn jemand tot ist, vom Wissen nicht erfassen läßt und was *für uns* nach seinem Ende weiterlebt; wir werden uns die Frage stellen, ob diese Anwesenheit, die der eigentlichen Erkenntnis nicht zugänglich ist, nämlich die Subjektivität eines anderen, sich von uns nicht doch auf irgendeinem anderen Wege erschließen läßt. Entweder beschließt sich die Geschichte im Wissen von Totem, oder aber das geschichtliche Weiterleben des Subjektiven muß unsere Auffassung von Geschichte verändern. Anders ausgedrückt: Entweder ist Kierkegaard heute, am 24. April 1964, von den Diastasen des Wissens aufgelöst, oder er stellt für uns weiterhin den immer noch virulenten Skandal dar, den man als die Transhistorizität des historischen Menschen bezeichnen könnte.

Er hat die fundamentale Frage mit folgenden Worten gestellt: «Kann man aus der Geschichte eine ewige Gewißheit beziehen? Kann man bei einem solchen Ausgangspunkt ein anderes Interesse finden als ein geschichtliches? Kann man auf ein geschichtliches Wissen ewige Seligkeit gründen?»

Selbstverständlich zielt er hiermit auf das skandalöse Paradoxon der Geburt und des Todes Gottes, der Geschichtlichkeit von Jesus. Aber man muß weitergehen. Denn wenn die Antwort positiv ist, so muß die Transhistorizität nicht nur Jesus eingeräumt werden, sondern mit demselben Recht auch Sören, seinem Zeugen, und uns, den Enkeln Sörens. Er hat selbst ausgesprochen, daß wir alle Zeitgenossen sind. In gewissem

Sinn wird dadurch die Geschichte gesprengt. Dennoch existiert sie, und sie wird vom Menschen gemacht. So bedingen sich Nachwelt und Mitwelt gegenseitig im gleichen Maße, in dem sie sich widersprechen. Weiter können wir vorerst nicht gehen. Wir müssen also auf Kierkegaard zurückkommen und ihn als Kronzeugen befragen. Wenn ich ihn Kronzeugen nenne, so deshalb, weil ich dabei an Descartes' Beweis der göttlichen Existenz denke, den er auf die Tatsache gegründet hat, daß *ich mit der Idee Gottes existiere*. Kierkegaard ist ein besonderer oder – wie er sagt – «außerordentlicher» Zeuge, weil bei ihm die subjektive Haltung in einer *Verdoppelung* erscheint: Er ist für uns Objekt des Wissens als subjektiver Zeuge seiner eigenen Subjektivität, das heißt, insofern er existiert und durch seine eigene existentielle Haltung auf die Existenz verweist. So wird er zum Objekt und zum Subjekt unserer Studie. Wir müssen dieses Subjekt-Objekt aufgreifen, insofern es ein geschichtliches Paradoxon aufzeigt, das über es hinausgeht; wir werden sein Zeugnis befragen, insofern es in seiner Geschichtlichkeit – er hat dies oder das zu diesem oder jenem Zeitpunkt gesagt – über sich selbst hinausführt und das Paradoxon des Objekt-Subjekts in der Geschichte aufbrechen läßt. Wenn man *seine* Worte in unsere Sprache integriert, indem man ihn mit *unseren* Worten übersetzt – wird dann das Wissen an seine Grenzen stoßen und durch eine paradoxe Umkehrung der Bedeutung auf das Signifikat als seinen schweigsamen Grund verweisen?

Theoretisch kann man alles über ihn *in Erfahrung bringen*. Zwar wahrt er zweifellos seine Geheimnisse gut. Aber man kann ihnen auf die Spur kommen, man kann ihm Geständnisse entreißen und sie interpretieren. Das Problem gewinnt Gestalt: Wenn man alles über das Leben eines Mannes *weiß*, der es ablehnt, Gegenstand des Wissens zu sein, und dessen Originalität in eben dieser Weigerung liegt, dann gibt es darin ein Unreduzierbares. Wie soll man es erfassen, es denken? Die Frage hat zwei Seiten: Sie ist in die Zukunft gerichtet und in die Vergangenheit gewandt. Man kann die Frage stellen, was es bedeute, gelebt zu haben, wenn alle Determinationen *bekannt* sind. Aber man kann auch fragen, was es heiße, zu leben, wenn das Wesentliche dieser Determinationen schon vorausgesehen worden ist. Denn die Einzigartigkeit des Kierkegaardschen Wagnisses zeigt sich darin, daß es sich in dem Augenblick, in dem es sich abspielt, vor sich selbst als etwas enthüllt, das schon im voraus bekannt war. Folglich lebt es im Wissen und gegen das Wissen. Man muß sich klarmachen, daß dieser Gegensatz zwischen Vorhergesehenem und Gelebtem um das Jahr 1850 durch den Gegensatz zwischen Hegel und Kierkegaard verkörpert wird. Hegel ist zwar verschwunden, doch das System ist geblieben. Sören bewegt sich, was immer er tut, innerhalb der Grenzen des unglücklichen Bewußtseins, das heißt, er kann nur die komplexe Dialektik von Endlichem und Unendlichem verwirklichen. Das Überschreiten dieser Grenzen sollte nicht sein Werk sein. Kierkegaard weiß, daß er bereits seinen Platz innerhalb des Systems hat, er kennt das Hegelsche Denken und weiß sehr wohl, welche Interpretation dem Bewegungsablauf seines Lebens *im voraus* gegeben worden ist. Umstellt und in den Lichtkreis der Hegelschen Ausstrahlung gebannt, muß er sich in objektives Wissen verflüchtigen oder aber seine Unreduzierbarkeit manifestieren. Aber Hegel ist tot, und eben dieser Tod entlarvt das Wissen als totes Wissen oder als Wissen eines Toten. Und Kierkegaard zeigt allein schon durch sein Leben, daß alles Wissen mit Bezug auf das Subjektive in gewissem Sinne ein falsches Wissen ist. Vom System vorhergesehen, disqualifizierte er es als Ganzes, da er nicht *in ihm* erscheint, als ein Moment, über das hinweggegangen wird, an einem Ort, den ihm der Meister zugewiesen hat; er erscheint vielmehr ganz einfach als jemand, der das System und den Propheten überlebt hat, der trotz der toten Determinationen der Prophezeiung dieses vorausgesehene Leben so leben muß, als wäre es zu Beginn indeterminiert und als ob die Determinationen sich aus sich selbst im freien Nicht-Wissen erzeugten. Der neue Aspekt der Problematik, die Kierkegaard uns aufzeigt, besteht darin, daß er nicht in seinem persönlichen Leben dem Inhalt des Wissens widerspricht, sondern daß er das Wissen vom Inhalt als nutzlos erklärt und daß er, während er den Begriff leugnet durch eben die Art und Weise, in der er dessen Vorschriften in einer anderen Dimension *verwirklicht*, vom Licht des Wissens ganz erfüllt ist – für die anderen und für sich selbst, der er die Hegelsche Philosophie kennt – und doch zugleich völlig undurchdringlich ist. Mit anderen Worten: Dieses präexistente Wissen enthüllt ein Sein im Kern der künftigen Existenz. So haben vor dreißig Jahren die Widersprüche des Kolonialismus bei der nachfolgenden Generation von Kolonisierten ein Dasein in Unglück, Zorn und Blut, von Revolte und Kampf hervorgebracht; das war einigen wenigen unter den Unterdrückten und den Kolonialherren auch klar. Und um ein ganz anderes Beispiel anzuführen: Eine Position, die an der Spitze oder am Fuß der sozialen Stufenleiter geschaffen wird, bestimmt ein Schicksal, das heißt eine Existenz, die zwar noch in der Zukunft liegt, aber dennoch vorhersehbar für denjenigen ist, der die Position übernimmt, obgleich dieses Schicksal, wenn es zahlreiche Anwärter gibt, für jeden von ihnen eine *Seinsmöglichkeit* bleibt. Und innerhalb der sehr eng gezogenen Grenzen des Privatlebens kann der Analytiker mit Hilfe der Strukturen einer Familie (die als ein bestimmter Fall einer Institution begriffen wird, die von der Bewegung der Geschichte erzeugt worden ist) – zumindest theoretisch – dieses Sein vorhersehen, ein (zu lebendes und zu erleidendes) Schicksal, das sich beim Kind, das in dieses Milieu hineingeboren wird, als spezifische Neurose äußert. Der von Hegel *vorausgesehene* Kierkegaard ist nur ein privilegiertes Beispiel für diese ontologischen Determinationen, die schon vor der Geburt bestehen und sich *begrifflich darstellen* lassen.

Sören identifiziert sich mit dem Problem, weil er sich dessen bewußt ist. Er weiß, daß Hegel, wenn er ihn als ein Moment der Universalgeschichte bezeichnet, das nicht für sich allein stehen kann, ihn in diesem erlittenen Sein erreicht, als Umriß, der durch sein Leben ausgefüllt werden soll und den er als seine Unwahrheit bezeichnet, das heißt als den Irrtum, der er zu Beginn als abgeschnittene Determination ist. Aber gerade die Hegelsche Bezeichnung hat ihn berührt wie das Licht eines erloschenen Sterns. Und die Nicht-Wahrheit *muß gelebt werden*, sie gehört also auch der subjektiven Subjektivität an. So kann er in den ‹Philosophischen Brocken› schreiben: «Meine eigene Unwahrheit kann ich nur allein entdecken; sie tritt in der Tat erst dann zutage, wenn ich selbst sie entdecke; davor ist sie völlig unbekannt, selbst wenn die ganze Welt sie kennen würde.» Aber meine aufgedeckte Unwahrheit wird, wenigstens für kurze Zeit, meine Wahrheit. Auf diese Weise existiert die subjektive Wahrheit. Sie ist nicht *Wissen*, sondern Selbstbestimmung; man wird sie weder als eine äußerliche Beziehung von Erkennen und Sein definieren noch als inneres Zeichen einer Übereinstimmung, noch als die unauflösbare Einheit eines Systems. «Die Wahrheit», sagt er, «ist der Akt der Freiheit.» Ich kann nicht meine eigene Wahrheit *sein*, selbst wenn die Voraussetzungen dafür in mir von vornherein gegeben sind: Sie zu enthüllen heißt sie erzeugen oder mich selbst erzeugen, so wie ich bin, das für mich sein, was ich sein muß. Was Kierkegaard deutlich macht, ist die Tatsache, daß der Gegensatz von Nicht-Wissen und Wissen der Gegensatz zweier ontologischer Strukturen ist. Das Subjektive muß sein, was es ist; das ist eine einzigartige Verwirklichung jeder Singularität. Den treffendsten Kommentar zu dieser Bemerkung könnte man von Freud erwarten. Tatsächlich ist die Psychoanalyse kein Wissen und gibt auch nicht vor, Wissen zu sein, außer wenn sie Hypothesen über die Toten wagt und damit durch den Toten dahin gebracht wird, Wissenschaft von Totem zu werden. Vielmehr legt eine Bewegung, ein innerer Arbeitsprozeß sie frei und versetzt zugleich das Subjekt zunehmend in die Lage, sie zu ertragen, so daß es an der – im übrigen idealen – Grenze dieses Entstehens zu einer Übereinstimmung von gewordenem Sein und der Wahrheit kommt, die es gewesen ist; die Wahrheit stellt die Einheit von Gewinnung und gewonnenem Objekt dar. Sie verwandelt, ohne etwas zu lernen, und erscheint erst am Ende einer Verwandlung. Sie ist ein Nicht-Wissen und doch eine Effektivität, ein In-Aussicht-Stellen, das für sich selbst gegenwärtig ist in dem Maße, in dem es sich verwirklicht.

Kierkegaard würde hinzufügen, daß es eine Entscheidung von Authentizität ist: Es ist die Absage an die Flucht und der Wille, zu sich selbst zurückzukehren. So gesehen kann das *Wissen* nicht Rechenschaft von dieser dunklen und unbeugsamen *Bewegung* ablegen, durch die verstreute Determinationen ins Sein erhoben und in einer Spannung vereinigt werden, die ihnen nicht Bedeutung, sondern einen synthetischen Sinn verleiht: Das heißt, daß die ontologische Struktur der Subjektivität sich in dem Maße entzieht, als das subjektive Sein, wie es Heidegger treffend ausgedrückt hat, in seinem Sein fraglich ist, insofern es immer nur in der Weise *ist*, daß es sein eigenes Sein zu sein hat. Aus dieser Sicht ist der Augenblick der subjektiven Wahrheit ein verzeitlichtes, jedoch transhistorisches Absolutes. Die Subjektivität ist die Verzeitlichung selbst; sie ist das, *was mir geschieht*, das, was nur sein kann, indem es geschieht; die Subjektivität – das bin ich, insofern ich nur durch Zufall geboren werden kann und insofern, wie Merleau-Ponty gesagt hat, mir *wenigstens* mein Tod widerfahren wird, wie kurz mein Leben auch sein mag; aber die Subjektivität bin auch ich, insofern ich versuche, mein eigenes Wagnis wiederzugewinnen, indem ich seine ursprüngliche Zufälligkeit hinnehme – ich werde noch darauf zurückkommen –, um sie zur Notwendigkeit zu machen, kurz: insofern *ich* mir widerfahre. Nachdem die Subjektivität von Hegel vorher abgehandelt worden ist, wird sie zu einem Teil des objektiven Geistes, zu einer Determination der Kultur. Wenn aber auch kein Erlebtes dem Wissen entgehen kann, so bleibt seine *Wirklichkeit* doch unreduzierbar. In diesem Sinne stellt sich das Erlebte in seiner konkreten Realität dar als *Nicht-Wissen*. Aber in dieser Verneinung des Wissens ist die Bejahung seiner selbst impliziert. Das Erlebte erkennt sich wieder als Projektion auf den Bereich der Bedeutung, doch zur selben Zeit erkennt es sich darin auch wieder nicht, da sich dort ein Komplex konstituiert, der vergeblich auf die Objekte abzielt, und da es eben nicht Objekt ist. Zweifellos ist es eine der konstanten Bestrebungen des 19. Jahrhunderts, das Sein von der Erkenntnis zu unterscheiden, die man davon hat, mit anderen Worten, den Idealismus zu verwerfen. Was Marx Hegel vorwirft, ist weniger desssen Ausgangspunkt als die Reduzierung des Seins auf das Wissen. Aber für Kierkegaard und für uns, die wir heute das Kierkegaardsche Ärgernis betrachten, handelt es sich um eine bestimmte ontologische Region, in der das Sein dem Wissen zu entgehen trachtet und gleichzeitig zu sich selbst zu gelangen sucht. Mit Recht sagt Waelhens: «Die Philosophie (bei Kierkegaard, Nietzsche und Bergson) will von nun an *eins* sein mit der Erfahrung selbst, indem sie aufhört, eine *Erklärung aus der Distanz* zu sein; es genügt ihr nicht mehr, ein Licht auf den Menschen und sein Leben zu werfen, sie strebt vielmehr danach, dieses Leben selbst zu werden, das zum vollkommenen

Bewußtsein seiner selbst gelangt ist. Diese Absicht schien für den Philosophen die Verpflichtung mit sich zu bringen, auf das Ideal der Philosophie als strenger Wissenschaft zu verzichten, denn in seinen Grundlagen ist dieses Ideal nicht zu trennen von der Vorstellung eines ... nicht betroffenen Zuschauers.»

Kurz gesagt, die Determinationen des Erlebten sind dem Wissen nicht einfach heterogen wie es die Existenz von Talern für Kant in bezug auf den Begriff «Taler» und auf den Verstand ist, der sie zusammenzählt. Es ist die Art und Weise selbst, wie sie in der Verdoppelung des Bewußtseins ihrer selbst sich erreichen, die die Erkenntnis auf die reine Abstraktion des Begriffes reduziert und, wenigstens in einem ersten Augenblick – dem einzigen, den Kierkegaard beschrieben hat –, aus der Subjektivität als Objekt (*subjectivité-objet*) ein objektives *Nichts* in bezug auf die subjektive Subjektivität macht. Das Wissen hat selbst ein Sein, die Erkenntnisse sind Realitäten. Nun gibt es aber für Kierkegaard im Verlauf seines Lebens eine radikale Differenz zwischen dem Sein des Wissens und dem Sein des lebenden Subjekts. So kann man zwar die Bestimmungen der Existenz mit Worten bezeichnen. Aber diese Bezeichnung ist *entweder* nur eine Abgrenzung, ein System von Beziehungen ohne Begriffsbestimmung, *oder* die ontologische Struktur des Begriffs und der begrifflichen Zusammenhänge – das heißt das objektive Sein, das Sein in der Exteriorität – ist dergestalt, daß diese als Begriffe aufgefaßten Beziehungen nur ein falsches Wissen erzeugen können, wenn sie sich als Erkenntnisse über das Sein in der Interiorität ausgeben. Zu seinen Lebzeiten lebt Kierkegaard das Paradoxon im Leiden: Leidenschaftlich will er sich als ein transhistorisches Absolutes bezeichnen; durch den Humor und die Ironie gibt er sich zu erkennen und verbirgt sich zugleich. Es wäre falsch zu sagen, er habe es abgelehnt, sich mitzuteilen: Nur bleibt er auch dann *verborgen*, wenn er sich mitteilt. Seine Manie der Pseudonyme ist eine systematische Ausschaltung des *Eigennamens*: Selbst um ihn als Person vor das Tribunal der anderen zu *zitieren*, bedarf es einer Fülle sich widersprechender Namen. Je mehr er Climacus oder Vigilius Haufniensis ist, um so weniger ist er *Kierkegaard*, jener dänische Bürger, der im standesamtlichen Register verzeichnet steht.

Zu seinen Lebzeiten ist dies noch möglich: Er desavouiert durch sein Leben die Vorhersagen eines Toten, die das Wissen eines Toten sind. Das bedeutet, daß er sich schreibend unaufhörlich selbst erschafft. Aber am 11. November 1855 stirbt er, und das Paradoxon kehrt sich gegen ihn, bleibt jedoch *für uns* weiterhin ein Ärgernis. Es zeigt sich, daß die Weissagung eines Toten, der einen Lebenden zum unglücklichen Bewußtsein verdammt, und unser Wissen über diesen Lebenden, der zum Toten geworden ist, homogen sind. So hat noch in jüngerer Zeit Käte

Nadler – um nur sie zu nennen – auf den verstorbenen Kierkegaard die Prophezeiung des verstorbenen Hegel angewandt und weiter ausgeführt. Ein dialektisches Paar entsteht, dessen Pole sich gegenseitig denunzieren: Hegel hat Kierkegaard in der Vergangenheit als schon überholtes Moment vorhergesehen; Kierkegaard hat die innere Organisation des Systems Lügen gestraft, indem er gezeigt hat, daß die überholten Momente erhalten bleiben, nicht nur in der Aufhebung[1], die sie in der Transformation bewahrt, sondern auch an sich selbst, ohne jegliche Transformation, und die, selbst wenn sie neu entstehen können, allein durch ihr Erscheinen eine Anti-Dialektik erzeugen. Sobald er aber tot ist, bemächtigt sich Hegel seiner erneut – nicht *innerhalb des Systems*, das vor unseren Augen einstürzt, da es ja vom Wissen geschaffene Totalität ist und als System von der Bewegung der Geschichte selbst *totalisiert* wird, sofern einfach durch die Tatsache, daß der verstorbene Kierkegaard *für uns* mit den Beschreibungen übereinstimmt, die das Hegelsche Wissen von ihm gibt. Zwar steht fest, daß er das gesamte System dadurch angefochten hat, daß er an einem Ort erschien, der ihm nicht bestimmt war: Da aber das System selbst Objekt des Wissens ist und als solches angefochten wird, bringt uns dieser Anachronismus nichts wirklich Neues. Im Gegenteil, das Wissen, das *wir* von ihm haben, ist Wissen, das einen Toten betrifft, folglich totes Wissen; damit fügt es sich wieder ein in die Hegelsche Intuition, die einen künftigen Toten erzeugte und als Begriff faßte. Ontologisch gesehen könnte man sagen, das vorgeburtliche Sein Kierkegaards sei mit seinem Sein nach dem Tode homogen, und die Existenz erschiene als ein Mittel, das erste so anzureichern, daß es dem zweiten gleichkommt: vorübergehendes Unbehagen, wesentliches Mittel, um vom einen zum anderen zu gelangen, doch an sich ein unwesentliches Fieber des Seins. Der Begriff des unglücklichen Bewußtseins wird zum nicht überschreitbaren Schicksal Sörens und zur Allgemeinheit, die unsere speziellsten Kenntnisse von seinem toten Leben umgibt. Man könnte es auch anders formulieren: Sterben heißt zum Sein zurückkehren und Objekt des Wissens werden. Das wäre immerhin die bequeme Auffassung, die die Lücke schließen soll. Ist sie aber richtig? Sollen wir sagen, daß der Tod dem Paradox ein Ende bereitet, indem er es als nur vorläufige Erscheinung ausweist, oder im Gegenteil, daß durch ihn das Paradox ins Extrem geführt wird und daß jegliche Geschichte paradox ist, da wir sterben – ein unlösbarer Konflikt zwischen Sein und Existenz, Nicht-Wissen und Wissen? Es ist Kierkegaards Verdienst, daß er *durch sein Leben selbst* das Problem aufwirft. Wenden wir uns ihm wieder zu.

---

1 Sartre verwendet hier den deutschen Terminus. (Anm. d. Übers.)

Stellen wir zunächst einmal fest, daß die Geschichte zwischen uns und ihm *stattgefunden hat*. Gewiß schreitet sie fort, doch legt ihr Reichtum zwischen ihn und uns einen *dichten dunklen Schleier*, setzt eine Distanz. Das unglückliche Bewußtsein wird andere Inkarnationen finden, und jede wird es durch ihr Leben anfechten und durch ihren Tod bestätigen, doch keine wird Kierkegaard in einer Art Wiederauferstehung ins Leben zurückrufen. Das Wissen beruht hier auf der Nichtübereinstimmung. Der Dichter des Glaubens hat Schriften hinterlassen. Diese Schriften sind tot, wenn wir ihnen nicht unser Leben einhauchen; aber zunächst werden sie wieder als Schriften lebendig, die dort und damals, mit den vorhandenen Hilfsmitteln, geschrieben worden sind und die unseren heutigen Forderungen nur zum Teil entsprechen: Ungläubige werden dafürhalten, *der Kierkegaardsche Beweis sei nicht überzeugend*. Theologen mögen gerade im Namen des Dogmas erklären, sie seien nicht zufrieden; sie mögen die Einstellungen und die Äußerungen des «Dichters des Christentums» unzulänglich und gefährlich finden; sie mögen ihm unter Berufung auf seine eigenen Geständnisse und gerade mit dem Verweis auf die Bezeichnung «*Dichter*», die er für sich in Anspruch nimmt, vorwerfen, nicht über jenes von ihm selbst so genannte «ästhetische Stadium» hinausgegangen zu sein. Die Atheisten mögen *entweder* – eine Formulierung, die Kierkegaard schätzt – jegliche Beziehung zu diesem Absoluten ablehnen und unbeirrbar für einen Relativismus optieren *oder* das Absolute in der Geschichte *anders* definieren; das heißt, es steht ihnen frei, in Kierkegaard den Zeugen eines falschen Absoluten oder den falschen Zeugen des Absoluten zu sehen. Die Gläubigen hingegen mögen erklären, das angestrebte Absolute sei durchaus das Existente, doch die Beziehung des geschichtlichen Menschen zur Transhistorizität werde gerade dann, wenn Kierkegaard sie herstellen will, in andere Bahnen gelenkt und verliere sich entgegen ihrer eigenen Intention im Himmel des Atheismus. So oder so mag der Versuch als *gescheitert* erklärt werden.

Darüber hinaus wird das Scheitern *expliziert*, auf verschiedene Weise zwar, aber in konvergenten Annäherungen, Mesnard, Bohlen, Schestow, Jean Wahl sind sich einig in der Hervorhebung der psychosomatischen Bedeutung des «Pfahls im Fleische». Das bedeutet, daß bei diesem Toten das Erlebte selbst in Frage gestellt wird: Gemessen am Begriff wird das Leben zum Nichtauthentischen; Kierkegaard hat Determinationen, die wir besser als er fixieren können, schlecht gelebt – das soll heißen im Verborgenen, unter verschiedenen Verkleidungen. Um es kurz zu sagen: Für das historische Wissen lebt man, um zu sterben. Die Existenz ist eine leichte Bewegung der Oberfläche, die rasch zur Ruhe kommt, um die dialektische Entwicklung der Begriffe zutage treten zu lassen, und die

Chronologie gründet sich auf die Homogenität und letztlich auf die Atemporalität. Jede gelebte Unternehmung endet mit einem Scheitern, einfach deshalb, weil die Geschichte weitergeht.

Aber wenn das Leben ein Ärgernis ist, dann ist das Scheitern ein weit größeres Ärgernis. Zunächst erklären und beschreiben wir diese Gegebenheit durch eine Anhäufung von Wörtern, die auf ein bestimmtes Objekt abzielen, das den Namen Kierkegaard trägt. So gesehen ist der «Dichter des Glaubens» ein Bedeutetes: wie der Tisch, wie ein ökonomischer und sozialer Prozeß. Zwar stellt sich der Tod zunächst als ein Sturz des Objekts in das absolute Objektive dar. Aber Kierkegaard befürwortet in seinen Schriften – die heute inert sind oder aus unserem Leben leben – den umgekehrten Gebrauch der Wörter; er plädiert für eine dialektische Regression des Bedeuteten und der Bedeutungen zum Be-deutenden zurück. Er stellt sich selbst dar als Be-deutendes und verweist uns unversehens auf unsere Transhistorizität als be-deutende. Müssen wir die Regression *a priori* ablehnen? Das hieße, daß wir uns selbst als Bedingte betrachten. Wenn wir Ungläubige sind, dann sind wir bedingt durch die Geschichte; glauben wir, so sind wir bedingt durch Dogmen und sind vermittelt über die Kirche. Wenn dies nun aber so ist, dann muß alles bedingt sein, in uns und in Kierkegaard selbst, *sein Scheitern ausgenommen*. Denn das Scheitern kann *erklärt*, aber nicht *aufgelöst* werden: Insofern es Nicht-Sein ist, besitzt es den absoluten Charakter der Negation – schließlich ist die historische Negation ein Absolutes, selbst inmitten einer Welt von Bedingtheiten. Die Aussage «Bei Waterloo *gab es keine* Jagdflugzeuge» wäre ein negatives Absolutes. Aber diese negative Aussage bliebe formal: Da keiner der beiden Gegner über eine Luftwaffe verfügte und das auch nicht als Mangel empfinden konnte, läuft dieser bedeutungslose Mangel nur auf einen formalen und belanglosen Umstand hinaus und bezeichnet nicht mehr als die *zeitliche Distanz*. Es gibt freilich noch andere negative Absoluta, und diese sind konkret: Es stimmt, daß die Armee Grouchys *nicht* zum Kaiser gestoßen ist; und diese Negation ist insofern historisch, als sie die enttäuschte Erwartung eines Heerführers widerspiegelt, gleichzeitig die in Genugtuung verwandelte Angst des Gegners; sie ist insofern relevant, als Grouchys Verspätung aller Wahrscheinlichkeit nach den Ausgang der Schlacht *entschieden* hat. Es handelt sich also um ein Absolutes, ein Unreduzierbares, aber um ein konkretes Absolutes. Dasselbe gilt für das Scheitern: Davon ausgehend, daß eine Absicht nicht in der Objektivität realisiert worden ist, verweist sie auf die Subjektivität. Oder genauer: Die Interpretationen des Scheiterns zielen durch gemäßigte Negationen darauf ab – er hat dies und jenes nicht in Betracht gezogen . . ., er konnte es sich zu jener Zeit nicht vorstellen . . . usw. –, es ins *Positive* zu verwandeln, es angesichts der den Sieg des Anderen – wer immer es auch sei – bestätigenden Realität ungeschehen zu machen. Aber plötzlich tritt dieses bedingt Positive in den Hintergrund und läßt etwas erkennen, was kein Wissen unmittelbar wiedergeben kann, weil kein historischer Fortgang es je wieder rückgängig machen kann: das als Verzweiflung erlebte Scheitern. Die aus Angst, an Hunger und an Erschöpfung gestorben sind, die durch Waffengewalt Besiegten – sie sind Lücken des Wissens, insofern sie existiert haben; für das objektive Wissen ist die Subjektivität ein *Nichts*, da sie Nicht-Wissen ist, und dennoch zeigt das Scheitern, daß die Subjektivität absolut existiert. So triumphiert Sören Kierkegaard, vom Tode besiegt und vom historischen Wissen eingeholt, gerade im Augenblick seines Scheiterns, indem er beweist, daß die Geschichte ihn nicht einholen kann: Als Toter bleibt er das unüberwindliche Ärgernis der Subjektivität; obwohl dem Wissen anheimgefallen, entrinnt er doch der Geschichte, eben weil sie seine Niederlage ausmacht und weil er sie antizipierend gelebt hat; kurz, er entrinnt der Geschichte, weil er geschichtlich ist.

Kann man noch weiter gehen? Oder soll man einfach annehmen, daß der Tod dem Historiker die Akteure der geschehenen Geschichte völlig entzieht? Um das zu wissen, muß man das, *was* von Kierkegaard *bleibt*, befragen, seine verbale Hülle. Denn er hat sich in seiner Geschichtlichkeit als Absolutes konstituiert, welches das historische Wissen in Frage stellt, das nach seinem Tode durch ihn hindurchgehen sollte. Aber diese Befragung hat einen besonderen Charakter: Sie ist selbst ein Paradox. Kant stellt sich in die Mitte des Wissens, um die Gültigkeit unseres Erkennens zu überprüfen. Wir Lebenden können durch die Mitte des Wissens zu ihm gelangen, können seine Worte mit Hilfe von Worten befragen, können bei ihm über Begriffe Auskunft erhalten. Aber Kierkegaard beraubt das Wissen der Sprache, um sie gegen es zu verwenden. Wenn wir über das Wissen zu ihm vordringen wollen (und wir haben keine andere Wahl), dann treffen unsere Worte auf die seinen und werden disqualifiziert, indem sie die seinen disqualifizieren. Denn unser Gebrauch des Wortes ist von dem seinen verschieden. Die Botschaft dieses Toten ist also ein Ärgernis in sich, da wir dieses Überbleibsel eines Lebens nicht als Determination des Wissens betrachten können. Das Paradox erscheint vielmehr aufs neue, da das in Worten ausgedrückte Denken sich inmitten des Wissens als nicht reduzierbares Nicht-Wissen konstituiert. Mithin wird entweder unsere Befragung hinfällig, oder sie verwandelt sich und wird selbst zu einer Frage des Nicht-Wissens an das Nicht-Wissen. Das bedeutet, daß der Fragende vom Befragten in seinem Sein in Frage gestellt wird. Das ist der fundamentale Wert dieses Pseudo-Objekts, das man Kierkegaards

Werk nennt. Aber wir wollen die Befragung bis zu dem Punkt fortsetzen, wo die Metamorphose eintritt.

Dieser Philosoph ist ein Antiphilosoph. Warum lehnt er das Hegelsche System und ganz allgemein jegliche Philosophie ab? Weil – so sagt er uns – der Philosoph auf der Suche nach einem ersten Anfang ist. Aber warum, so wird man fragen, nimmt er, der er die Anfänge ablehnt, bei den christlichen Dogmen seinen Ausgang? Denn wenn man sie *a priori* gelten läßt, sogar ohne ihre Gültigkeit zu überprüfen, dann macht man sie zu unangefochtenen Prinzipien des Denkens. Liegt darin nicht ein Widerspruch? Und macht Kierkegaard nicht, da er selbst keinen soliden Ausgangspunkt gesetzt hat, den der anderen zum Ursprung und zur Grundlage seines Denkens? Und bewahrt er diesem Ausgangspunkt nicht bis in sein innerstes Denken hinein den Charakter der Alterität, da er ihn nicht kritisch überprüft hat, nicht so lange an ihm gezweifelt hat, bis er nicht mehr daran zweifeln konnte?

Eben das ist die ungerechte Frage, die das Wissen an die Existenz stellt. Aber aus dem Mund Kierkegaards antwortet die Existenz und verwirft das Wissen. Wer das Dogma leugnet, sagt er, ist von Sinnen und verkündet es. Das Dogma aber beweisen zu wollen ist töricht: Während man seine Zeit damit verliert, die Unsterblichkeit der Seele zu beweisen, verblaßt der lebendige Glaube an die Unsterblichkeit. Wenn man die Dinge *ad absurdum* führen will: An dem Tag, an dem die Unsterblichkeit unwiderlegbar bewiesen sein wird, wird niemand mehr daran glauben. Nichts zeigt deutlicher, daß die Unsterblichkeit, selbst wenn sie bewiesen ist, nicht Objekt des Wissens sein kann, sondern daß sie eine bestimmte absolute Beziehung zwischen Immanenz und Transzendenz ist, die sich nur in der und durch die gelebte Erfahrung herstellen läßt. Dies gilt freilich nur für den Gläubigen. Aber für einen, der – wie ich – nicht gläubig ist, bedeutet das, daß das wahre Verhältnis des Menschen zu seinem Sein innerhalb der Geschichte nur als transhistorisches Verhältnis gelebt werden kann.

Kierkegaard beantwortet unsere Frage, indem er die Philosophie ablehnt oder vielmehr ihre Bestimmung und ihre Zielrichtung radikal verwandelt. Nach dem Anfang des Wissens suchen heißt bestätigen, daß die Grundlage der Zeitlichkeit gerade zeitlos ist und daß die historische Person sich von der Geschichte losreißen, sich desituieren und ihre fundamentale Zeitlosigkeit in der direkten Vision des Seins wiederfinden kann. Die Zeitlichkeit wird das Mittel der Zeitlosigkeit. Gewiß war sich Hegel dieses Problems bewußt, denn er hat die Philosophie als gewordene Wahrheit und retrospektives Wissen ans Ende der Geschichte gestellt. Aber die Geschichte ist eben noch nicht zu Ende, und diese zeitlose Wiederherstellung der Zeitlichkeit als einer Einheit des Logischen und des Tragischen wird ihrerseits Objekt des Wissens. So gesehen steht am Anfang des Hegelschen Systems keineswegs das Sein, sondern die Person Hegels, so wie sie geformt worden ist, so wie sie sich selbst geformt hat. Diese doppeldeutige Entdeckung kann vom Standpunkt des Wissens aus nur zum Skeptizismus führen.

Um dem zu entgehen, nimmt Kierkegaard zum Ausgangspunkt die *Person*, die als Nicht-Wissen betrachtet wird, das heißt, insofern sie in einem bestimmten Augenblick des zeitlichen Ablaufs ihres Lebens ihre Beziehung zu einem Absoluten, das selbst in die Geschichte integriert ist, herstellt und entdeckt. Kurz gesagt, Kierkegaard zeugt, weit davon entfernt, den Anfang zu leugnen, für einen gelebten Anfang.

Wie soll man inmitten der Geschichte begreifen, daß diese historische Situation nicht den Anspruch des Denkers in Frage stellt, das Absolute zu enthüllen? Wie kann ein Gedanke, der *aufgetaucht* ist, über sein *Verschwinden* hinaus für sich selbst Zeugnis ablegen? Dies ist die Frage, die er in den ‹Philosophischen Brocken› stellt. Dieses Paradox ist wohlgemerkt zunächst eminent religiös. Es geht um das Erscheinen und das Verschwinden Jesu und gleichermaßen um die Verwandlung einer Sünde – der Sünde Adams – in die Ur- und Erbsünde. Aber dies ist auch das persönliche Problem des Denkers Kierkegaard: Wie kann man die transhistorische Gültigkeit eines Gedankens begründen, der innerhalb der Geschichte erzeugt worden ist und in ihr verschwindet? Die Antwort liegt in der «Verdoppelung»: Das Unüberschreitbare kann nicht das Wissen sein, sondern die Begründung innerhalb der Geschichte eines absoluten und nicht kontemplativen Verhältnisses zum Absoluten, das sich in der Geschichte verwirklicht hat. Der Denker wird nicht vom Wissen aufgelöst, vielmehr ist der Denker Zeuge seines eigenen Denkens. Aber diese Vorstellungen sind dunkel und können nur so lange als verbale Lösung erscheinen, als man nicht begreift, daß sie von einer neuen Auffassung des Denkens herkommen.

Der Anfang des Denkers gleicht einer Geburt. Er kann nicht abgelehnt, sondern allenfalls verlagert werden. Vor der Geburt war das Nicht-Sein, dann kommt der Sprung: Kind und Denker, aus sich selbst geboren, finden sich sogleich in einer bestimmten geschichtlichen Welt, die sie gemacht hat. Sie entdecken sich als ein bestimmtes Wagnis, dessen Ausgangspunkt ein Gefüge von sozio-ökonomischen, kulturellen, moralischen, religiösen etc. Beziehungen ist, das mit den gegebenen Anlagen und Möglichkeiten seinen Fortgang nimmt – das heißt abhängig von eben diesen Beziehungen – und das sich zunehmend in eben dieses Gefüge eingliedert. Der Anfang ist reflexiv; ich habe die Welt gesehen, ich habe sie berührt: Ich sehe mich, ich berühre mich, ich, der ich Dinge berühre und sehe, die mich umgeben, und ich entdecke mich als ein endliches Wesen, unsichtbar bedingt – gerade durch die von mir berührten und gesehenen Dinge – bis hin zu meinem Tastsinn und meinem Sehvermögen. Dem nicht menschlichen, starren Anfang bei Hegel stellt Kierkegaard einen beweglichen Anfang gegenüber, der bedingt ist durch andere Dinge und seinerseits anderes bedingt; dessen Grundlage dem sehr ähnlich ist, was Merleau-Ponty «*Umschließung*» (*enveloppement*) nennt. Wir sind umschlossen: Das Sein ist hinter uns und vor uns. Der Sehende ist sichtbar und sieht nur auf Grund seiner Sichtbarkeit. «Der Körper», sagt Merleau-Ponty, «ist im Gewebe der Welt gefangen, aber die Welt besteht aus dem Stoff meines Körpers.» Kierkegaard weiß, daß er umschlossen ist: Er sieht das Christentum und insbesondere die christliche Gemeinde Dänemarks mit den Augen, die ihm eben diese Gemeinde verliehen hat. Das ist ein neues Paradox: Ich sehe das Sein, das mich geschaffen hat; ich sehe es, wie es *ist* oder wie es mich geschaffen hat. Nichts ist leichter für das «überschauende Denken»: Da es selbst keine Eigenschaft besitzt, erfaßt der Verstand das objektive Wesen, wobei seine eigene Beschaffenheit es zu keinen besonderen Abweichungen zwingt. Und für den idealistischen Relativismus gibt es ebenfalls keine Schwierigkeit: Das Objekt verflüchtigt sich; das, was ich sehe, ist die Wirkung der Ursachen, die meine Sicht verändern, und es enthält nichts außer meiner Determination durch diese Ursachen. In beiden Fällen wird das Sein auf das Wissen reduziert.

Kierkegaard weist beide Lösungen von sich. Das Paradox bedeutet für ihn die Entdeckung des Absoluten im Relativen. Als Däne und Sohn von Dänen, geboren zu Beginn des letzten Jahrhunderts, bedingt durch die Geschichte und die dänische Kultur, findet er in den Dänen seine Zeitgenossen, die von derselben Geschichte, von denselben kulturellen Traditionen geprägt sind. Gleichzeitig kann er überdies die Traditionen und die geschichtlichen Bedingungen *denken*, die diese insgesamt und ihn selbst hervorgebracht haben. Handelt es sich dabei um Abweichung oder um Aneignung? Sowohl um das eine wie das andere. Wenn Objektivität Wissen ohne Vorbedingungen sein soll, dann gibt es keine wirkliche Objektivität: Die Umgebung zu sehen bedeutet hier sehen, ohne zu sehen, berühren, ohne zu berühren, aus sich selbst heraus *a priori* eine Vorstellung vom Anderen haben und ihn gleichzeitig auf der Grundlage gemeinsamer Voraussetzungen begreifen, die man nicht vollständig aufhellen kann. Mein Nächster ist auch bei vollem Licht nur undeutlich zu sehen; seine augenscheinlichen Ähnlichkeiten entfernen ihn von mir; dennoch spüre ich ihn im Innersten seiner Realität, wenn ich mich in mich so weit versenke, daß ich in mir selbst die transzendenten Bedingungen meiner eigenen Realität finde. Später, sehr viel später werden die Voraussetzungen, die den Dingen eingezeichnet sind, vom Historiker ins reine geschrieben. Doch auf dieser Ebene wird das gegenseitige Verstehen, das eine Gemeinsamkeit in der Umschließung voraussetzt, verschwunden sein. Kurz, die Zeitgenossen verstehen sich, ohne sich zu erkennen, erst der zukünftige Historiker wird sie erkennen, aber seine schwierigste Aufgabe – sie grenzt ans Unmögliche – wird es sein, sie so zu verstehen, wie sie sich verstanden haben.

In Wahrheit – und Kierkegaard ist sich dessen bewußt – versteht sich die Erfahrung, die nach dem Sprung wieder auf sich selbst zurückkommt, besser, als sie sich kennt. Das bedeutet, daß sie im Bereich der Voraussetzungen bleibt, die sie begründen, ohne daß es ihr gelänge, sie zu verdeutlichen. Daher dieser Anfang: die Dogmen. Eine bestimmte Religion hat Kierkegaard hervorgebracht: Er kann nicht vorgeben, er befreie sich von ihr, um über sie hinauszugehen und zu sehen, wie sie sich historisch formt. Um jedoch einem Mißverständnis vorzubeugen, sollte man sagen: Andere Dänen aus derselben Gesellschaft und derselben Klasse sind ungläubig geworden: Aber auch sie vermochten nicht zu verhindern, daß ihr Unglaube nicht *diese* Dogmen und dieses Christentum, die sie ja gemacht hatten, das heißt ihre Vergangenheit, ihre religiöse Kindheit und schließlich sie selbst in Frage stellte oder anfocht. Das bedeutet, daß sie in der vergeblichen Negation, der sie sich selbst unterzogen, ganz ihrem Glauben und ihren Dogmen verhaftet blieben und nur andere Worte gebrauchten, um ihr Streben nach dem Absoluten zu bezeichnen. Ihr Atheismus war in Wirklichkeit ein christlicher *Pseudo-Atheismus*. Die Umschließung zieht in der Tat die Grenzen, innerhalb deren die realen Veränderungen möglich sind. Es gibt Epochen, in denen der Unglaube nur verbal sein kann. Kierkegaard ist, da er in seiner Jugend gezweifelt hat, konsequenter als diese «Freidenker»: Er sieht ein, daß sein Denken nicht frei ist und daß die religiösen Determinationen ihn verfolgen werden, was immer er auch tut, wohin immer er auch gehen mag. Wenn die christlichen Dogmen für ihn und ihm zum Trotz irreduzibel sind, dann ist es völlig legitim, daß er den Anfang des Denkens dort annimmt, wo es sich wieder den Dogmen zuwendet, um seine Verwurzelung zu erfassen. Dieses Denken ist in zweifacher Hinsicht historisch: Es begreift die Umschließung als Ausgangslage und definiert sich als die Identität von Anfang des Denkens und Denken des Anfangs.

Wenn dem so ist, was wird dann aus der Allgemeinheit der historischen Determinationen? Soll man das soziale Milieu, seine Strukturen, seine Bedingungen und seine Entwicklung völlig leugnen? Keineswegs. Wir werden sehen, daß Kierkegaard eine zweifache Allgemeinheit bezeugt. Die Revolution besteht darin, daß der historische Mensch durch seine Verankerung aus dieser Allgemeinheit eine besondere Situation macht und aus der allgemeinen Notwendigkeit einen irreduziblen Zufall. Mit anderen Worten: Indem die besondere Haltung weit davon entfernt ist, eine dialektische Inkarnation des allgemeinen Augenblicks zu sein, wie bei Hegel, macht die Verankerung der Person aus diesem Universalen eine irreduzible Singularität. So konnte Sören einmal zu Levin sagen: «Sie haben Glück, daß Sie Jude sind: Sie entkommen dem Christentum. Wäre ich davor bewahrt geblieben, hätte ich das Leben ganz anders genossen.» Eine zwiespältige Bemerkung: denn er wirft oft den Juden vor, für die religiöse Erfahrung unzugänglich zu sein. Kein Zweifel, die Wahrheit ist das Dogma: Der Christ, der nicht religiös ist, bleibt uneigentlich (*inauthentique*), außerhalb seiner selbst, ist verloren. Aber es gibt so etwas wie ein bescheidenes Geburtsrecht, das für einen Juden, einen Moslem, einen Buddhisten bewirkt, daß der Zufall, hier und nicht dort geboren worden zu sein, sich in ein Statut verwandelt. Dagegen erscheinen Kierkegaard die eigene innere Wirklichkeit, das Gefüge seines Seins, seine Qual und sein Gesetz in ihrer zwingenden Notwendigkeit als der Zufall seiner Faktizität. Überdies ist diese Zufälligkeit allen Mitgliedern seiner Gesellschaft gemein. Er entdeckt indes noch andere, die nur ihm eigentümlich sind. Er schreibt 1846: «Glauben heißt sich leicht machen, dank einer beträchtlichen Schwere, die man sich auflädt; objektiv sein heißt sich leicht machen, indem man sich der Bürden entledigt ... Die Leichtigkeit ist eine grenzenlose Schwere und ihre Höhe die Folge einer grenzenlosen Schwere.» Die Anspielung auf das, was er andernorts den «Pfahl im Fleische» nennt, ist klar. Es handelt sich hier um eine reine Zufälligkeit, um die Singularität seiner Bedingungen: Das unglückliche Bewußtsein Sörens wird durch zufallsbedingte Bestimmungen erzeugt, die der Hegelsche Rationalismus nicht berücksichtigt: Ein düsterer Vater, der überzeugt ist, daß der göttliche Fluch ihn in seinen Kindern heimsuchen wird, die Todesfälle, die diese Ahnungen zu bestätigen scheinen und Sören schließlich zu der Überzeugung bringen, er werde vor seinem 34. Lebensjahr sterben; die Mutter, Herrin und Dienerin zugleich, die er als *seine* Mutter liebt und die er verurteilt, weil sie sich als Eindringling bei einem Witwer einnistet und weil sie ihm ein Beweis für die fleischlichen Verirrungen des Vaters ist, usw. Der Ursprung der Singularität ist der extreme Zufall: «Wenn ich einen anderen Vater gehabt hätte ... Wenn mein Vater nicht Gott gelästert hätte» usw. Und dieser pränatale Zufall findet sich wieder in der Person selbst und in ihren Determinationen: Der Pfahl im Fleische ist eine komplexe Disposition, deren letztliches Geheimnis wir nicht kennen. Aber alle Autoren stimmen darin überein, daß es sich in ihrem Kern um eine sexuelle Anomalie handele. Diese Anomalie, ein Zufall, der ihn von den anderen unterscheidet, *ist* Kierkegaard; sie *macht ihn aus*; da sie unheilbar ist, ist sie unüberwindlich; sie erzeugt sein innerstes Ich als reine historische Zufälligkeit, die ebensogut hätte nicht auftreten können und die als solche nichts bedeutet. Die Hegelsche Notwendigkeit wird nicht geleugnet, aber sie kann sich nicht verkörpern, ohne dabei eine undurchsichtige und singulare Zufälligkeit zu werden; in einem Individuum wird die Vernunft der Geschichte irreduzibel als Wahnsinn gelebt, als innerer Zufall, als Ausdruck von Zufallsbegegnungen. Auf unsere Befragung antwortet Kierkegaard mit der Aufdeckung eines anderen Aspekts des Paradoxons: Das historische Absolute besteht nur als im Zufall verwurzeltes; durch die Notwendigkeit der Verankerung kann das Universale nur von der nicht aufhellbaren Undurchsichtigkeit des Singularen verkörpert werden. *Sagt* Sören dies? Ja und nein: Eigentlich *sagt* er *nichts*, wenn «sagen» ein Äquivalent für «bedeuten» sein soll, aber sein Werk verweist uns, ohne es auszusprechen, auf sein Leben.

Hier aber kehrt sich das Paradox um; denn die ursprüngliche Zufälligkeit leben heißt über sie hinausgehen: Der Mensch als unabänderliche Singularität ist das Sein, durch welches das Allgemeine in die Welt tritt, und der konstitutive Zufall nimmt, sobald er gelebt wird, die Gestalt der Notwendigkeit an. Das Gelebte – so erfahren wir bei Kierkegaard –, das sind die nicht-bedeutenden Zufälle des Seins, insofern sie über sich hinaus auf einen Sinn weisen, den sie zu Beginn nicht hatten, und die ich das singulare Universale nennen möchte.

Um diese Botschaft besser entziffern zu können, wenden wir uns wieder dem Begriff der Sünde zu, der im Zentrum des Kierkegaardschen Denkens steht. Adam befindet sich, wie Jean Wahl sehr richtig festgestellt hat, im präadamitischen Stand der Unschuld, das heißt der Unwissenheit. Gleichwohl liegt in diesem Sein, obwohl das Ich noch nicht existiert, bereits ein Widerspruch beschlossen. Auf dieser Ebene ist der Geist einende und trennende Synthese: Er fügt Seele und Körper in eins und läßt damit die Konflikte entstehen, die beide in Gegensatz zueinander treten lassen. Die Angst erscheint als Interiorisation des Seins, das heißt seines Widerspruchs. Anders ausgedrückt, das Sein kennt keine Interiorität, bevor es nicht Angst kennt. Aber da der Geist sich weder fliehen noch vollenden kann, da er ja dissonante Einheit des Endlichen und des Unendlichen ist, erscheint die Möglichkeit, *eines* von beiden zu wählen – das Endliche, das Fleisch, in anderen Worten: das Ich, das noch nicht ist –, in dem Augenblick als Angst, in dem das göttliche Verbot ertönt. Aber was bedeutet dieses Verbot? In Wahrheit ist Kommunikation hier nicht möglich – sowenig wie zwischen dem Kaiser bei Kafka und jenem Untertanen, dem er sich nähern will und den seine Botschaft nicht erreicht. Aber Kierkegaard hat dem Verbot seinen wahren Wert gegeben, als er der Schlange die Macht abgesprochen hat, Adam in Versuchung zu führen. Wenn man den Teufel eliminiert und wenn Adam noch nicht Adam ist, wer kann es dann dem Präadamiten verbieten und ihm gleichzeitig nahelegen, Adam *zu werden*? Gott allein. Eine merkwürdige Passage aus dem Tagebuch gibt uns den Schlüssel zum Verständnis:

«... gerade die Allmacht sollte abhängig machen. Aber wenn man die Allmacht denken will, wird man sehen, daß gerade in ihr die Bestimmung liegen muß, sich selber so wieder zurücknehmen zu können [*in der Äußerung der Allmacht*][1], daß gerade deshalb das durch die Allmacht Gewordene unabhängig sein kann.... Denn Güte ist, ganz hinzugeben, aber so, daß man dadurch, daß man allmählich sich selbst zurücknimmt, den Empfänger unabhängig macht. [*Alle endliche Macht macht abhängig*][1], nur die Allmacht kann unabhängig machen, aus Nichts hervorbringen, was Bestand hat in sich dadurch, daß die Allmacht beständig sich selber zurücknimmt ... Wenn darum der Mensch das geringste selbständige Bestehen gegenüber Gott voraus hätte (in Richtung von materia), so könnte Gott ihn nicht frei machen.»[2]

Der präadamitische Stand der Unschuld ist der letzte Moment der Abhängigkeit. Mit einemmal zieht sich Gott von seiner Schöpfung zurück, so wie bei Ebbe das zurückflutende Meer ein Wrack bloßlegt; und allein durch diese Bewegung erzeugt er die Angst als Möglichkeit der Unabhängigkeit, das heißt, er wird zugleich zum Verbietenden und dem, der in Versuchung führt. So ist die Angst der Verzicht des Seins auf die verbotene Möglichkeit, sich für die Endlichkeit zu entscheiden, durch ein abruptes Zurückweichen des Unendlichen. Sie ist die Interiorisation dieser Preisgabe und vollendet sich in der freien Verwirklichung der einzigen Möglichkeit, die dem preisgegebenen Adam bleibt – die Wahl des Endlichen. Im Augenblick der Sünde wird das ursprüngliche Sein als *Sinn* wiederhergestellt. Das Sein war die widersprüchliche Einheit des Endlichen und des unfaßbaren Unendlichen, doch diese Einheit verharrte in der Weigerung der Unwissenheit. Die Sünde als *Wieder-Exteriorisierung* läßt den konstitutiven Widerspruch wieder zutage treten. Sie ist deren Determination: Das Ich und Gott erscheinen. Gott ist das unendliche Zurückweichen, das aber insofern unmittelbar gegenwärtig ist, als die Sünde jeglicher Hoffnung auf eine Rückkehr in den alten Stand der Unschuld den Weg versperrt: Das *Ich* ist die gewählte Endlichkeit, das heißt das durch einen Akt bestätigte und abgezirkelte Nichts, es ist eine Determination, die durch eine Herausforderung erworben wurde, es ist

---

1 Von Sartre weggelassener Passus (Kursivsetzung durch den Übers.).
2 Zitiert nach: Kierkegaard, ‹*Die Tagebücher*›, München 1953, übers. v. Theodor Haecker; S. 239–241.

die Singularität des äußersten Entferntseins. Folglich sind die Bestandteile des Widerspruchs dieselben, und dennoch sind der *Zustand* der Unwissenheit und die Sünde nicht gleichartig: Das Endliche hat sich als verlorenes Unendliches konstituiert, die Freiheit sich als *notwendige* und unersetzliche Grundlage für die Bildung des *Ego* erwiesen; Gut und Böse erscheinen als der Sinn dieser Exteriorisation der Interiorität, die die sündige Freiheit ist. Alles geschieht so, als ob Gott *der Sünde bedürfe*, damit der Mensch vor ihm entstehe, als ob er ihn anstachele, Adam aus der Unwissenheit herauszuführen und dem Menschen Sinn zu *geben*.

Aber wir sind alle Adam. Daher ist das präadamitische Stadium eins mit der Zufälligkeit unseres Seins. Für Kierkegard ist es die disparate Einheit der Zufälle, die es erzeugen. So gesehen wird die Sünde die *Institution* Kierkegaards als Hinausgehen über diese verstreuten Gegebenheiten *zu einem Sinn hin*. Der Anfang ist die Zufälligkeit des Seins; unsere Notwendigkeit erscheint nur durch den Akt, der diese Zufälligkeit auf sich nimmt, um ihr ihren *menschlichen Sinn* zu geben, das heißt, um daraus eine singulare Beziehung zum Ganzen herzustellen, eine singulare Verkörperung des Totalisierungsprozesses, der sie umschließt und sie erzeugt. Dies wurde von Kierkegaard richtig gesehen: Was er Sünde nennt, ist in seiner Gesamtheit das Überschreiten des *Zustands* durch die Freiheit und die Unmöglichkeit der Rückkehr; so ist das Gewebe des subjektiven Lebens, das, was er Leidenschaft nennt und was für Hegel das *Pathos* ist, nichts anderes als die Freiheit, die das Endliche und Gelebte als unerbittliche Notwendigkeit in die Endlichkeit einführt. Wollte ich zusammenfassen, was sein nicht-bedeutendes Zeugnis für mich ist, für mich als den Atheisten des 20. Jahrhunderts, der nicht an die Sünde glaubt, so würde ich sagen, der Zustand der Unwissenheit stellt für die Person das Sein in der Exteriorität dar. Diese äußerlichen Determinationen werden interiorisiert, um durch eine *Praxis* wieder exteriorisiert zu werden, die sie *instituiert*, indem sie sie in der Welt objektiviert. Dies hat Merleau-Ponty gemeint, als er schrieb, die Geschichte sei der Ort, an dem «eine mit Zufälligkeit belastete Form plötzlich einen Zukunftszyklus eröffnet und ihn mit der Autorität des Instituierten beherrscht». Dieser Zukunftszyklus ist der *Sinn*; im Falle Kierkegaards ist es das Ich. Der Sinn kann als zukünftiges Verhältnis des Instituierten zur Totalität der Welt definiert werden oder, wenn man will, als synthetische Totalisierung der Verstreuung der Zufälle durch eine objektivierende Negation, die die Zufälle als Notwendigkeit einzeichnet, die im Universum selbst frei geschaffen wird, in dem sie verstreut waren. Und sie zeichnet sie ein als Gegenwart der Totalität – Totalität der Zeit und Totalität des Universums – in der Determination, die sie leugnet, indem sie abgesondert auftritt. Mit anderen Worten, der Mensch ist das Wesen, das sein Sein in *Sinn* verwandelt, das Wesen, durch das *Sinn* in die Welt kommt. Der Sinn ist das singulare Universale: Durch sein Ich – Hinnahme und praktisches Hinausgehen über das Sein, so wie es ist – gibt der Mensch dem Universum die Einheit der Umschließung wieder zurück, indem er sie einprägt als beendete Determination und als Hypothek auf die zukünftige Geschichte in dem Sein, das ihn umschließt. Adam verzeitlicht sich durch die Sünde, die notwendige freie Wahl und radikale Transformation dessen, was er ist: Er führt die menschliche Zeitlichkeit in das Universum ein. Das bedeutet unmißverständlich, daß die Freiheit *in jedem Menschen* Grundlage der Geschichte ist. Denn darin sind wir alle Adam, daß jeder von uns für sich selbst und für alle eine singulare Sünde begeht, das heißt, daß die Endlichkeit für jeden notwendig und unvergleichlich ist. Durch seine endliche Aktion lenkt der Handelnde den Lauf der Dinge um, aber dies geschieht entsprechend dem, was eben dieser Lauf sein soll. In der Tat ist der Mensch die Vermittlungsinstanz zwischen der rückwärtsgerichteten Transzendenz und der nach vorn gerichteten, und diese zweifache Transzendenz ist ein und dieselbe. Daher kann man sagen, daß durch den Menschen der Lauf der Dinge sich selbst in seine eigene Abweichung umlenkt. Kierkegaard eröffnet uns hier die Grundlage seines Paradoxons und des unseren – die identisch sind. Jeder von uns entrinnt gerade in seiner Geschichtlichkeit der Geschichte in eben dem Maße, in dem er sie macht. In dem Maße geschichtlich, in dem auch die anderen Geschichte erzeugen und mich dazu, bin ich ein transhistorisches Absolutes durch das, was ich aus dem mache, was sie machen, was sie mit mir getan haben, und aus dem, was sie mit mir im späteren tun werden, das heißt, durch meine Historialität. Man muß darüber hinaus recht verstehen, was der Mythos der Sünde uns zuträgt: Die *Institution* ist die für die anderen und für mich selbst Gesetz gewordene Singularität. Das Werk Kierkegaards, das ist er selbst, insofern er universal ist. Aber andererseits bleibt der Inhalt dieser Universalität seine Zufälligkeit, und sei sie auch durch die Entscheidung, die er über sie getroffen hat, auserwählt und überschritten worden. Kurz gesagt, sie hat zwei Gesichter: Durch ihren Sinn erhebt sie die Zufälligkeit zur konkreten Universalität; das ist ihre leuchtend und dennoch unerforschliche *Stirnseite* – in dem Maße, in dem die Erkenntnis auf das «Weltgeschichtliche» in der Vermittlung der *Verankerung* verweist. Mit ihrer dunklen *Rückseite* verweist sie auf die zufällige Gesamtheit, auf analytische und soziale Gegebenheiten, die das Sein Kierkegaards vor seiner *Institution* bestimmen.

Von daher lassen sich zwei methodische Irrtümer erkennen: Auf Grund des einen (des Weltgeschichtlichen) würde man die Kierkegaardsche Botschaft in ihrer abstrakten Universalität und nur als Ausdruck allgemeiner Strukturen definieren; das wäre zum Beispiel, wie die Hegelianer es nannten, das unglückliche Bewußtsein, Verkörperung eines notwendigen Moments der Weltgeschichte, oder aber es wäre eine radikale Definition des Glaubens – wie es Tisseau gesehen hat –, Appell eines wahren Christen an alle Christen; den anderen Irrtum würde man begehen, wollte man im Werk Kierkegaards nur den Niederschlag oder nur die Umsetzung ursprünglicher Zufälle sehen: Dies würde ich die analytische Skepsis nennen; sie gründet sich darauf, daß *die ganze Kindheit* Kierkegaards als Grundlage seiner Singularität in seinem Werk gegenwärtig ist und daß es in gewisser Weise in geschriebenen Büchern nichts außer der Institution eines Lebens gibt; die Werke Sörens sind gewiß reich an Freudschen Symbolen, und eine analytische *Lektüre* seiner Texte ist durchaus möglich; dasselbe gilt für das, was ich den skeptischen Marxismus nennen würde, das heißt einen schlechten Marxismus: Wenn auch das Gute mittelbar ist, so kann man zweifellos doch von einer extremen Konditionierung Kiekegaards durch das historische Milieu sprechen; seine Verachtung gegenüber der Masse und seine aristokratischen Tendenzen schließen ebenso wie sein Verhältnis zum Geld jeden Zweifel aus, was seine soziale Herkunft und seine politische Haltung betrifft (zum Beispiel seinen Hang zur absoluten Monarchie), auf die man, wenngleich sie verbrämt sind, doch überall stößt und die offensichtlich seinen ethischen und religiösen Stellungnahmen zugrunde liegen. Aber Kierkegaard zeigt uns gerade, daß das Ich, die Tat und das Werk mit ihrer Lichtseite und Schattenseite ganz und gar nicht auf das eine oder andere zurückzuführen sind. Der ganze Schatten steht im Licht, weil er *instituiert* ist: Zwar drücken jede Tat und alles Geschriebene das ganze Ich aus, aber nur deshalb, weil es eine Gleichartigkeit gibt zwischen dem Ich als Institution und der Tat als gesetzgebender Instanz; unmöglich ist es, das Allgemeine als *Basis* festzulegen: Das hieße vergessen, daß es zwar allgemein im «weltgeschichtlichen» Sinn ist – zum Beispiel die Produktionsverhältnisse im Dänemark des Jahres 1830 –, aber als nicht-bedeutendes Zufälliges von jedem Menschen gelebt wird, es hieße vergessen, daß jeder sich aufs Geratewohl darin einfügt. Weil er auf singulare Weise das Universale zum Ausdruck bringt, singularisiert der Mensch die gesamte Geschichte, die zur *Notwendigkeit* wird – gerade durch die Art und Weise, in der die objektiven Situationen sich aufzwingen – und zugleich zum *Abenteuer*, weil er immer das Allgemeine ist, das als zunächst nicht-bedeutende Partikularität erkannt und instituiert wird. So wird er das singulare Universale, da in ihm Agenzien wirksam sind, die sich als universalisierende Singularitäten definieren. Aber umgekehrt ist die Schattenseite schon deshalb Licht, weil sie den Augenblick der Interiorisation äußerer Wagnisse darstellt. Ohne diese prä-instituierende Einheit fällt man der Verstreuung anheim; allzuoft führt die Psychoanalyse den Sinn auf den Nicht-Sinn zurück, weil sie die Irreduzibilität der dialektischen Stufen nicht sehen will. Aber Kierkegaard hat vielleicht als erster gezeigt, daß das Universale als Singulares in dem Maße in die Geschichte eintritt, in dem das Singulare sich darin als Universales instituiert. In dieser neuen Form der Historialität finden wir das Paradoxon wieder, das hier den unüberwindlichen Aspekt einer Ambiguität annimmt.

Aber wir haben bereits gesehen, daß der *theoretische* Aspekt des Kierkegaardschen Werkes nur eine Illusion ist. Wenn wir seinen Worten *begegnen*, fordern sie unmittelbar zu einem anderen Gebrauch der Sprache, das heißt unserer eigenen Worte auf, denn es sind die gleichen. Sie verweisen bei ihm auf das, was man seinen eigenen Erklärungen folgend die «Kategorien» der Existenz nennt. Aber diese Kategorien sind weder Prinzipien noch Begriffe, noch Stoff für Begriffe: Sie erscheinen als erlebte Beziehungen zur Totalität, die von Worten aus erreicht werden kann durch eine regressive Sicht, die vom Wort zum Sprecher zurückkehrt. Dies bedeutet, daß keine dieser Wortverbindungen *verständlich* ist, sondern daß sie, gerade durch die Abwehr jeglichen Versuchs, sie zu verstehen, auf ihre Grundlage zurückverweisen. Kierkegaard gebraucht die Ironie, den Humor, den Mythos, nicht-bedeutende Sätze, um mit uns indirekt zu kommunizieren; das bedeutet, daß seine Bücher durch Worte Pseudobegriffe bilden, die vor unseren Augen zu falschem Wissen werden, wenn man bei ihrer Lektüre die übliche Haltung des Lesers einnimmt. Aber dieses falsche Wissen erweist sich selbst als falsch in dem Augenblick, in dem es entsteht, oder es entsteht vielmehr als Wissen über ein vorgebliches Objekt, das aber nur Subjekt sein kann. Kierkegaard gebraucht *regressiv* objektive und objektivierende Komplexe, so daß die Selbstzerstörung der Sprache den, der sie benutzt, zwangsläufig entlarvt. So wollten die Surrealisten das Sein entlarven, indem sie in der Sprache Brände legten. Außerdem glaubten sie, das Sein befände sich *vor ihren Augen*; wenn die Wörter – welche es auch immer sein mochten – verbrannten, so würde sich das Sein dem unendlichen Verlangen als eine Über-Wirklichkeit enthüllen, die schließlich auch eine nicht-begriffliche Über-Objektivität wäre. Kierkegaard formt die Sprache dergestalt, daß innerhalb des falschen Wissens Kraftlinien erzeugt werden, die in dem gebildeten Pseudoobjekt Möglichkeiten der Rückkehr zum Subjekt bieten, er erfindet regressive Rätsel. Die verbalen Gebäude sind bei ihm streng logisch. Aber gerade der Mißbrauch dieser Logik führt stets zu Widersprüchen oder Unbestimmtheiten, die in unseren Augen eine Richtungsumkehrung implizieren. So ist zum Beispiel – Jean Wahl hat darauf hingewiesen – der simple Titel ‹*Der Begriff Angst*› eine Provokation. Denn die Angst kann für Kierkegaard keinesfalls das Objekt eines Begriffes sein, und in einem bestimmten Maß ist sie nicht-begriffliche Grundlage aller Begriffe, insoweit sie am Ursprung der freien verzeitlichenden Wahl der Endlichkeit steht. Und jeder von uns muß verstehen können, daß das Wort «Angst» Universalisierung des Singularen und damit ein falscher Begriff ist, denn es ruft in uns die Universalität wach, insofern sie auf das Einzige als ihre Grundlage verweist.

Erst indem man die Worte gegen den Strich gebraucht, kann man Kierkegaard in seiner gelebten und verschwundenen Singularität erfassen, das heißt in seiner instituierten Zufälligkeit. Da er sich für verstoßen, verdorben, nutzlos hält, für ein Opfer des Fluches, den sein Vater auf die ganze Familie geladen hat, kann seine Endlichkeit als Ohnmacht und Alterität beschrieben werden. Er ist *anders* als *alle* anderen, anders als er selbst, anders als das, was er schreibt. Er instituiert seine Besonderheit durch die frei getroffene Wahl, singulär zu sein, das heißt, er richtet sich in jenem doppeldeutigen Augenblick ein, in dem die Interiorisation, voll von zukünftiger Exteriorisation, sich selbst aufhebt, damit jene entstehen kann. Die Wahl Kierkegaards – der die Entfremdung fürchtet, die sich einstellt, wenn er sich in die Transzendenz der Welt einschreibt – besteht darin, daß er sich mit diesem dialektischen Übergang identifiziert, dem eigentlichen *Ort des Geheimnisses*: Gewiß, er kann nicht umhin, sich zu exteriorisieren, denn die Interiorisation kann nur objektivierend sein, aber er versucht alles, um zu verhindern, daß die Objektivierung ihn als Objekt des Wissens definiert, anders gesagt, er bemüht sich darum, daß die feste Spur seiner Person im Wirklichen, weit davon entfernt, ihn in die Einheit der gegenwärtigen Geschichte aufzunehmen, *als solche* auf immer unentzifferbar bleibt und auf das unzugängliche Geheimnis der Interiorität hinweist. Er brilliert in einem Salon, lacht und bringt die anderen zum Lachen und notiert in seinem Tagebuch: «Ich möchte sterben.» Er bringt andere zum Lachen, weil er sterben möchte, er möchte sterben, weil er andere zum Lachen bringt. So ist die Exteriorität – Kierkegaard als brillanter Plauderer – ohne Sinn, *es sei denn*, man erblickt darin die absichtsvolle Infragestellung jeglichen Handelns, das auf sein objektives Ergebnis beschränkt bleibt; *es sei denn*, der *Sinn* jeder Bekundung wäre eben die Unvollständigkeit, das Nicht-Sein, die Nicht-Bedeutung, und er zwänge diejenigen, die ihn entziffern wollten, sich auf seinen unerreichbaren Ursprung, die Interiorität, zurückzubegeben. Kierkegaard instituiert seine Wagnisse durch die Wahl, Ritter der Subjektivität zu werden.

Nach seinem Tod geht Sören in das Wissen ein, als Bürger, der in der ersten Hälfte des letzten Jahrhunderts in Dänemark lebte und geformt wurde durch eine bestimmte familiale Situation, die Ausdruck der allgemeinen historischen Bewegung war. Aber er geht ein in das Wissen als etwas Unverständliches, als etwas, das eine Erkenntnis ausschließt, als virulente Unvollständigkeit, die sich dem Begriff und folglich dem Tod entzieht. Damit sind wir wieder bei unserer Ausgangsfrage angelangt: Wir haben uns gefragt: Was hindert den verstorbenen Kierkegaard daran, Objekt der Erkenntnis zu werden? Die Antwort lautet: Er war solches auch zu Lebzeiten nicht. Kierkegaard offenbart uns, daß der Tod – den wir als die Verwandlung der Existenz in Wissen aufgefaßt haben – das Subjektive völlig *außer Kraft setzt*, es aber nicht verändert. Wenn Kierkegaard zunächst als eine Ansammlung von Erkenntnissen erscheinen mag, so deshalb, weil das *Gewußte* vom *Gelebten* nicht unmittelbar in Frage gestellt wird. Aber bald stellt sich das Wissen im scheinbaren Objekt, das dieser Tote für uns ist, radikal selbst in Frage. Es gibt seine eigenen Grenzen zu erkennen und macht sichtbar, daß das angezielte Objekt sich entzieht, da es sich niemals als autonome Bestimmung des Äußeren darstellen kann.

Das Paradox gewinnt auf dieser Ebene einen neuen Aspekt: Kann man über das Infragestellen des Wissens durch sich selbst noch hinausgehen? Kann man darüber hinausgehen angesichts des Lebenden, der Zeugnis von seinem Geheimnis ablegt? Kann man darüber hinausgehen, wenn dieser Lebende sich aufgehoben hat? Auf diese Fragen gibt Kierkegaard stets dieselbe Antwort: Die Regression des Bedeuteten zum Be-deutenden kann nicht Gegenstand irgendeiner Erkenntnis sein. Dennoch können wir das Bedeutende in seiner realen Gegenwart durch das *Verstehen* erfassen, wie er es nennt. Doch der Ritter der Subjektivität definiert das Verstehen nicht und macht daraus keine neue Handlung. Aber in seinem Werk *gibt* er sein Leben *zu verstehen*. Im Jahre 1964 begegnet es uns – in der Geschichte – wie ein *Aufruf zum Verstehen*.

Aber bleibt denn noch etwas übrig, was zu verstehen wäre, wenn der Tod Aufhebung ist? Auf diese Frage hat Kierkegaard mit der Theorie der «Zeitgenossenschaft» geantwortet; angesichts Sörens, des Toten, bleibt noch etwas übrig, was es zu verstehen gilt: wir selbst. Dem Paradoxon, das für uns durch diesen lebenden Toten verkörpert wird, ist Sören in der Gestalt Jesus begegnet, ausgehend von Adam. Und seine erste Antwort lautet, daß man versteht, was man wird. Adam verstehen heißt Adam werden. Und da man nicht Christus werden kann, so versteht man doch gewiß wenigstens seine dem Verstand verschlossene Botschaft ohne irgendeine zeitliche Vermittlung, indem man zu dem Menschen wird, an den diese Botschaft gerichtet ist – indem man Christ wird. Also ist Kierkegaard dann lebendig, wenn es uns gelingt, Kierkegaard zu werden, oder wenn umgekehrt dieser Tote sich weiterhin von den Lebenden instituieren läßt, indem er ihr Leben von ihnen borgt, sich in ihr Leben einnistet und seine Singularität von der unseren nährt. Oder in anderen Worten, er lebt fort, wenn er inmitten des Wissens, in jedem von uns, als derjenige erscheint, der unablässig das Nicht-Wissen aufzeigt, den dialektischen Übergang, an dem die Interiorisation zur Exteriorisation wird, in einem Wort: die Existenz.

Ihr könnt, sagt uns Kierkegaard, zu mir werden, weil ich Adam werden kann. Das subjektive Denken ist das reflexive Begreifen meines Seins als Ereignis, des Abenteuers, das ich bin und das mich notwendigerweise dazu führt, Adam zu werden, das wieder heißt in die Erbsünde einzutreten – eben in der Bewegung meiner Verzeitlichung. Die Sünde, das ist die Entscheidung. Jeder Mensch ist gleichzeitig er selbst und der neu begonnene Adam, insofern, als Kierkegaard gleichzeitig er selbst ist und sein Vater, der Gotteslästerer, dessen Lästerung er durch seine eigene Sünde auf sich nimmt. Die Singularität jeder Sünde besteht darin, daß sie innerhalb besonderer Gegebenheiten eine einzigartige Person instituiert, und gleichzeitig ist es *die* Sünde, insofern sie die Wahl der Endlichkeit und eine blasphemische Herausforderung an Gott darstellt. Folglich ist die Universalität der Sünde in der Singularität der Wahl enthalten. Durch sie wird jeder Mensch immer zum ganzen Menschen. Jeder läßt die Geschichte fortschreiten, indem er sie von neuem beginnt, und auch, weil in ihm im voraus die künftigen Neubeginne beschlossen sind. So gesehen kann Kierkegaard deshalb Adam werden, weil Adam schon im Grund seiner sündigen Existenz die Vorahnung eines künftigen Kierkegaard gewesen ist. Und ich kann Kierkegaard werden, weil Kierkegaard in seinem Sein schon eine Vorwegnahme von uns allen gewesen ist.

Wenn wir die Frage mit denselben Worten wieder aufgreifen, mit denen wir sie zuvor gestellt haben, tritt folgendes zutage: Kierkegaards Worte sind unsere Worte. In dem Maße, in dem sie, inmitten des Wissens, sich in Nicht-Wissen verwandeln und durch das Paradoxon vom Bedeuteten auf das Be-deutende zurückverwiesen werden, sind wir das Be-deutende, das durch sie regressiv enthüllt wird. Wenn ich Kierkegaard lese, so gehe ich bis zu mir selbst zurück, und wenn ich ihn begreifen will, so bin ich es selbst, den ich begreife; dieses nicht begriffliche Werk ist eine Aufforderung, mich selbst als Ursprung jeglichen Begriffs zu verstehen. So mündet das Wissen des Toten, indem es an seine eigenen Grenzen stößt, nicht in die Abwesenheit, sondern es führt zu Kierkegaard zurück. Ich selbst entdecke mich als irreduzibel Existierender, das heißt als Freiheit, die zu meiner Notwendigkeit geworden ist. Ich begreife, daß das Objekt des Wissens sein Sein *ist* in der Ruhe der Dauer, und gleichermaßen, daß ich Nicht-Objekt bin, da ich mein Sein sein muß. Mein Sein ist zwar eine verzeitlichende, also erlittene Wahl, aber im Wesen dieses Erlittenwerdens liegt es, *in Freiheit* erlitten zu werden, folglich seine Wahl fortsetzen zu müssen.

Kierkegaard ersteht wieder als mein Abenteuer, nicht in seiner einmaligen Bedeutung, sondern im Sinne meines Abenteurer-Seins, insofern ich das Ereignis sein muß, das mir von außen widerfährt. Insofern die Geschichte, universalisiert durch die Dinge, die das Siegel unseres Handelns tragen, durch jede neue Geburt des Menschen zum singularen Abenteuer wird und ihre Universalität in sich versenkt, kann Sören, der Tote, leben, da er im voraus ich war, der ich noch nicht war, und da ich ihn unter anderen historischen Bedingungen von neuem beginne. Und seltsamerweise wird diese wechselseitige Beziehung von Interiorität und Immanenz zwischen Kierkegaard und jedem von uns nicht in der Relativität der Umstände hergestellt, sondern genau auf der Ebene, auf der jeder ein unvergleichliches Absolutes ist. Die Worte sind es, die für uns die gemeinsame und jedesmal singulare Wirklichkeit manifestieren, umgedrehte Zeichen, Instrumente der indirekten Kommunikation, die mich auf mich zurückverweisen, weil sie einzig auf ihn verweisen.

Kierkegaard lebt, weil er, das Wissen ablehnend, die transhistorische Zeitgenossenschaft der Toten und der Lebenden aufdeckt, das heißt, er macht offenbar, daß jeder Mensch der ganze Mensch ist, insofern er singuläres Universales ist oder auch weil er, im Gegensatz zu Hegel, die Verzeitlichung als transhistorische Dimension der Geschichte begreift; die Menschheit verliert ihre Toten und erneuert sie absolut in ihren Lebenden. Er ist jedoch nicht ich, der ich Atheist bin und auch nicht ein solcher Christ, der ihm irgendwann seine negative Theologie vorwerfen wird. Ich möchte sagen, daß er zu Lebzeiten ein *einzigartiges* Subjekt war. Jetzt als Toter erhebt er sich nur dann wieder, wenn er zum *vielfachen Subjekt* wird, das heißt innere Verbindung unserer Singularitäten. Jeder von uns *ist* Sören als das Abenteuer. Und jede Interpretation, die die andern in Frage stellt, übernimmt sie gleichwohl als ihre negative Tiefe. Jede Interpretation wird umgekehrt von den anderen angefochten und trotzdem übernommen, in dem Maße, in dem sie, es ablehnend, darin eine vollständige Realität zu sehen oder ein die Realität betreffendes Wissen, dabei ihre Möglichkeit begreifen, indem sie sich auf die Möglichkeit Kierkegaards beziehen, mehrere Interpretationen zuzulassen: Schließlich sind Divergenz, Widerspruch und Doppeldeutigkeit gerade die bestimmte Qualifikation der Existenz. So ist die Tiefe Kierkegaards, seine Art, in mir ein *Anderer* zu bleiben, ohne deshalb weniger mein zu sein, der Andere von heute, mein realer Zeitgenosse, der ihm zugrunde liegt. Umgekehrt ist er aber auch in jedem von uns ein Verweis auf die Doppelsinnigkeit bei ihm und bei den anderen: Verständlich im Namen jeder Doppelsinnigkeit, ist er unsere Verbindung, unsere existentielle, vielfache und doppelsinnige Beziehung zu den existierenden Zeitgenossen als solchen, das heißt als gelebten Ambivalenzen. Er bleibt innerhalb der Geschichte als transhistorische Beziehung zwischen den Zeitgenossen, die in ihrer singularen Historialität begriffen werden. Er gibt sich und verweigert sich in jedem von uns, so wie zu seinen Lebzeiten; er ist mein Abenteuer und bleibt für die anderen Kierkegaard, der Andere, am Horizont, ein Zeuge für den Christen, daß der Glaube ein immer gefährdetes Werden ist, ein Zeuge für mich, daß das *Atheist-Werden* ein langwieriges und schwieriges Unterfangen ist, eine absolute Beziehung zu jenen beiden Unendlichen, dem Menschen und dem Universum.

Jedes Unterfangen, und sei es auch triumphal durchgeführt, bleibt immer ein *Scheitern* das heißt eine Unvollständigkeit, die zu ergänzen ist. Sie lebt, weil sie offen ist. Hier ist das Scheitern deutlich. Kierkegaard stellt die Historialität dar, aber er verfehlt die Geschichte. Gegen Hegel gerichtet, war er zu ausschließlich bestrebt, dem menschlichen Abenteuer seine instituierte Zufälligkeit wiederzugeben, und deshalb hat er die *Praxis* vernachlässigt, die Rationalität ist. Indem er vergaß, daß die Welt, von der wir wissen, die Welt ist, die wir erschaffen, hat er unvermittelt das *Wissen* entstellt. Die Verankerung ist etwas Zufälliges, aber die Möglichkeit und die rationale Bedeutung dieses Zufalles sind in allgemeinen Strukturen der Umschließung angelegt, auf denen er basiert und die selbst wiederum die Universalisierung singulärer Abenteuer sind, und zwar durch die Stofflichkeit, in der sie ihre Spuren eingraben.

Kierkegaard ist auch im Tode lebendig, da er die irreduzible Singularität jedes Menschen in bezug auf die Geschichte bejaht, die ihn dennoch unerbittlich prägt. Er ist tot inmitten des Lebens, das er durch uns weiter lebt, insofern er eine stumme Frage bleibt, ein offener Kreis, der von uns geschlossen werden will. Schon zu seiner Zeit oder bald darauf waren andere weiter als er, haben den vollendeten Kreis vor Augen geführt, wenn sie schrieben: «Die Menschen machen ihre eigene Geschichte, aber unter unmittelbar überlieferten Umständen.» In diesen Worten liegt ein Fortschritt gegenüber Kierkegaard, andererseits aber auch wieder nicht: Denn diese Zirkularität bleibt abstrakt und läuft Gefahr, die menschliche Singularität aus dem konkreten Universalen auszuschließen, solange sie nicht die Kierkegaardsche Immanenz in die historische Dialektik integriert. Kierkegaard und Marx: Diese toten Lebenden bestimmen unsere Verankerung, und als Entschwundene werden sie unsere Zukunft, unsere künftige Aufgabe: Wie soll man die Geschichte und das Transhistorische auffassen, um theoretisch und praktisch der transzendenten Notwendigkeit des historischen Prozesses und der freien Immanenz einer sich unaufhörlich erneuernden Geschichtswerdung ihre volle Wirklichkeit und ihre wechselseitige Beziehung der Interiorität wiederzugeben, kurz, um in jeder Konstellation die Singularität des Universalen und die Universalisierung des Singularen, die unauflöslich miteinander verknüpft sind, zu entdecken?

Der Sozialismus,
der aus der Kälte kam

Jene Stimmen erhoben sich zwischen 1966 und den ersten Monaten des Jahres 1968; eine zaghafte Dämmerung erhellte die slowakischen Karpaten, die mährische Tiefebene, die böhmischen Berge; nicht lange mehr, und wir würden jene Menschen im vollen Tageslicht sehen, die unseren Augen durch Wolken verborgen sind, seit wir sie im Austausch gegen zwölf Monate Frieden den Nazis ausgeliefert haben.

Es war nicht die Morgenröte, nicht die Lerche: Der Sozialismus ist in die lange Nacht seines Mittelalters zurückgesunken. Ich erinnere mich, daß meine Freunde in der Sowjetunion mir 1960 sagten: «Geduld, das braucht vielleicht seine Zeit, aber Sie werden sehen: Der Prozeß ist irreversibel»; seither habe ich manchmal das Gefühl, daß nichts irreversibel war – außer der fortgesetzten, starrsinnigen Selbsterniedrigung des Sowjetsozialismus. Es bleiben die Stimmen, die Stimmen der Tschechen und Slowaken, ein Chor erstickter Seufzer, noch warm und lebendig, dementiert, aber unwiderlegt. Man vernimmt sie nicht ohne Beklommenheit: Sie berichten uns von einer düsteren, grotesken Vergangenheit, von der sie meinen, daß sie für immer begraben sei – diese Vergangenheit ist wieder auferstanden und schickt sich an, die endlose Gegenwart der Tschechoslowakei zu werden; vorsichtig kündigten sie eine bessere Zukunft an, die indes wenig später ein Windstoß wie eine Kerze ausgeblasen hat; man möchte sie mit dem Licht bereits verloschener Sterne vergleichen, zumal sie, bevor das Land in das Schweigen zurückgestoßen wurde, Träger einer Botschaft waren, die nicht uns galt. Heute jedoch *müssen* wir sie anhören; ich versuche hier zu erklären, warum sie uns angehen.

Dreizehn Gespräche, vierzehn Zeugnisse oder, wenn man so will, vierzehn Bekenntnisse. Denn das Bekenntnis – wie Rousseau das Wort auffaßt – ist das genaue Gegenteil der Selbstkritik. Die Redenden – Romanciers, Dramatiker, Lyriker, Essayisten (sogar einen Philosophen findet man unter ihnen) – erscheinen gelassen bedächtig, selten heftig, oft ironisch; von dem revolutionären Zorn, der in ihnen brennt, lassen sie fast nichts durchblicken. Sie stellen weniger Behauptungen auf, als daß sie fragen – sich selber fragen. Davon abgesehen, unterscheiden sie sich in allem. Einige sind Söhne von Arbeitern, Bauern, Lehrern; Jiří Muchas Vater war Maler, der von Kundera Musiker; Václav Havel entstammt dem Großbürgertum der Vorkriegszeit. Die einen sind Tschechen, die anderen Mähren, wieder andere Slowaken. Novomeský, der älteste, war zweiundsechzig Jahre alt, als dieses Gespräch stattfand; der jüngste mit seinen zweiunddreißig Jahren könnte leicht sein Sohn sein. Novomeský hat die Geburt und den Zusammenbruch der ersten tschechoslowakischen Republik erlebt; in der Slowakei war er einer der drei Führer des Aufstandes; als Minister hat er nach dem Krieg dazu beigetragen, aus seinem Land das zu machen, was es geworden ist, was ihn, gleich vielen anderen, später nicht vor dem Gefängnis rettete. Zur Zeit des Münchner Abkommens war Havel zwei Jahre alt, und fünfzehn, als die Prozesse begannen. Zwischen diesen: Männer der mittleren Generation unterschiedlichen Alters. Drei Generationen, deren erste das Schicksal der dritten bestimmte und deren letzte sich gern zum Richter über die beiden anderen macht; die zweite, Opfer und Komplize in einem, wird von dieser wie von jener durch unleugbare Geistesverwandtschaft angezogen und ist doch zugleich durch genau bezeichnete Gegensätze von ihnen getrennt. Der Inhalt dieses Werkes: Intellektuelle blicken um sich, in sich selbst und fragen sich: «Was ist eigentlich geschehen?»

Ich fürchte, diese Worte werden mehr als einen Leser befremden: «Intellektuelle? Diese Kaste von Mandarinen hat nicht das Recht, im Namen des Volkes zu sprechen.» Nun, sie haben sich gehütet, das zu tun: Sie sprechen als Bürger der Tschechoslowakei zu ihren Mitbürgern. Keineswegs zu Ihnen. Und ihre eigentlichen Gesprächspartner scheinen sich weniger hochmütig gezeigt zu haben als Sie, da ja – wie Liehm sagt – die Kultur jahrelang die Aufgabe der Politik übernommen hat. Aus diesem Grunde kann man – trotz aller Divergenzen und Gegensätze – die quer durch die Nuancierungen der einzelnen, durch ihr Zögern und die Verschiedenheit ihrer Charaktere sich hinziehenden Verbindungslinien eines gemeinsamen Gesprächs über fünfundvierzig Jahre tschechoslowakischer Geschichte nachzeichnen. Es ist dieser Gesprächszusammenhang, so wie ich ihn beim Lesen gefunden zu haben glaube, den ich Ihnen hier vortragen möchte, bevor Sie sich den einzelnen Zeugnissen zuwenden.

«*Was ist geschehen?*»
Novomeský, der erste, der sich diese Frage stellt, kommt sogleich auf das Wesentliche: Das gegenwärtige Unglück der tschechoslowakischen Nation rührt daher, daß sie einen präfabrizierten, einen Sozialismus von der Stange übernommen hat. Er ist der Mann, der am besten über die Jahre unmittelbar nach dem Krieg berichten kann: 1945 dachte kein Mensch an die Restauration der ersten Republik. Sie war *vor* der Besetzung zusam-

mengebrochen; in München. Die Kapitulation von München – für diese zornigen jungen Männer waren daran nicht nur ihre Verbündeten schuld, sondern in erster Linie die eigene Bourgeoisie. Der Humanismus von Beneš war nur eine Gipsmaske, zu Staub zerfallen. Dahinter steckte kein menschliches Antlitz – und wäre es auch ein erbarmungsloses gewesen –, sondern ein Räderwerk. Der Beweis: Warum hatte sich das vereinte Volk im Jahr 1938 nicht gegen das deutsche Diktat erhoben? Das wäre vergeblich gewesen? Der Aufstand wäre in Blut ertränkt worden? Mag sein. Mag sein aber auch, daß der Aufstand die Alliierten zu einer Revision ihrer Politik gezwungen hätte. Jedenfalls wäre Widerstand besser gewesen als Passivität. Aber woran lag diese Passivität? Zweifellos an den Produktionsverhältnissen, das heißt an den bürgerlichen Institutionen: Durch die starke Industrialisierung des Landes entwickelten sich die Kräfte der «Vermassung», die die Arbeiterschaft aufsplitterten und der Tendenz nach jeden Arbeiter in eine Monade verwandelten. Die Herrschaft des Profits, die «dinglich» ist, zwang den Menschen die Zerstreuung und die Trägheit der Dinge auf. Als nach der Befreiung die Widerstandskämpfer an die Macht kamen, schworen sie sich, daß es nie wieder zu jener Gesellschaft der Ohnmacht kommen werde. Sozialismus, das bedeutete für sie zunächst: Sturz des Goldenen Kalbs, Integration aller in eine *menschliche* Gemeinschaft, ungeteilte Bürgerrechte für alle, für alle volles Mitbestimmungsrecht in der wirtschaftlichen, sozialen und politischen Leitung des Landes; diese nationale Einheit, die sich seinerzeit, als die Umstände sie so dringend geboten, nicht herstellen ließ, würde man nun im Feuer der Begeisterung erreichen, indem man das Schicksal aller in die Hände aller legte – was sich wiederum nur auf einer einzigen Grundlage verwirklichen ließ: derjenigen der Sozialisierung der Produktionsmittel.

Die Gründe, aus denen ein Volk sich für den Sozialismus entscheidet, sind nicht so wichtig: Wesentlich ist, daß es ihn mit seinen eigenen Händen aufbaut. Die Wahrheit, schreibt Hegel, ist ein Gewordenes, ist «wesentlich *Resultat*». Und das ist auch das Prinzip der Psychoanalyse: Es wäre nutzlos oder schädlich, wenn man – was auch unmöglich ist – die Geheimnisse des Patienten im voraus kennte und ihm enthüllte und ihm seine Wahrheit wie einen Knüppel auf den Kopf schlüge. Die richtige Methode ist, im Gegenteil, daß der Patient selbst sie sucht und durch seine Suche sich in der Weise ändert, daß er sie entdeckt, sobald er imstande ist, sie zu ertragen. Was hier für das Individuum gilt, gilt auch für die großen Kollektivbewegungen: Das Proletariat muß seine Emanzipation aus eigenen Kräften bewerkstelligen, es muß sich im täglichen Kampf seine eigenen Waffen und sein Klassenbewußtsein schmieden, so daß es die Macht übernimmt, wenn es in der Lage ist, sie auszuüben. Das war in der UdSSR nicht der Fall; gleichwohl wird man zum Sozialisten, indem man den Sozialismus macht – und zwar ebensosehr durch das Bemühen, die angestrebten Strukturen einzuführen und die alten (persönlichen und gesellschaftlichen) Strukturen zu zerschlagen, wie durch den Einsatz von Institutionen, welche die alten ersetzen. Das meinte Lenin, als er im Hinblick auf die schwankenden, noch von den Ideologien aus der Zeit der alten Herrschaft durchdrungenen und zum größten Teil analphabetischen Sowjetmenschen sagte: *Mit ihnen* und *durch sie* muß die neue Gesellschaft aufgebaut werden. Und genau das wollten auch die Revolutionäre in Böhmen, in der Slowakei: Sich selber ändern, indem sie die Welt veränderten; durch den geduldigen, zähen Aufbau *ihres* Sozialismus zu Sozialisten *werden*. Heute – das werden Sie hier selbst lesen – nennen manche von ihnen Jalta «ein zweites München». Damals waren sie voller Dankbarkeit gegen die UdSSR, die sie gerade befreit hatte; geblendet von deren Sieg, den sie für den Sieg einer befreiten Gesellschaft über eine kapitalistische Großmacht oder ganz einfach für den Sieg des Guten über das Böse hielten; und darum wünschten sie nichts so sehr, als im sowjetischen Einflußbereich zu verbleiben, dachten sie gar nicht daran, sich gegen die Führungsrolle des «großen Bruders» aufzulehnen. Alles, was sie wollten, war: von seiner Erfahrung und seinem Rat profitieren. Aber die eigentliche Arbeit wollten sie selber tun und dabei von ihren eigenen Problemen, ihrer besonderen Situation, ihren Ressourcen, ihrer Geschichte und ihrer Kultur ausgehen: Für dieses binationale, hochindustrialisierte, hundertmal überrannte und versklavte kleine Land gab es kein Modell, nach dem es sich hätte richten können. Wie – fünfzehn Jahre später – Kuba hätte es Irrtümer überwinden, Abweichungen korrigieren, Auswüchse beschneiden, kurz, seinen eigenen Weg finden müssen, um sich eines Tages in seinem eigenen Werk wiedererkennen zu können.

Man hat ihm diese Mühe erspart; von den beiden Großen hat jeder seinen Teil dazu beigetragen: Nach Jalta kam der Marshallplan. Die Folgen sind bekannt. 1948 übernahmen die Kommunisten die Macht, und der große Bruder machte dem kleinen Bruder seinen präfabrizierten Sozialismus zum Geschenk. Dieser Sozialismus war in der Sowjetunion schlecht und recht (mehr sehr schlecht als einigermaßen recht) zusammengezimmert worden. Immerhin stellte er in seinen Anfangsjahren eine Antwort auf die Probleme eines fast völlig agrarischen großen Landes dar, in dem die Industrialisierung noch kaum richtig begonnen hatte, das keine Bourgeoisie und, nach den Massakern des Bürgerkriegs, fast kaum noch ein Proletariat besaß und das durch die Blockade der kapitalistischen Mächte zur Autarkie – zur Opferung der Bauernklasse und zur Förderung der Produktion von Investitionsgütern also – gezwungen war. Da die nicht vorhandene Arbeiterklasse ihre Diktatur nicht ausüben konnte, sah die Partei sich gezwungen, an ihrer Stelle oder vielmehr an Stelle einer zukünftigen Arbeiterklasse die Diktatur des Proletariats auszuüben. Man kennt die außerordentliche demographische Umwälzung, die Mittel und Auswirkung der sozialistischen Akkumulation war. Zur Wiederherstellung des zweiten Sektors spannte man, wie überall, den ersten ein, doch vollzog sich dieser Umwandlungsprozeß derart schnell, daß die Partei sich die neue Arbeiterklasse aus den zur Industriearbeit rekrutierten Bauern zurechtmodeln mußte: Diese Mutanten besaßen keine der Traditionen des alten revolutionären Proletariats. Woher hätten sie sie auch nehmen sollen? Es galt, eine durch verschiedene Manipulationen beschleunigte Umschulung vorzunehmen: Angesichts der zähen Überreste der alten Ideologien, jener eingeschliffenen Gewohnheiten, die als naturwüchsig und spontan auftraten, ging es darum, eine zweite Natur zu schaffen, welche die erste vertilgte, indem man die Reflexe konditionierte, das Gedächtnis mit dem Schotter vulgärmarxistischer Grundsätze beschwerte und so dem Denken der Massen die gewünschten Eigenschaften der Unbeweglichkeit, der Schwere und der Trägheit einimpfte. Unter dem Druck der Umstände sah die Partei – weit entfernt, den Ausdruck des Bewußtseins der Arbeiter zu verkörpern – sich gezwungen, ein solches erst *hervorzubringen*. Als die einzige wirkliche Macht in diesem riesigen, gleichsam rückgratlosen Land sah sie ihre Pflicht darin, alle Macht zu sammeln und in sich zu vereinen. Statt durch kritische Unabhängigkeit zum Verfall des Staates beizutragen, stärkte sie diesen, indem sie sich mit ihm identifizierte, und wurde infolgedessen von der Sklerose des Bürokratismus angesteckt. Dieser gigantische Apparat, der in allen gewählten Körperschaften die Mehrheit besaß, war durch seine Allmacht halb paralysiert: In seiner Allgegenwart und Einsamkeit vermochte er nicht, *sich zu sehen*. All das war zunächst nur ein Mittel, um der dringendsten Angelegenheiten Herr zu werden, eine gefährliche (Lenin war sich dessen bewußt), aber provisorische und zweifellos korrigierbare Abweichung – bis zu dem Augenblick, wo die Bürokratie, die unvermeidlich aus der Anhäufung von Ämtern hervorgeht, zum endgültigen System wurde. Um dieses Rückgrat herum wurde nach und nach die sowjetische Gesellschaft aufgebaut, und im Laufe eines halben Jahrhundert wurde sie das, was sie heute ist. Die ganze Welt kennt diese Geschichte; zwecklos, hier zu fragen, ob die Dinge eine andere Wendung hätten nehmen können. Sicher ist: In der Sowjetunion haben sich die Produktionsverhältnisse unter dem Druck eines lebenswichtigen Bedürfnisses *etabliert*: produzieren um jeden Preis; zumindest kann man sagen, daß dieses Ziel sich einem fast völlig argrarischen Land, das die Produktionsmittel soeben sozialisiert hatte, *aufzwang*; die Elektrifizierung verschlang zwar riesige Summen, aber immerhin war sie ein Teilerfolg, weil sie dort und unter den dortigen Umständen notwendig war.

Die Tschechoslowakei hingegen hatte ihre erste Akkumulationsphase hinter sich und fühlte sich durch den Sozialismus gehemmt. Sie konnte die Entwicklung der Schwerindustrie nicht brauchen, da sie vor dem Krieg ihre Einnahmen aus prosperierenden weiterverarbeitenden Industrien bezogen hatte; was die Autarkie betrifft – diese Roßkur, welche die Sowjetunion sich in ihren Anfängen gezwungenermaßen selbst verordnete, zumal sie die Ressourcen zum Leben selbst aufbringen konnte –, so gab es für diese kleine Nation, die vom Außenhandel lebte (Konsumgüter exportierte und den größten Teil ihrer Investitionsgüter importierte), keinen Grund und, trotz ihres Reichtums an Bodenschätzen, auch keine Möglichkeit, damit Ernst zu machen: Ohnehin an den sozialistischen Block gebunden, genügte es, die Handelspartner zu wechseln.[1] Die Erweiterung der Produktion und ganz besonders die unsinnige Umstellung der vorrangigen Ziele mußten bald *zum Produzieren um des Produzierens willen* führen, während es doch im Gegenteil nötig gewesen wäre, die vorhandenen Industrien nach Maßgabe der Bedürfnisse des Volkes und der *berechtigten* Forderungen der neuen Abnehmer zu reorganisieren und vor allem eine Steigerung der Produktivität in Angriff zu nehmen. Die Gleichsetzung von Partei und Staat, diese «von ... fatalen Bedingungen aufgezwungene Taktik»[2], die vielleicht nötig gewesen war, um die demographischen Strömungen eines auf dem Wege zur Industrialisierung befindlichen Agrarlandes unter Kontrolle zu halten – welchen Sinn hatte sie für eine Nation von vierzehn Millionen Einwohnern, zum großen Teil ein Proletariat reinsten Wassers, das sich während der ersten Republik durch Kämpfe und Niederlagen, ja sogar durch seine eigene Ohnmacht ein unbestreitbares Klassenbewußtsein und starke Arbeiter-Traditionen erworben hatte? Die Tschechoslowakei hätte als erste Macht den Übergang von einer Wirtschaft im Stadium des fortgeschrittenen Kapitalismus zu einer sozialistischen Wirtschaftsform verwirklichen und eben dadurch dem Proletariat der westlichen Länder wenn nicht ein Modell, so zumindest einen realen Begriff seiner revolutionären Zukunft vor Augen führen können; nichts fehlte dazu, weder die Hilfsmittel noch die Menschen, und wenn irgendwo die Selbstverwaltung der Arbeiter möglich war, dann in Prag und Bratislava. Zu ihrem

---

[1] Was sie übrigens auch tat, indem sie Deutschland durch die Sowjetunion ersetzte – aber man kennt die Bedingungen, unter denen es geschah.
[2] Rosa Luxemburg, ‹Die russische Revolution›, Politische Schriften III (Ffm. 1968), S. 140.

Unglück konnten die Manipulateure in Moskau, die das Opfer ihrer eigenen Manipulationen waren, diesen Sozialismus noch nicht einmal begreifen; sie zwangen *das System* auf. Dieses importierte, ungeeignete Modell – ohne reale Grundlagen, aber von außen gestützt durch die aufmerksame Fürsorge des großen Bruders – war demnach Schablone, das heißt eine starre Gesamtheit von bedingungslosen, unbestreitbaren und unbestrittenen, unerklärbaren und unerklärten Forderungen. Die tschechoslowakischen Arbeiter hatten sich von der Herrschaft des Profits befreit, aber lediglich, um unter jene der fetischisierten Produktion zu geraten. Ein Keil treibt den andern: Die «Herrschaft der DINGE», die in der alten Republik bestand, wurde zerstört und durch die «Herrschaft anderer DINGE» ersetzt, die alte Entfremdung gegen eine neue Entfremdung eingetauscht. Seit die schwere Maschine in Gang gesetzt wurde, hat sie auf ihrem Lauf – langsam zunächst, dann immer schneller – alle vorhandenen Strukturen zerrüttet und das Land verwüstet.

Gewiß, von diesem aufgezwungenen Sozialismus läßt sich sagen, daß der von Tschechen und Slowaken (oder vielmehr: durch sie) bewerkstelligt wurde. Das Üble daran ist, daß er sie nicht sozialisierte; damit wir uns recht verstehen: Die Männer von 1945 waren überzeugte Revolutionäre, und die meisten von ihnen sind es geblieben, aber das System verwehrte ihnen, die Erfahrung des sozialistischen Aufbaus selbst zu machen. Um sie zu ändern, hätte man sie nehmen müssen, wie sie waren; das System nahm sie für andere, als sie waren. Statt sich als unabgeschlossene problematische Aufgabe einzuführen, die zugleich nach einer rationalen Veränderung der Strukturen und nach einer fortgesetzten Umwälzung der Ideen, nach der wechselseitigen und dialektischen Durchdringung von Theorie und Praxis verlangt, gab das System sich sofort mit unglaublicher Anmaßung für ein gnädiges Geschenk der Vorsehung, für einen Sozialismus ohne Tränen aus. Mit anderen Worten: für einen Sozialismus ohne Revolution, dem nicht der geringste Zweifel anhaftete: Die Aufgaben waren gestellt, man brauchte sie nur zu erfüllen; die Erkenntnisse lagen vor, man konnte sich damit begnügen, sie auswendig zu lernen. Unter solchen Umständen darf es nicht verwundern, wenn die Männer der ersten Generation, die sich vor dem Krieg für die KPČ geschlagen und während der Besetzung dem Widerstand angehört hatten, nach 1956 – wie Novomeský es ausdrückt – zu ihrer Option von 1920 zurückkehrten: Da sie nichts ausrichten konnten, haben sie sich in nichts geändert; vom Schotter der Parolen überlagert, haben sich die alten Erinnerungen und die Jugendhoffnungen dennoch rein erhalten, zumal sie für viele eine stumme Zuflucht vor der offiziellen Sprachregelung waren. Der Makel solcher Erinnerungen, wie frisch sie ihren Besitzern auch erscheinen mögen, ist, daß sie nach Schimmel riechen: Was für eine verrückte Idee, zu leben, als ob man zwanzig wäre, wenn man sechzig ist. Aus demselben Grund blieb auch der alte kollektive Fundus der Gesellschaft unberührt bestehen. Unsere vierzehn Zeugen sprechen da eine beredte Sprache: Die Familie, die Kirchen, die lokalen und nationalen Traditionen, geistige Strömungen, Ideologien. Die ganze Hinterlassenschaft – die durch einen entstehenden Sozialismus überholt und verändert worden wäre – hielt sich unter der etablierten Ordnung aufrecht oder verstärkte sich. In Brünn deutet Jan Skácel auf den zunehmenden Einfluß des Katholizismus hin, andere berichten, daß sich die seit eh und je ein wenig gespannten Beziehungen zwischen Böhmen und der Slowakei – weit davon entfernt, besser zu werden, wie es vielleicht innerhalb eines gemeinsamen großen Unternehmens möglich gewesen wäre – unaufhaltsam verschlechtern. Aber wenn auch die alten Sitten, unter dem Mantel der Heimlichkeit halb versteckt, ihre Virulenz behalten haben, so muß man daraus nicht gleich schließen, daß die menschlichen Beziehungen sich durch das neue Regime nicht geändert hätten: Von 1948 bis 1956 haben sie sich täglich verschlechtert. Falsche Produktionsverhältnisse haben zu einer falschen Wirtschaft und zur Verdinglichung der Macht geführt.

Stellen wir zunächst als Tatsache fest, daß das System im gleichen Augenblick, in dem es die Bürger zu einem gemeinsamen Werk aufrief, sie von der eigentlichen Teilnahme an diesem nationalen Unternehmen ausschloß. Ich will hier noch nicht einmal von der Arbeiterselbstverwaltung oder von einer durch ordnungsgemäß gewählte Körperschaften ausgeübten Kontrollfunktion sprechen: Das System, man hat es erlebt, ist allergisch gegen solche Linksabweichungen. Ich denke an jene unvermeidbare Begleiterscheinung des importierten Sozialismus: Die schwindelerregende, radikale Entpolitisierung eines Landes, das durch Okkupation und Widerstandsbewegung gründlich politisiert worden war. In diesem Punkt sind sich alle unsere Zeugen einig. Die «DINGE» konnten natürlich nicht ohne die Menschen in Gang kommen, sie zogen DING-Menschen an sich, Starrköpfe, die sie in Köpfe aus Stein verwandelten; aus diesen wurden die Besessenen der Macht, hierarchische Bürokraten, von denen jeder im Namen eines anderen, seines Vorgesetzten, befahl, dieser andere im Namen wieder eines anderen und der Höchste im Namen der «DINGE», der «Sache selbst». Diese ist im wesentlichen unfähig, sich anzupassen oder Fortschritte zu machen. Der geringste Wechsel kann ihr das Genick brechen; sie hat also keinerlei Bedürfnis, ihre Kader zu erneuern, oder vielmehr: Sie hat das Bedürfnis, sie nicht zu erneuern; wenn ein Bürokrat verschwindet, wird er durch einen anderen ersetzt, der ihm wie ein Bruder gleicht und kaum jünger ist als er. Das «System» ist konservativ, und es konserviert zunächst sich selbst, es hat kein anderes Ziel, als in seiner Existenz zu beharren; deshalb ist es bestrebt, eine Greisenherrschaft einzuführen, denn Greise sind im allgemeinen konservativ. Folglich bemüht sich die «erste Generation» – die das System einführte –, die zweite von allen Schlüsselpositionen fernzuhalten. «Wir waren», sagt ein etwa vierzigjähriger Zeuge, «ewige Kronprinzen.» Und Kundera: «Durch meine Generation geht ein tiefer Riß: Einige haben die Emigration gewählt, andere das Schweigen; es gibt Leute, die sich angepaßt haben, und schließlich jene (zu denen ich gehöre), die sich auf eine gewissermaßen legale und konstruktive Opposition verlegt haben. Indessen besaß keine dieser Haltungen genug Würde ... Die Emigranten sollten schlagartig verstummen; die innere Emigration siechte in Einsamkeit und Ohnmacht dahin; die Opposition, wenn sie zu publizieren fortfuhr, sah sich unrettbar der Inkonsequenz und dem Kompromiß verfallen; und jene, die nachgegeben haben, sind so gut wie tot ... Wenn niemand in der Lage ist, mit sich zufrieden zu sein, dann eint das in der Verbitterung über ein und dieselbe Erfahrung eine ganze Generation ..., die selbst dann nicht mehr das Bedürfnis hat, sich zu verteidigen, wenn die heutige Jugend sie angreift.» Ohnmächtig und kompromittiert, durch die Alten von den öffentlichen Angelegenheiten ferngehalten, von den Jungen angegriffen, weil sie trotzdem noch zuviel Anteil genommen habe – das ist die zweite Generation, die Männer der «mittleren Jahre». Trotzdem verhalten sie sich gegenüber den Älteren, nachdem sie deren totales und unehrenhaftes Versagen festgestellt haben, selten wirklich streng und fügen zuweilen mitleidig und nicht ohne liebevolle Nachsicht hinzu: «Sie hatten so wenig Gelegenheit zum Handeln, worum immer es auch ging.» Was die aggressive Jugend betrifft, von der sie ab und zu – viel seltener, als sie behaupten – Vorwürfe zu hören bekommen, so haben sie Angst vor ihr und um sie: Sie ist, erklären sie, skeptisch und zynisch, weil sie das Gefühl hat, absolut nichts tun zu können. Für diese Jugend, die in Unwissenheit aufwuchs, zur Zeit des Verfalls der Bildung erzogen wurde, fürchten sie ein schlimmeres Schicksal als das ihre: Sie wird die erste Republik vermissen, weil sie deren Verrottung nicht gekannt hat, und dann wird sie Schritt für Schritt in das Regime eingegliedert werden und – weil man ja leben muß – in ihm fortleben, ohne an es zu glauben. Das zumindest war es, was sie, die Erwachsenen, für die Jungen vor dem Winter 1967/68 voraussahen. In einem Punkt hatten sie recht: Diese dritte Generation lehnte schaudernd und mit Abscheu den präfabrizierten Sozialismus ab, den man ihr als ihr Schicksal andiente. Eine Ablehnung ohne Tragweite, denn bis 1967 hatte diese Generation keine besondere Aufmerksamkeit erregt. Aber was die «mittleren Jahrgänge» nicht verstanden haben – außer vielleicht Jan Skácel –, ist, daß eines Tages ein erster Schritt, irgendeine Möglichkeit zu einer gemeinsamen Aktion genügen würde, um diesen Zynismus der Ohnmacht in einen revolutionären Anspruch und diese «absurdistische» Jugend vor aller Augen in die Generation von Jan Palach zu verwandeln. Für sie hatte wahrhaftig der Prozeß der Versteinerung des Menschen noch kaum begonnen.

Über das Wesen dieses Prozesses geben Kosík und Kundera wertvolle Auskünfte, die um so aufschlußreicher sind, als sie von verschiedenen Gesichtspunkten aus getroffen werden. Wesentlich ist, daß durch Vermittlung ihrer Gehilfen die «DINGE» den Menschen dachten und ihn dabei, wie sich von selbst versteht, als ein Ding begriffen. Nicht als Subjekt der Geschichte, sondern notwendigerweise als deren Objekt. Blind und taub für die eigentlichen menschlichen Dimensionen, reduzierten sie ihn auf ein mechanisches System, und zwar nicht bloß in der Theorie, sondern ebenso in der alltäglichen Praxis. «Es handelt sich hier nicht», sagt Kosík, «um eine bewußt definierte Idee des Menschen, sondern sozusagen um eine Puppe, wie sie einerseits dem Regime als Voraussetzung dient und andererseits auf der Ebene der Massen von diesem geformt wird, weil es gerade solche Bürger braucht.» Was den *homo buerocraticus* betrifft, so ist er geradezu ein Ensemble negativer Eigenschaften. Er lacht nicht: «Die Verantwortlichen hielten das Lachen in ihrer Stellung für unpassend.» Sie hatten es so gut wie verlernt. Und wenn jemand sich entgegen seiner aufgepfropften Natur einen Heiterkeitsausbruch erlaubte, riskierte er viel und kompromittierte seine Umgebung, wie das Mißgeschick der leichtsinnigen jungen Leute bewies, von denen Liehm erzählt. Diese glaubten, sich ungestraft über Nezval mokieren zu dürfen. Dies ist, wie ich glaube, die groteske Episode, die Kunderas Roman ‹Der Scherz› zugrunde liegt. *Es ist verboten, Lust zum Lachen zu spüren.* Ein einleuchtender Imperativ, der sich mit zwingender Konsequenz aus den Prämissen ergibt: Das Lachen protestiert; wenn aber die Revolution konserviert, ist jenes demnach konterrevolutionär. Der «offizielle Mensch», um mit Kosík zu sprechen, stirbt auch nicht, «denn die Ideologie erkennt den Tod nicht an». Das hat seinen Grund: Ein Roboter lebt nicht, also kann er nicht sterben. Wenn er kaputtgeht, repariert man ihn oder wirft ihn zum alten Eisen. «In gewisser Weise», fährt Kosík fort, «hat er keinen Körper.» Versteht sich: Das System hat Räder, Transmissionsriemen, aber keine Organe, und diejenigen, die für das System und in seinem Interesse denken, haben keine Augen für die Organismen, jene antibürokratischen Integrationseinheiten, die sich womöglich, wenn man ihnen zuviel Aufmerksamkeit schenkt, für den Endzweck halten könnten. Der tschechische Philosoph fährt fort, der *homo buerocraticus* kenne «weder das Groteske noch das Tragische, noch das Absurde», weil diese existentiellen Kategorien keine nachweisbare

Beziehung zur Produktion und folglich keine Realität haben: Das sind nebelhafte Phantasien, die sich aus den Träumereien westlicher Bourgeoisien speisen. Um zum Schluß zu kommen: «Er hat kein Bewußtsein und braucht auch keins.» Was, zum Teufel, würde er damit anfangen: Die Wege sind vorgezeichnet, die Aufgaben vorgeschrieben, man konditioniert mit den erprobten Methoden seine Reflexe mitsamt diesem Gehirnreflex, den man unpassenderweise das Denken nennt. Dieses wundersame Ding, selbst äußerlich und von äußeren Kräften in Gang gesetzt, zeigt sich in einzigartiger Weise von Pawlowschen Mechanismen beherrscht: Er ist hervorragend manipulierbar und steht jedem Wink zu Gebote. «Die Menschen», sagt Kosík, «werden ja nicht als Streber, Bornierte, mit Scheuklappen Versehene geboren, nicht als Rebellen gegen die Reflexion und jederzeit bereit, sich demoralisieren zu lassen. Es ist das System, das sie so verlangt und sie sich so formt, denn es kann ohne sie nicht funktionieren.»

Die Menschen des Systems, diese Produkte der fetischisierten Produktion, sind *ihrem Wesen nach* verdächtig; und zwar in doppelter Hinsicht: Weil sie verdinglicht sind und weil sie es gleichzeitig doch nie ganz sind. Als Roboter sind sie manipulierbar, also potentielle Verräter. Wenn das Regime ihre Kontrollhebel zu finden weiß, warum sollten die Agenten des Auslands sie nicht auch entdecken können? Und wie kann man je wissen, wer die Drähte der Marionette zieht? Aber in dem Maß, wie die Versteinerung nicht vollständig gelungen ist – und sie ist es nie, denn diese versteinerten Zweifüßler sind Menschen, die ihre Versteinerung als Menschen erleben –, ist allein schon ihre Existenz eine Gefahr für das Regime: Lachen, Weinen, Sterben, sogar Niesen sind Zeugnisse einer äußerlichen Spontaneität und vielleicht bürgerlichen Ursprungs. *Leben* heißt, alles in allem, in Frage stellen – wenn nicht de facto, so zumindest de jure. Also: überwachen, auf alles ein Auge haben! Aus diesem doppelten Mißtrauen zieht das Regime doppelten Nutzen: Zunächst einmal – da es nur sich selber zum Zweck hat und, als Opfer seiner unbeschränkten Macht, mangels Kontrolle und Vermittlung weder sich selbst erkennen noch sich vorstellen kann, daß es kritisiert werden könnte – setzt es prinzipiell voraus, daß man den Menschen weniger als den Institutionen trauen darf; es paßt ihm also ganz gut in den Kram, daß bei diesen Maschinen-Lebewesen das Leben bisweilen hinter der Maschine auftaucht. Das Leben, das ist das Böse schlechthin, das nicht zu beseitigende Überbleibsel aus einer Abfolge von korrupten Jahrtausenden; eine Kritik deckt nie einen Fehler im System auf, sondern immer nur die abgrundtiefe Verderbtheit des Kritikers, die den ganzen Menschen früher oder später – zumindest im Geist – zur Sünde wider den Aufbau des Sozialismus führt. Doch vor allem hat das Prinzip der permanenten Bedrohung des *homo buerocraticus* durch seine eigene Verderbtheit zwei unleugbare Vorteile: Es legitimiert die Anwendung machiavellistischer Praktiken: Kaufen oder Terrorisieren; es erlaubt der «Sache», wenn nötig, sogar ihre Minister zu liquidieren: Wenn die Maschine stockt oder knirscht, schafft sie lieber einige Verantwortliche beiseite, als daß sie eine Reparatur vornimmt, die ohnehin zwecklos wäre. Diese leitenden Männer sind vom Feind gekaufte Verräter: Der Motor lief ruhig, seine unerklärlichen Fehlzündungen kamen ganz einfach daher, daß Sabotage versucht worden war. Kurz, die «Sache» ist wohl genötigt, Menschen zu benutzen, aber sie mißtraut ihnen, sie verachtet und haßt sie: ganz wie der Herr seine Sklaven oder der Chef seine Arbeiter; Mißtrauen, Haß und Verachtung – sie wird nicht eher ruhen, als bis diese schönen Gefühle die Beziehungen der Menschen untereinander und eines jeden zu sich selbst bestimmen.

Bleibt abzuwarten, ob es ihr gelingt. Unsere Zeugen meinen, daran sei nicht zu zweifeln. Wenigstens in gewissen Fällen und bis zu einem gewissen Punkt. Und wer findet sich dazu bereit? Die Käuflichen, die Feiglinge, die Streber? Im Gegenteil, die Besten: Die ehrlichsten, aufopferndsten, gewissenhaftesten Kommunisten. Kundera gibt uns den Grund dafür an. Das mechanistische Menschenbild ist nicht, wie Kosík zu glauben scheint, der Ursprung des bürokratischen Sozialismus, es ist dessen Produkt und, wenn man will, dessen Ideologie. Die Revolution von 1917 trug unbegrenzte Hoffnungen in sich, der marxistische Optimismus stand hier neben alten achtundvierziger Träumen, romantischen Idealen, einem Babeufschen Egalitarismus, Utopien christlichen Ursprungs. Als der «wissenschaftliche Sozialismus» sich durchsetzte, hütete er sich davor, diesen humanistischen Trödel verschwinden zu lassen. Er gab sich als Erbe und Verwirklicher dieser idealistischen, aber umfassenden Ambitionen aus: Es handele sich darum, die Arbeiter von ihren Ketten zu befreien, der Ausbeutung ein Ende zu setzen, die Diktatur des Profits, in der die Menschen die Produkte ihrer Produkte sind, durch die freie, klassenlose Gesellschaft zu ersetzen, in der sie ihr eigenes Produkt sind. Nachdem die Partei nach der Bürokratisierung sich mit dem Staat identifiziert hatte, wurden diese Prinzipien, diese Ideale, diese großen Ziele nicht etwa ausgemerzt – im Gegenteil: Gerade zu der Zeit, als viele Moskauer es sich zur Gewohnheit gemacht hatten, erst im Morgengrauen schlafen zu gehen, nachdem sie sich überzeugt hatten, daß der Milchmann schon vorüber war, führten sie die Parolen der Wortführer der Macht unausgesetzt im Munde. Gewiß, das bürokratische System hatte seit langem seine eigene Ideologie hervorgebracht. Doch gewann diese niemals eine explizite Form; in den Handlungen war sie überall gegenwärtig, aber in den offiziellen Reden ließ man sie nur auf dem Umweg über einen Satz, eine flüchtige Wendung erahnen: Man maskierte sie durch anderes, durch die *ad usum populi* verkündete Ideologie, einen vagen, humanistischen Marxismus: Das richtete die jungen Slowaken und Tschechen zugrunde. 1945 gingen sie, durch Worte aufgepeitscht, in die Falle. Ist es nicht auffallend, daß Vaculík, einer der unversöhnlichsten Ankläger des Systems, mit zwanzig Jahren begeistert in die Partei eintrat, nachdem er Stalins Broschüre ‹Über dialektischen und historischen Materialismus› gelesen hatte? Dies ist auch der Grund, warum Kundera erklärt – ohne damit einen Vergleich zwischen der deutschen und der sowjetischen Gesellschaft aufstellen zu wollen –, daß der Hitlerismus in einem Punkt weit weniger gefährlich war als das, was er den Stalinismus nennt. Bei ersterem wußte man wenigstens, woran man war: Er sprach eine laute und deutliche Sprache, selten ist eine manichäistische Weltanschauung ausführlicher begründet worden. Der Stalinismus indes war etwas ganz anderes; in ihm ging man unter. Hier gab es zwei Ideologien, zwei Arten von Vernunft, die eine dialektisch, die andere mechanistisch; dauernd wurde das herausfordernde Wort Gorkis wiederholt: «Der Mensch, das klingt stolz!», während die Funktionäre beschlossen, Menschen – die von Natur schwach und sündig sind – durch Verwaltungsakte ins Gefängnis zu schicken. Wie sollte man sich da zurechtfinden? Die sozialistische Idee schien ein Wahn geworden zu sein. Sie war es nicht, aber die Handlanger der «Sache» verlangten – ohne Zynismus, versteht sich – von ihren Mitbürgern und von sich selbst, das System im Namen des sozialistischen Humanismus zu akzeptieren; sie stellten, vielleicht in gutem Glauben, den Menschen der Zukunft als endgültigen Abschluß eines kühnen und erhabenen Unternehmens dar, in dessen Namen sein Ahn, der Mensch der Gegenwart, gehalten war, sich wie ein Ding *und* wie ein Schuldiger behandeln zu lassen und sich selbst so zu behandeln. Es war nicht ganz allein ihre Schuld; ihr Hirn litt an einer Krankheit, die gewöhnlich in der Blase lokalisiert ist: Es hatte Steine. Für all jene indes, die sich getreu den Prinzipien des Sozialismus mit Medusenaugen zu betrachten suchten, ergab sich daraus eine allgemeine Verzerrung des Denkens. So sind die offenkundigen Widersprüche zu erklären, die Kundera bitter aufzählt: «In der Kunst war der Realismus die offizielle Doktrin. Doch war es verboten, von der Wirklichkeit zu sprechen. Mit der Jugend wurde ein öffentlicher Kult getrieben, aber man betrog uns um die unsere. In diesen erbarmungslosen Zeiten zeigte man auf der Leinwand nur die schüchternen Annäherungsversuche zarter, befangener Liebender. Man verlangte von uns, daß wir überall unserer Freude Ausdruck gäben, dennoch drohten uns bei dem geringsten Freudenausbruch strenge Sanktionen.» Vielleicht hätte er diese Situation noch besser getroffen, wenn er geschrieben hätte: *Im Namen des Realismus* verbot man uns, die Wirklichkeit zu schildern; *im Namen des Kults der Jugend* hinderte man uns, jung zu sein; *im Namen der sozialistischen Freude* unterdrückte man die Fröhlichkeit. Und das Schlimme war, daß dieser plumpe Trick unter den Betroffenen Komplizen fand. Solange sie noch an den bürokratischen Sozialismus glaubten – ihn wenigstens für den mühsamen, undankbaren Weg hielten, der zum wahren Sozialismus führt –, haben diese Menschen ihre lebendige dialektische Vernunft dazu benutzt, die Herrschaft der versteinerten Vernunft zu rechtfertigen, was sie zwangsläufig dazu führte, die von dieser gegen sie selber ausgesprochene Verurteilung zu bestätigen. Durch die Propaganda überzeugt, daß, wie Mirabeau sagt, «der Weg vom Guten zum Bösen schlimmer als das Böse ist», fanden sie sich zunächst mit dem Bösen ab, weil sie darin das einzige Mittel sahen, zum Guten zu gelangen; und dann sahen sie darin – getrieben von dem, was einer von ihnen den «Dämon des Einverständnisses» genannt hat – das Gute selbst und entdeckten das Böse in ihrem eigenen Widerstand gegen die Versteinerung. Der Zement drang durch Augen und Ohren in sie ein, und sie betrachteten die Proteste ihres gesunden Menschenverstandes als die Überreste einer bürgerlichen Ideologie, die sie vom Volkskörper abschnitt. Alle Zeugen in den Vierzigern stellen hier fest: Sie verspürten das Bedürfnis, jeder kritischen Regung von vornherein zu mißtrauen aus Furcht, es könne sich darin eine Wiederauferstehung des Individualismus verraten. Sie berichten, mit welchem Eifer sie das geringste Befremden, jedes unvermutete Mißbehagen in den dunkelsten Winkel ihres Gedächtnisses verbannten, wie sie sich bemühten, alles zu übersehen, woran sie hätten Anstoß nehmen können. Die Gefahr war tatsächlich groß: Ein einziger Zweifel hätte genügt, um das ganze System in Frage zu stellen; und dann – dessen waren sie sicher – hätte ihr Widerspruch sie in den Zustand schmachvoller Vereinsamung versetzt. In der ersten Republik geboren, trugen sie den unauslöschlichen Stempel einer Kultur, deren sie sich um jeden Preis entledigen mußten, wenn sie sich im Einverständnis mit den Massen befinden wollten. Was immer die «Sache» sagte, galt als Ausdruck des Denkens der Arbeiterklasse, und das konnte nicht anders sein, denn schließlich übte die «Sache» die Diktatur im Namen des Proletariats aus, sie war die Verkörperung des proletarischen Bewußtseins. Niemand bedachte die Aussagen der «Sache» wirklich, denn sie waren das eigentlich Undenkbare. Indes nahm sie damals jeder für den verbrieften Ausdruck des objektiven Geistes hin, man lernte sie auswendig in der Erwartung, sie einmal zu verstehen, und man richtete den geheimnisvollen Ikonen ein kleines Heiligtum in seinem Innern ein. Alle – Arbeiter, Bauern, Intellektuelle – wußten nicht, daß sie das Opfer einer Entfremdung und einer neuen Atomisierung waren; alle wollten, da sie sich des

Subjektivismus für schuldig hielten, ihre monadische Isolierung durchbrechen und wieder zu der leidenschaftlichen Aktionsgemeinschaft von Revolutionären und Partisanen zurückzufinden, in der jeder jedem nicht als der andere, sondern als sein eigenes *Selbst* begegnete, und keiner wagte zu bemerken, daß alles, was man ihm anriet, um sich seiner verdächtigen Anomalie zu entäußern, darauf hinauslief, sich selbst zu verleugnen, sich anders zu machen, als man selbst war, und darum mit den anderen nur insofern übereinzustimmen, als jeder von ihnen gleichfalls versuchte, *sich anders zu machen, als er war*. Diese konfektionierten Menschen verkehrten untereinander nur durch die Vermittlung des dem Menschen entgegengesetzten anderen. Infolgedessen stürzten sie bei ihren Anstrengungen, der Einsamkeit zu entgehen, in eine noch tiefere Einsamkeit, mißtrauten sie einander gerade in dem Maß, wie jeder sich selbst mißtraute. Liehm hat hier die äußerste, hysterische Versuchung, die logische Konsequenz des gesamten Prozesses, treffend geschildert: Niederzuknien, um zu glauben, und – *credo quia absurdum* – die Einsicht durch den Glauben zu ersetzen. Was wiederum belegt, daß unter der Herrschaft der fetischisierten Produktion der reale Mensch in seiner gewöhnlichen, alltäglichen Existenz sich als ein Hindernis für den Aufbau des Sozialismus vorkommt und daß er die Schuld, überhaupt zu leben, nur dadurch tilgen kann, daß er sich als Mensch völlig auslöscht.

Es handelt sich da natürlich um eine äußerste Konsequenz: Für viele Arbeiter lief das Ganze vor allem auf eine wachsende Gleichgültigkeit gegenüber den öffentlichen Angelegenheiten, auf ein Leben in Dunkel und Dumpfheit hinaus. Als Ersatz bewilligte man ihnen eine feste Anstellung: Alle waren Funktionäre. Die Intellektuellen dagegen waren in großer Zahl Fanatiker der Selbstzerstörung. Man muß allerdings gestehen, daß dies zu ihren Gewohnheiten gehört: In den bürgerlichen wie in den Volksdemokratien tun diese Spezialisten des Universalen sich oft schwer mit ihren Absonderlichkeiten. Doch ist, wie Kundera bemerkt, ihr Masochismus im Westen völlig harmlos: Niemand beachtet ihn. In den sozialistischen Ländern dagegen betrachtet man sie mit schiefen Blicken, und die Macht ist stets bereit, ihnen bei der Selbstzerstörung zur Hand zu gehen. In der Tschechoslowakei beeilten sich die Intellektuellen, sich beim geringsten Vorwurf schuldig zu bekennen, und benutzten ihren Verstand nur dazu, die absurde Anklage so zu verdichten, daß sie akzeptabel wurde, und sich dann selbst dahin zu bringen, daß sie sie annahmen. In der Partei übrigens bearbeiteten sich die verantwortlichsten Leute – die bei weitem nicht alle Intellektuelle waren – in der gleichen Weise: aus Linientreue. Nur in diesem Licht kann man die Geständnisse während der Prozesse der fünfziger Jahre überhaupt begreifen. Sie hätten nicht abgelegt werden können, wenn nicht der Prozeß der Selbstzerstörung auf die Spitze getrieben worden wäre: Es ging nun nicht mehr darum, die Beschuldigungen stillschweigend so zu formulieren, daß ihnen einige Wahrscheinlichkeit zukam, sondern die «Referenten» hatten den Auftrag, das kritische Vermögen der Angeklagten durch Drohungen, Schläge, erzwungene Schlaflosigkeit und andere technische Kniffe so zu betäuben, daß sie von der Anklage gerade das, was an ihr *unannehmbar* war, akzeptierten. Und wenn es kaum Fälle gibt, wo dies mißlang, so liegt das daran, daß der tschechoslowakische Mensch seit langem auf das Geständnis vorbereitet war: Seinem Wesen nach den Herrschenden, seinen Mitmenschen und sich selbst verdächtig; ein Einzelgänger schon allein auf Grund seiner monadischen Existenzweise, die er gleichwohl nicht wahrhaben wollte; im besten Falle ein virtuell Schuldiger, im schlimmsten ein Krimineller, doch ohne in das Geheimnis seines Verbrechens eingeweiht zu sein, und trotz allem der Partei ergeben, die ihn vernichtete – in dieser Lage mußte ihm das Geständnis, vorausgesetzt, daß es ihm aufgezwungen wurde, als der einzige Ausweg aus seinem unerträglichen Elend erscheinen. Selbst wenn er die innere Gewißheit behielt, die ihm angelasteten Verbrechen nicht begangen zu haben, würde er sie aus dem Trieb zur Selbstzüchtigung eingestehen. Ganz so wie zum Beispiel Menschen, die von Phobien und Schuldgefühlen gepeinigt werden, deren Ursprung sie nicht kennen, einen Diebstahl begehen, um verhaftet zu werden und im Gefängnis endlich Ruhe zu finden: Indem die Gesellschaft sie wegen einer geringfügigen Tat verurteilt, bestraft sie in Wirklichkeit ihr Grundübel, und sie haben gebüßt. Mehr noch: Goldstücker erzählt hier, daß er nach seiner Befreiung das Werk eines Analytikers las, der im Geständnis eine «Identifikation mit dem Aggressor» sieht; er meint dazu, daß seiner eigenen Erfahrung nach diese Auslegung der Wahrheit sehr nahe kommt. Der Aggressor, das ist die Partei – sein Lebensinhalt –, die ihn ausschließt und sich vor ihm wie eine unübersteigbare Mauer erhebt, die ihm bei jedem Leugnen durch einen Polizisten antworten läßt: «Es gibt nur eine Wahrheit: die unsere.» Wenn die «Wahrheit» einem als Chinesische Mauer gegenübersteht, was nützt es da noch, ihr brüchige, subjektive Beteuerungen («Ich war an jenem Tag nicht in Prag, ich habe Slanský nie gesehen») entgegenzuhalten? Besser ist, daß sich der Unglückliche heimlich wieder den Standpunkt der Partei zu eigen macht und sich mit ihr und den Bullen, die sie repräsentieren, identifiziert, indem er den Haß und die Verachtung teilt, die diese ihm in *ihrem* Namen entgegenschleudern. Wenn es ihm gelingt, sich mit den Medusenaugen der mächtigen Gorgo zu betrachten, wird er jene schäbige Ungebührlichkeit austilgen, die ihn jetzt noch von ihr trennt: sein Leben. Schuldig! Welch ein Schwindelgefühl! So naht der Friede, der Dämmerschlaf, der Tod. Zu diesem Thema möchte ich dem Bericht von Goldstücker ein Zeugnis hinzufügen, für dessen Echtheit ich mich verbürge. In einer anderen Volksdemokratie war anläßlich einer anderen Serie von Prozessen eine zu hoher Verantwortung aufgestiegene frühere Widerstandskämpferin der Spionage angeklagt und ins Gefängnis geworfen worden: Sie arbeitete angeblich für den Intelligence Service; schon während der Widerstandskämpfe hatte ihr Mann sie entlarvt, aber es war ihr gelungen, ihn in einen Hinterhalt zu schicken, wo er den Tod fand. Nach einer Behandlung von mehreren Wochen legte sie ein volles Geständnis ab, und das empörte Tribunal verurteilte sie zu lebenslänglichem Gefängnis. Nach einiger Zeit erfuhren ihre Freunde, daß man sie nicht mehr foltere, daß sie mit ihren Gefährten wenig sprach, aber ihre Ruhe wiedergefunden zu haben schien. Die Sache war so plump aufgezogen gewesen, daß niemand von ihrer Schuld überzeugt war: Nachdem die Figuren an der Macht gewechselt hatten, wurde die junge Frau befreit und rehabilitiert. Sie verschwand, und man wußte, daß sie sich bei ihrer Familie versteckt hielt. Der erste, der – auf die inständigen Bitten ihrer Eltern – fast gewaltsam bei ihr eindrang, fand sie auf dem Diwan kauernd, die Beine unter sich gezogen, stumm. Er sprach lange auf sie ein, ohne eine Antwort zu erhalten; endlich entrang sie sich mit gequälter Stimme einige Worte: «Was habt ihr denn alle? *Ich bin doch schuldig!*» Nicht die Mißhandlungen, nicht ihre Erniedrigung, nicht die Gefängnisstrafe waren es, was sie nicht ertragen konnte, sondern ganz einfach ihre Rehabilitation. Wie man sieht, kann das versteinerte Denken Ruhe gewähren: Man bringt es in einem gemarterten Kopf wie eine Grabplatte an, sie bleibt dort liegen, schwer, unbeweglich, Sicherheit bringend, die Zweifel vertreibend, die spontanen Lebensregungen zu einem bedeutungslosen Gewimmel von Insekten herabsetzend. Aber auch ohne so weit zu gehen: Das Geständnis ist in der Logik des Systems beschlossen, man könnte sogar sagen: In ihm mündet das System. Zunächst, weil die «Sache», die weder Vernunft noch Urteilskraft besitzt, keineswegs fordert, daß man bedenkt, was man sagt, sondern einzig und allein, daß man es öffentlich sagt. Und weiter, weil in diesem importierten Sozialismus – der sich bemüht, die tschechischen Arbeiter von 1950 davon zu überzeugen, daß sie im Grunde nichts anderes sind als die russischen Bauern von 1920 – die Wahrheit sich als legalisierte Lüge definiert. Diejenigen, welche das System in gutem Glauben errichteten oder überzeugt waren, daß es sich für die Tschechoslowakei eignet, haben früher oder später verzweifelt lügen müssen, ohne an ihre Lügen zu glauben, um sich dem zu nähern, was sie für die «Wahrheit» hielten.

Der jungen Frau konnte man mit einigen Elektroschocks helfen. Ein etwas stalinistisches Verfahren, jedoch angebracht, wenn es sich darum handelte, Gehirne zu entstalinisieren. Da sie nicht ganz so krank waren, genügte ein einziger Elektroschock für unsere vierzehn Zeugen: das «Chruschtschow zugesprochene Referat», wie die *Humanité* es seinerzeit ausdrückte. Mit der Roßkur, die jene Unschuldigen wider Willen «wieder zu sich brachte», hat Chruschtschows berühmte Rede tatsächlich nur das eine gemeinsam, daß sie ein Blitz aus heiterem Himmel war – und weiter nichts. Sie enthielt keinen einzigen Gedanken, keine Analyse, nicht einmal den Versuch einer Interpretation: «... eines Toren Fabel nur, voll Schall und Wahn, jedweden Sinnes bar.» Lassen wir die Frage nach Chruschtschows Intelligenz dahinstehen, er sprach einfach im Namen des Systems: Die Maschine war gut, ihr Chef-Bediener nicht. Zum Glück hatte dieser Pfuscher die Welt von seiner Gegenwart befreit, und schon würde alles wieder reibungslos laufen. Kurz, die neue Besetzung beseitigte einen lästigen Toten, so wie die alte die Lebenden beseitigt hatte. Ja, es stimmt, daß Stalin Massaker befohlen und das Land der sozialistischen Revolution in einen Polizeistaat verwandelt hatte: Er war *wirklich* der Überzeugung, daß die Sowjetunion durch den KZ-Sozialismus hindurch müsse, um zum Kommunismus zu gelangen. Aber – das macht einer unserer Zeugen eindrucksvoll klar – wenn das Regime es für nützlich hält, die Wahrheit zu sagen, dann deshalb, weil es keine bessere Lüge findet. Infolgedessen wird diese Wahrheit, wenn sie aus offiziellem Munde kommt, eine durch Tatsachen erhärtete Lüge. Stalin war ein Unhold. Geschenkt. Aber wieso hat die sowjetische Gesellschaft ihn auf den Thron gehoben und ihn während eines Vierteljahrhunderts unterstützt? Denjenigen, die sich das beunruhigt fragten, warf die neue Mannschaft den Begriff «Personenkult» zum Fraße vor; daß sie sich mit dieser bürokratischen Formel begnügte, ist ein typisches Beispiel für das *Undenkbare*. Die Tschechen und die Slowaken hatten das Gefühl, als stürze ihnen ein gewaltiger Block auf den Kopf und zerschmettere alle Idole. Ich kann mir denken, daß das ein peinliches Erwachen war. Erwachen? Das Wort ist bestimmt nicht richtig, weil – wie einer von ihnen schreibt – die Überraschung gar nicht groß war. Es schien ihnen, als hätten sie das, was man ihnen auf einmal eröffnete, schon immer gewußt. Darüber hinaus waren sie weit davon entfernt, in die Welt der Wachheit und des vollen Tageslichts zurückzukehren, alles erschien ihnen unwirklich. Die den Rehabilitationsprozessen beigewohnt hatten, kehrten wie betäubt zurück. Man sprach die Toten frei mit den gleichen Worten, den gleichen Reden, deren man sich bei der Verurteilung bedient hatte. Gewiß war es kein Verbrechen mehr zu leben. Aber das *fühlte* man, man konnte es nicht beweisen: Die institutionalisierte Lüge blieb. Reglos, intakt. Die Zeugen eines gewaltigen Zusammenbruchs in weiter Ferne witterten, daß etwas faul war im sowjetischen Staat; indes vernahm sie aus autorisierter Quelle, daß bei ihnen das aus der UdSSR importierte Modell noch nie besser funktioniert hätte als jetzt. In der Tat, die Maschine lief. Alles hatte sich geändert, nichts hatte sich geändert. Chruschtschow tat das unmißverständlich kund, als das ungarische Volk sich völlig unbilligerweise unterstand, aus dem XX. Parteitag die Konsequenzen zu ziehen. Natürlich glaubten die Tschechen und Slowaken nicht mehr an die institutionalisierte Lüge, aber sie fürchteten sich sehr, an gar nichts mehr zu glauben. Bis dahin hatten sie in einem Zustand gelebt, den einer von ihnen den «sozialistischen Nebel» nannte; jetzt zerstreute sich dieser ein wenig, sie konnten den Schaden besichtigen: Der zerstörten Wirtschaft drohte der Ruin; ungeachtet der realen Forderungen der Konjunktur produzierten veraltete Fabriken Erzeugnisse minderer Qualität, das Niveau der technischen und beruflichen Kapazitäten sank von Tag zu Tag, «die humanistische Bildung nahm unaufhaltsam ab»[1]; das Land hatte buchstäblich keine Ahnung von sich selbst; die offizielle Lüge und der statistische Schwindel hatten sowohl das frühere Wissen zerstört als auch die Erforschung und die sozio-ökonomischen Untersuchungen der wirklichen Verhältnisse rundweg gestoppt. Und glauben wir nur nicht, daß die leitenden Männer die Wahrheit kannten und verbargen: Die Wahrheit existierte ganz einfach nicht, und niemand verfügte über die Mittel, ihr auf die Beine zu helfen. Um die Jugend war es zweifellos am schlechtesten bestellt: «Das Wissen der Jungen ist zerstückelt, atomisiert, zusammenhanglos, die Mittelschule ist unfähig, den Schülern ein Gesamtbild über irgend etwas zu vermitteln, unsere nationale Geschichte inbegriffen, von der Weltgeschichte ganz zu schweigen: Das pädagogische Versagen auf diesem Gebiete ist zum Verzweifeln.»[2] Unsere Zeugen befanden sich in einem unbekannten Land, auf einem unbekannten Planeten, zwischen dem verschlossenen Osten und dem verbotenen Westen. Sie ahnten, daß die tragikomische Rede über «Stalins Freveltaten» die Wahrheit ans Licht bringen würde, wenn man sie mit einer genauen *marxistischen* Analyse der sowjetischen Gesellschaft in Zusammenhang brächte. Aber wie konnten sie zum Marxismus Vertrauen haben, wenn die «Sache» an der Macht nicht von ihrem Alleinverfügungsrecht über den Marxismus abließ? Wenn er die offizielle Lüge war, wie konnte er dann zugleich die Wahrheit sein? Und wenn es zwei Marxismen gab, einen falschen und einen wahren, wie sollten sie, die Produkte des falschen, den wahren erkennen?

Sie bemerkten, daß sie selbst auf dieser *terra incognita* der unbekannteste Eingeborenenstamm sind. Es wird erzählt, daß der Konventabgeordnete Joseph Le Bon, im Jahr 1795 von seinen Richtern über die

---

1 Kundera.
2 Goldstücker.

Gründe seiner Unterdrückungspolitik im Département Pas-de-Calais befragt, nicht ohne ein gewisses Erstaunen geantwortet habe: «Ich verstehe nicht . . . das ging alles so schnell.» Nichts ging schnell in der Tschechoslowakei von 1948 bis 1956, aber zweifellos gab es – aus Müdigkeit, Gewohnheit, Resignation, Mangel an Phantasie, illusionistischem Voluntarismus – eine düstere Wahrscheinlichkeit des Unwahrscheinlichen, eine Normalität des Anomalen, ein tägliches Leben des «Unlebbaren» und über allem Nebel. Der Nebel zerriß und zog in Fetzen über die Ebene; die jäh ernüchterten Menschen sagten sich: Ich verstehe nicht. Wer also waren sie, die das Unlebbare lebten, die das Unerträgliche ertrugen, die Zerstörung ihrer Wirtschaft für den sozialistischen Aufbau hielten, die Vernunft für den Glauben an den wissenschaftlichen Sozialismus aufgaben und schließlich Fehler bekannten oder Verbrechen gestanden, die sie nie begangen hatten? Sie konnten sich an ihr vergangenes Leben nicht erinnern, nicht das «Gewicht der getanen und gesagten Dinge» ermessen, die geheimsten Erinnerungen nicht hervorrufen, ohne jener milden Form von Wahnsinn zu verfallen, die Freud *Entfremdung* nennt. Ihre Reaktionen waren zunächst sehr verschieden. Abscheu, Scham, Zorn, Verachtung. Kundera wählte den schwarzen Humor. «Ich bin am 1. April geboren, was auf metaphysischer Ebene nicht ohne Folgen geblieben ist.» Und auch: «Die Leute meiner Generation führen eine schlechte Ehe mit sich selbst. Ich selbst liebe mich nicht besonders.» Das, was er die «Gezeiten des Stalinismus» nennt, hat ihn in den absoluten Skeptizismus getrieben: «Der Stalinismus hatte sich auf hohe Ideale gestützt, allmählich haben sie sich jedoch in ihr Gegenteil verkehrt, die Liebe zur Menschheit in Grausamkeit gegen die Menschen, die Liebe zur Wahrheit in ein System der Denunziationen . . . In meinem ersten Buch während des Höhepunkts des Stalinismus hatte ich darauf zu reagieren versucht, indem ich mich auf einen totalen Humanismus stützte . . . Aber dann kamen die Gezeiten . . ., und ich fragte mich: Warum muß man denn eigentlich die Menschen lieben? Wenn ich heute von der Unschuld eines Kindes sprechen höre, von der Hingabe seiner Mutter, der heiligen Pflicht, zu wachsen und sich zu vermehren – die Töne kenne ich: Ich habe ausgelernt!» Dieser Lyriker verzichtet auf die Poesie, um verlorene Begriffe wiederzuerlangen: das Lachen, das Groteske; er schreibt ein Buch *Der Scherz*, und er versteht mit diesem Titel nicht nur die possenhafte Unschuld des Helden zu kennzeichnen, sondern die Gesamtheit des Systems, in dem eine Büberei ohne Konsequenz ihren Autor unweigerlich in die Deportation führt. Václav Havel seinerseits deckt in einem Zuge die Absurdität der Welt wie auch seine eigene auf: Einer bürgerlichen Familie entstammend, schämte er sich von frühester Jugend an, als Kind reicher Leute unter armen Kindern zu sein, fühlte sich wurzellos, in der Luft hängend; nach dem Krieg wurde er das Opfer der Diskriminierungen, denen die Juden und die Bürgersöhne ausgesetzt waren, zahlreiche Berufe wie auch der Zugang zur Universität waren ihm versperrt; in der Folge bewarb er sich jahrelang mit bewundernswerter Zähigkeit darum, an den dramaturgischen Seminaren der Prager Universität teilnehmen zu dürfen, was ihm erst gelang, nachdem er sich als dramatischer Autor durchgesetzt hatte. Doch war er der herrschenden «Sache» entfremdet. Vielleicht etwas weniger als die anderen: Viele von ihnen suchten die Integration, für ihn war sie unmöglich, das wußte er, da man ihn nicht haben wollte. So neigte er bald dazu, sich in einer absurden Welt absurd zu fühlen. Die «Enthüllungen» von 1956 steigerten nur das Fremdgefühl; aus diesem Grund hat man seine Stücke mit dem westlichen «absurden Theater» vergleichen können.[1]

Kurz, ob sie sich in einer irrealen, traurig zeremoniösen Gesellschaft irreal fühlten, als Opfer, Zeugen und Komplizen eines gewaltigen, alptraumhaften Possenspiels, oder ob sie als absurde Hampelmänner in einem so fundamental absurd beschaffenen Milieu zappelten, in dem jeder Versuch, sich anzupassen oder es zu ändern, von vornherein sinnlos war – jedenfalls haben alle diese Männer, die hier sprechen, in den ersten Jahren nach dem XX. Parteitag an einer Krankheit gelitten, welche die Psychiater Identitätskrise nennen. Sie waren nicht die einzigen – eine dumpfe, innere Unruhe breitete sich unter den Massen aus –, aber sicher waren sie die am meisten Betroffenen. Was tun? Sich töten oder weiterzuleben versuchen? Gewissen Anspielungen, die der Leser in diesen Gesprächen finden wird, läßt sich entnehmen, daß manche das erstere wählten: Die anderen wollten von dem Recht auf Existenz Gebrauch machen, das ihnen kurz zuvor offiziös zugesagt worden war. Diese hatten keine Wahl; leben, das hieß zunächst sich einer Entpersönlichung entziehen, die zu einem Alibi zu werden drohte, hieß sich kennen, sich wiedererkennen, um sich wieder aufzubauen. Und wie konnten sie ihre eigene Geschichte schreiben, ohne sie dort zu suchen, wo sie steckte, nämlich in den letzten fünfzig Jahren ihrer nationalen Geschichte? Zwischen ihrem Einzelleben und dem großen Erleben des tschechoslowakischen Volkes gab es eine Wechselbeziehung der Perspektiven: In der extremen Notlage, in der sie sich befanden – ohne Kategorien und Begriffe, um die Realität in Gedanken zu fassen, *sich selbst* in Gedanken zu fassen –, begriffen sie, daß jede dieser beiden Arten von Erleben nur durch die

---

[1] Mit dem Unterschied, daß seine Stücke einen politischen Inhalt haben, der seinen Landsleuten nicht entgehen kann: In ‹Die Benachrichtigung› hat er klar festgestellt, daß sich nichts ändern kann, solange das System an seinem Platz bleibt und seine Bürokratie absondert.

andere rekonstruiert werden konnte. Subjektivismus? Nein: Bescheidenheit. Es hieß entweder verrecken oder die Wahrheit finden. Nicht die des Systems: Sie hatten noch keine Waffen, um anzugreifen, das würde kommen. Nein, die Wahrheit ihres Lebens, die des Lebens aller Tschechen und Slowaken in ihrer brutalen Faktizität, und dies mit nichts in den Händen, nichts in den Taschen und sich jeder ideologischen Auslegung enthaltend: Rückkehr zunächst zu den Tatsachen, jenen verdunkelten, verdrehten Tatsachen, von denen Novotný gutgelaunt gesagt hatte, man müsse nicht allzu sehr katzbuckeln vor ihnen.[1] Langsam, beharrlich, erwarben sich diese völlig verstörten Männer das große Verdienst – trotz Zensur und Drohungen der Machthaber –, diese Ödipus-Suche öffentlich zu unternehmen. In der Folge werden wir sehen, wie Jaroslav Putík den Journalismus um der Literatur willen aufgab, nachdem er sich vorher – zweifellos um ein Infragestellen der großen, stalinistischen Thesen zu vermeiden – in die äußeren Tatsachen vertieft hatte, wie sie der Rundfunk und die Presse in der ganzen Welt verbreiteten, die aber im Osten wie im Westen nur taube Nüsse waren: Dort wegen der schwerfälligen Kleingeisterei des Apparats, hier auf Grund eines duckmäuserischen «Objektivismus». «Das Verlangen, mich wirklich aus mir selbst heraus auszudrücken und Dinge zu schreiben, die aus meinem eigenen Innern stammen, hatte mich erst nach 1956 ergriffen. Dieses Jahr hat, wie der Krieg, die Leute gezeichnet. Brutal. Ich selbst . . . ich hatte bereits meine Nase in ziemlich viel hineingesteckt und mir Fragen gestellt. Indes, dies war . . . der entscheidende Schock. Danach hatte ich das schmerzende Bewußtsein, nicht das zu tun, was ich wirklich wollte.» Was er wollte, war: schreiben, um sich zu erkennen, und – nach den Worten der meisten hier vertretenen Romanciers – schreiben, um die «Menschen kennenzulernen», um sie in «ihren existentiellen Dimensionen zu erkennen». «Von 1956 bis 1958», sagt Kosík, «hat sich die tschechische Kultur auf die existentiellen Probleme konzentriert, und da ist die Frage: ‹Was ist der Mensch› der gemeinsame Nenner geworden.» Keine Sorge, es handelt sich nicht darum, einen Humanismus zusammenzustoppeln. Sie hatten zwei Humanismen gekannt, den von Beneš und den von Stalin. «Alle beide», bemerkt treffend einer unserer Zeugen, «verbargen den Menschen.» Alle beide waren zerbrochen. Niemand dachte daran, die Scherben aufzusammeln. Das einzig mögliche, das einzig notwendige Unternehmen, das sie leidenschaftlich und zäh in Angriff nahmen, war: ohne philanthropische Vorurteile zu ihren Mitmenschen zu gehen. Und von

---

[1] Die im ganzen richtige Idee scheint der «Realpolitik» zu widersprechen, bedeutet jedoch aus diesem Mund, daß nicht berücksichtigt zu werden braucht, was mit den Entscheidungen der Verantwortlichen nicht übereinstimmt.

diesem Standpunkt aus stellt Kundera die vernünftige Frage, die einen gesunden Realismus beweist: Warum soll man sie lieben? Ja, warum? Eines Tages wird man die Antwort wissen, oder vielleicht auch nie. Das ist in diesem Augenblick nebensächlich. Kunderas Skeptizismus ist gewiß kein sanftes Ruhekissen, indes führt er keineswegs zur Verzweiflung; der Autor sagt uns ausdrücklich, daß er im Skeptizismus die Wiedergeburt des Denkens sieht: «Der Skeptizismus schafft die Welt nicht ab, er setzt sie in Fragen um.» Ihre Heimatlosigkeit ausnutzend, wollen diese Menschen, daß nichts sich von selbst verstehe, daß keine Wahrheit festgelegt sei. Für sie, wie für Plato, ist das Staunen die Quelle der Philosophie, und im Moment wollen sie diesen Standpunkt nicht aufgeben. Den Behauptungen der Machthaber – diesen Antworten, die den Fragen vorausgehen, um zu verhindern, daß sie gestellt werden – ziehen sie die Fragen ohne Antworten vor. Das Denken wird sich nicht von den Verkrustungen, die es krank machen und in andere Bahnen lenken, frei machen können, indem man es anderen Verkrustungen aussetzt, sondern indem man diese Verkrustungen durch eine Problematik auflöst. Das beeinträchtigt nicht die Suche, im Gegenteil, es stimuliert sie, schreibt ihr die Aufgabe und ihre provisorischen Grenzen vor. Václav Havel sagte im April 1968 «eine gesellschaftliche Kunst von äußerst realistischem Zuschnitt» voraus, die «das Individuum in seinem sozialen Kontakt, mit seinem Privatleben, seiner Ehe, seinen Kindern, seinen materiellen Bedingungen zeigen wird. Alles das wird zur Sprache gebracht werden, wenn es eines Tages möglich ist, zu sagen, was wahr ist . . . Bereiten wir uns auf einen neuen sozialen Realismus vor, und nicht allein darauf, sondern auch im Roman auf eine neue Ausrichtung der psychologischen Forschung mit Stichproben in das Unerforschte.»[1] Goldstücker sagt nichts anderes – Marx und auch Freud hatten es vor ihm gesagt –, wenn er, um zu zeigen, daß die Suche dieser neuen Ödipen erschöpfend sein will, erklärt: «Es ist unmöglich, die tiefe Wahrheit mittels ihrer oberflächlichen Erscheinungen wiederzugeben.»

Mancher westliche Leser wird über diesen Eifer lächeln: Darüber sind wir in der «freien» Welt hinaus! Wir sind schon seit langem in die reflexive Erkenntnis, die Metapsychologie, die Analyse eingedrungen. Es ist wahr: Wir haben eine andere Art, uns nicht zu kennen, und wir sprechen lieber von unseren Komplexen als von unseren materiellen Bedingungen oder von dem soziologisch-beruflichen Kontext, der uns

---

1 Man wird bemerkt haben, daß die Kunst, die Havel im Auge hat, nichts mit seinem früheren «Absurdismus» gemein hat. Er hofft zu dieser Zeit, daß die in statu nascendi befindliche Gesellschaft endlich die Verbannten wird aufnehmen können, die im Gravitationsfeld des in Agonie liegenden Systems kreisen.

umgibt, und wir beschäftigen uns lieber mit unserer homosexuellen Komponente als mit der Geschichte, die uns hervorgebracht hat oder die wir hervorgebracht haben; die Entfremdung, die Verdinglichung, die Mystifikation, auch wir sind ihre Opfer und Komplizen, auch wir brechen fast zusammen «unter dem Gewicht der getanen und gesagten Dinge», unter den akzeptierten und verbreiteten Lügen, an die wir sowieso nicht allzu fest glauben: Aber wir wollen uns dessen nicht bewußt werden. Mondsüchtige, die auf einer Dachrinne spazieren und von ihren Hoden träumen, statt auf ihre Füße zu achten. Sicherlich müssen auch die Tschechen die Probleme überdenken, die die Prüderie der fünfziger Jahre vor ihnen verschleiert hat.[1] Aber, wie einer von ihnen zu Liehm sagt: «Welch ein Glück, wenn wir keine anderen Probleme hätten!» Bei ihnen heißt es: Alles sagen oder nichts mehr zu sagen haben. Sie stellen sich sozusagen akut und konkret die Fragen, die wir nur noch abstrakt auf den Lippen herleiern, und hundert andere, die wir uns nie stellen werden; wenn sie sich selbst noch nicht ganz kennen, liegt das daran, daß ihre Erfahrung zu reich ist, es braucht Zeit, um sie zu verarbeiten.

Das ist nicht der einzige Grund. Ich erinnere mich an ein Gespräch mit einem lateinamerikanischen Schriftsteller – es war 1960, er war erschöpft, aber eher klarblickend, als daß er sich etwas vorgemacht hätte, er kämpfte noch immer; ich wußte, daß sein Leben voller Kämpfe, Siege und Niederlagen war, daß er Exil und Gefangenschaft kennengelernt hatte, daß er von seinen Genossen ausgeschlossen und wieder aufgenommen worden war und daß er im Verlauf dieses unaufhörlichen Kampfes seine Loyalität bewahrt, aber seine Illusionen verloren hatte. «Diese Ihre Geschichte», sagte ich zu ihm, «müssen Sie schreiben.» Er schüttelte den Kopf – es war das einzige Mal, daß er Bitterkeit zeigte: «Wir Kommunisten haben keine Geschichte.» Und ich begriff, daß die Selbstbiographie, von der ich gesprochen hatte – die seine oder die eines seiner Genossen hier oder anderswo –, wenig Aussicht hätte, ans Tageslicht zu gelangen. Keine Geschichte, nein. Keine Erinnerungen. Die Partei hat die eine oder die andere, aber gefälscht. Wer die Geschichte der KP von außen, nach Schriftstücken, Dokumenten und Zeugnissen, schreibt, riskiert, durch seine Vorurteile behindert zu sein, auf jeden Fall fehlt ihm eine unersetzbare Erfahrung; wenn er nicht mehr in der Partei ist, erstickt er vor Bitterkeit, seine Feder taucht in Galle; wer von innen, in Übereinstimmung mit den Verantwortlichen schreibt, macht sich zum offiziellen Historiographen, lügt oder macht Ausflüchte, je nachdem, was an der

---

[1] Einige von ihnen berichten in ihren Gesprächen ausdrücklich von der Psychoanalyse als von dem Weg, der den Zugang zur «Tiefenschicht der Wirklichkeit» eröffnet.

Tagesordnung ist. An was kann ein Parteigenosse, der sein Leben verstehen möchte, sich halten, wenn die Organisation, die ihn sich einverleibt und ihn erzeugt hat – abgesehen davon, daß sie dieser Art von subjektivem Unternehmen grundsätzlich den Mut nimmt –, ihn bestenfalls dazu bringt, bis in sein geheimstes Gewissen hinein ein falsches Zeugnis über sich zu geben? Worüber verfügt er? Über rekonstruierte, vertrocknete oder durch eine ganze Reihe von Selbstkritiken ausgelöschte Erinnerungen oder über solche, die noch lebendig, aber unbedeutend oder unverständlich sind? Wie kann man sich nach so vielen Kursänderungen an die Richtung erinnern, die man beim Aufbruch einzuschlagen geglaubt hatte, wie wissen, wohin man augenblicklich geht? Und wer kann sich der Partei gegenüber anheischig machen, daß der Schlüssel, den er benutzt, um seine heutigen Handlungen zu erklären, übers Jahr noch derselbe ist? Die Scheinheiligen richten es so ein, daß sie sich immer noch eine versteckte Dimension bewahren, wie jener Bürger der Sowjetunion, von dem seine Freunde mir sagten: Er hat zwölf Etagen der Aufrichtigkeit, Sie befinden sich erst auf der vierten. Die einen schweigen; die anderen haben ihr Leben doppelt für ihre Partei gegeben: Sie haben es oft auf ihren Befehl hin aufs Spiel gesetzt, und sie haben aus Disziplin zugelassen, daß man ihre Spuren von einem Tag zum anderen verwischte, wie in den Dünen der geringste Windstoß genügt, um Spuren auszulöschen.

Die Tschechen und die Slowaken, die hier sprechen, sind zum größten Teil Mitglieder der KPČ. Auch sie haben begeistert ihr Leben geopfert und haben es jahrelang aus den Augen verloren. Gleichwohl sind sie es, die heute in diesen Gesprächen, in Romanen, in Hunderten von Essays[1] die Rückgewinnung wagen, die 1960 undurchführbar schien und die heute auf die gleichen Schwierigkeiten stößt. Deshalb müssen sie all ihre inneren Widerstände brechen, fast unsichtbare Spuren bemerken, Grabsteine lüpfen, um zu sehen, was darunter ist. Und vor allem – das ist die wichtigste Frage – die *Erleuchtung* finden. Zum Glück sind ihre Erinnerungen noch lebendig: 1956 war der «sozialistische Nebel» erst acht Jahre alt. Chruschtschows Rede, so absurd sie gewesen sein mag, gab ihnen den «letzten Stoß», der ihnen erlaubte, in der richtigen Weise von sich selbst und von der Partei zu sprechen: Sie versuchten nicht, diesen großen Körper, von dem sie nur ein kleiner Teil waren, zu überflügeln: Er ist ihr Ankerplatz; sie haben das System erduldet und wissen auch, daß sie es verwirklicht haben – obwohl es vorfabriziert war, mußte es zumindest installiert werden – und daß der Kampf, den sie alle führten, um gewisse Auswüchse zu begrenzen, sozusagen nur eine bestimmte Art und Weise

---

[1] Ich kenne in dieser Hinsicht nichts so Durchdachtes, so Stringentes und so Klares wie das wunderbare Zeugnis von London: ‹Das Geständnis›.

war, es zu akzeptieren. Sie werden also darüber von innen, von ihrem Land aus sprechen, weil sie noch in ihm leben, und zwar mit unleugbarer Solidarität – ohne daß sie mit Haß oder Zorn verurteilen, um ihre eigene Unschuld hervorzuheben –, aber mit Distanz zu diesem *Innern* auf Grund des Abstands, der durch ihr *estrangement* hervorgerufen wurde und plötzlich Praktiken zutage brachte, die so geschickt waren, daß sie sie angewandt hatten, ohne sie zu durchschauen. Es ist, als ob sie ihr Leben (und sei es um alter Bezugskonstanten oder um alter Loyalitäten willen) nur durch interne Kritik an der Partei zurückgewinnen und als ob sie die Rolle der Partei nur dadurch in Frage stellen konnten, daß sie sich selber radikal in Frage stellten, ohne dabei über ihre Taten und deren Folgen, ihre Unterlassungen, Rückzieher und Kompromisse den geringsten Zweifel zu lassen. Wenn man diese Gespräche liest, wird einem klar, daß das, was als ein Teufelskreis erscheinen könnte, in Wirklichkeit eine dialektische Bewegung ist, die den Lesern ebenso wie den Sprechenden erlauben soll, ihre verlorene Wahrheit wiederzufinden, diese konkrete Totalisation, die ohne Unterlaß enttotalisiert wird, die widersprüchlich, problematisch, nie in sich ruhend, nie abgeschlossen, aber dennoch eine Wahrheit ist, von der jede theoretische Suche ausgehen muß, von der der Marxismus ausgegangen ist, um nach diesem mit Lenin, Rosa Luxemburg und Gramsci noch einmal von ihr auszugehen, ohne jedoch in der Folge zu ihr zurückzukehren.

Worauf stützen sie sich, um den für den Fortgang der Untersuchung notwendigen Abstand zu behalten? Die Antwort ist klar: Auf ihre nationale Kultur. Ist das ein Grund, sie des Nationalismus zu beschuldigen, wie es die alte Garde der mumifizierten Stalinisten tat? Nein: Laßt sie, und ihr werdet sehen. Ist es ihre Schuld, daß die zurückweichende Flut des Pseudomarxismus den Blick auf die unberührt erhalten gebliebenen historischen Traditionen freigegeben hat, die nicht im Sinne eines wahren Sozialismus weiterentwickelt und «aufgehoben» worden waren? Ist es ihre Schuld, wenn sie bemerkten, daß der Rekurs auf ihre Geschichte – und mag er noch so unbefriedigend sein – vorübergehend nützlicher zum Verständnis ihrer Gegenwart ist als die leeren Begriffe, deren Gebrauch ihnen aufgedrängt wurde? Daß später eine marxistische Deutung dieser Begebenheiten nötig sein könnte, geben sie wohl zu, aber um schnell zu parieren, muß man von einfachen und bekannten Tatsachen ausgehen: von der Gestaltung des Bodens, der geopolitischen Lage des Landes, von seiner Kleinheit, die Böhmen und die Slowakei zu Schlachtfeldern ihrer mächtigen Nachbarn werden ließ, von der Einverleibung in das österreichisch-ungarische Kaiserreich, das sie damals gewaltsam «rekatholisiert» hat, so wie jetzt versucht wird, sie zu «restalinisieren» – alles Hypotheken auf ihre Zukunft und Deutungen ihrer Gegenwart. Gegen die Besatzung, wer sie auch sein möge, und gegen deren gewaltige, unbesiegbare Armeen haben die beiden Völker stets mit der Selbstbehauptung ihrer kulturellen Einheit gekämpft. «Die Tschechen», bemerkt Liehm, «sind das einzige Volk in Europa, das den größten Teil des 17. und 18. Jahrhunderts durchmessen hat, ohne eine nationale Aristokratie zu besitzen, die damals die allgemeine Stütze der Erziehung, Kultur und Politik war. Infolge der Germanisierung und der erzwungenen Rekatholisierung ist die tschechische Politik als eine notwendige Bemühung um die Wiederbelebung der Sprache und der nationalen Kultur entstanden, so daß sich hier die enge Verbindung von Kultur und Politik seit langem als organisch erwiesen hat.» Zur Zeit der Stalinisierung waren die Probleme anders, aber die Waffen der Tschechen sind die gleichen geblieben: die Behauptung ihrer Kultur gegen den Sozialismus, der aus der Kälte kam. Der Schutz der nationalen Kultur (nicht um sie so zu bewahren, wie sie ist, sondern um aus ihr den Sozialismus aufzubauen, der sie verwandeln wird, ohne auf ihr Gepräge zu verzichten) – das ist es, was die intellektuellen Tschechen der sechziger Jahre wiederentdecken, was ihnen erlaubt, sich besser auf diesem Planeten einzurichten: Sie waren nicht, wie sie glaubten, Unbekannte unter Unbekannten; wenn sie sich geirrt hatten, so weil sie von der Herrschaft der «Sache» atomisiert worden waren; um diese zu entthronen, ohne in «Subjektivismus» zu verfallen, war es nötig, daß jeder in jedem seiner Nachbarn seinen *Nächsten*, das heißt das Produkt derselben Kulturgeschichte, erkannte. Der Kampf wird hart sein, und sein Ausgang ist nicht sicher: Sie wissen, daß sie «im Jahrhundert der Integration der kleineren Länder in die größeren Verbände» leben; einer von ihnen meint sogar, daß «der Integrationsprozeß (schließlich und nach mehr oder weniger langer Dauer) alle kleinen Nationen in sich aufzusaugen droht...». Was tun in solchem Fall? Sie wissen es nicht: Seit sie ihren Katechismus zugeschlagen haben, sind sie dessen nicht mehr sicher. Alles, was sie wissen, ist, daß der Kampf der Tschechoslowakei sich in diesem Augenblick in den Rahmen eines größeren Kampfes einfügt, den viele große und kleine Nationen gegen die Politik der Blöcke und für den Frieden führen.

Unsicher und bereits von inneren Konflikten unterminiert, hielt die Macht es für ratsam, Ballast abzuwerfen: Aus Furcht, das neue Engagement der Intellektuellen und Künstler führe zur Preisgabe des «sozialistischen Realismus» zugunsten des «kritischen Realismus» – alle beide sind *Undenkbarkeiten*, doch reagieren die Gehilfen der «Sache» nur auf die sie bedrohende Gefahr, wenn sie die Definition in dem Katalog finden, der unter ihnen verteilt worden ist –, aus dieser Furcht heraus also öffneten sie dem Desengagement die Tür: Wenn Sie nicht die Möglichkeit haben, Ihr Vertrauen in das System zu beweisen, wird Ihnen erlaubt, nichtssagende Dinge zu sagen. Zu spät: Die, welche hier reden – und viele andere, für die sie einstehen –, weisen diese Toleranz zurück. Goldstükker sagt treffend: «Die Begriffe des Realismus und des Unrealismus verschleiern das hier zutage tretende wirkliche Problem: Wie weit kann bei uns das Engagement des Künstlers gehen, wenn es sich darum handelt, Rechenschaft über die historisch geschaffenen Lebensbedingungen abzulegen, die durch die sozialen Faktoren dieser letzten Jahre geschaffen worden sind?» Es handelt sich für jene nicht darum, die Rückkehr vom bürgerlichen Liberalismus zu fordern, sondern – weil die Wahrheit revolutionär ist – das revolutionäre Recht zu verlangen, die Wahrheit zu sagen.

Diesen Anspruch konnten die leitenden Männer nicht einmal begreifen: Für sie war die Wahrheit schon gesagt worden, alle wußten sie auswendig, und die Pflicht des Künstlers war es, sie zu wiederholen. Nutzloser Dialog. Aber plötzlich hatten die Massen Feuer gefangen: Was am Anfang als die Sorge einer Kaste von privilegierten Professionellen erscheinen konnte, wurde die leidenschaftliche Forderung eines ganzen Volkes. Es muß hier erklärt werden, wie sich dort das verwirklichte, was bei uns einen Monat später – im Pariser Mai – gänzlich ausblieb: die Einigkeit zwischen den Intellektuellen und der Arbeiterklasse.

In den sechziger Jahren wurde die wirtschaftliche Lage immer beunruhigender, unter den Volkswirtschaftlern gab es genug Kassandras. Noch erreichte ihr Alarmruf nicht das große Publikum. Alles geschah innerhalb der Partei und sogar des Apparats; das heißt, der Kampf um das Wiederingangsetzen der Maschine vermischte sich mit dem Kampf um die Macht. In den Lagern der leitenden Männer verschärfte sich der Konflikt zwischen den Bürokraten von gestern und denen von heute. Erstere, welche Liehm «Amateure» nennt, begründeten ihre allgemeine Inkompetenz mit dem stalinistischen Prinzip der Autonomie der Politik; die anderen, jüngeren, gehören fast alle zur Generation der «ewigen Kronprinzen»; ohne das System in Frage zu stellen, behaupten sie das – zumindest konjunkturelle – Primat der Wirtschaft.[1] Kurz, sie sind Reformisten. Das Wesen der Macht wird nicht bestritten: Die, welche sie besitzen, die Alten, legitimieren ihre Autorität durch die alte Parole von der Intensivierung des Klassenkampfes; die, welche sie beanspruchen, die Jungen, stützen ihre Forderungen auf ihr Können und auf die drin-

---

1 Es ist auffallend, daß die leitenden Männer der DDR alle Konflikte an der Spitze entschärft und der ostdeutschen Wirtschaft Auftrieb gegeben haben, indem sie die Technokraten an der Ausübung der Macht teilnehmen ließen. Infolgedessen ist die Beherrschung der Massen dort strenger als in anderen sozialistischen Ländern.

gende Notwendigkeit, die Wirtschaft zu sanieren – diese autoritären Reformisten bemerken nicht den Widerspruch, in den sie sich verwickelt haben, indem sie das unveränderte Prinzip der Autonomie der Politik auf die unmittelbaren Erfordernisse der Wirtschaftsstruktur stützen. Sie werden von oben den Fetischismus der Produktion abbauen, werden die Produktion den Hilfsquellen und Bedürfnissen des Landes angleichen und sie in gewissem Maß der Kontrolle des Absatzes unterwerfen. Der Konflikt dieser beiden Despotismen – der eine obskurantistisch, der andere aufgeklärt – führt die einen wie die anderen dazu, sich an die Arbeiterklasse zu wenden: Sie wird ihr Schiedsrichter sein.

Nun, zu Anfang scheint diese sich auf die Seite der alten Führung zu stellen: Entpolitisiert, wie die Arbeiter durch die traurige Routine sind, auf die sich einzustellen man sie gezwungen hatte, beunruhigen sich viele über den Wechsel, der die Sicherheit ihrer Stellung zu gefährden droht. Um sie zu gewinnen, muß auch der andere Clan ihnen eine gewisse Kontrolle über die Produktion zugestehen und ihnen ein Gesetz über das «sozialistische Unternehmen» versprechen. Kurz, die in Aussicht genommene Reform hat ipso facto eine gewisse *Liberalisierung* des Regimes zur Folge: Man spricht von Dezentralisierung, von Selbstverwaltung. Man *spricht* davon: Aber solange das System existiert, sind diese Worte sinnentleert. Das jugoslawische Beispiel beweist, daß die Selbstverwaltung ein totes Wort bleibt, wenn die politische Macht in den Händen einer privilegierten Gruppe liegt, die sich auf eine zentralisierte Organisation stützt. Es wird das Verdienst intellektueller Slowaken bleiben, die Paralysierung der von ihren internen Widersprüchen blockierten Macht ausgenutzt zu haben, um die Arbeiter zu veranlassen, auf das Anerbieten des reformistischen Liberalismus mit der revolutionären Forderung einer sozialistischen *Demokratisierung* zu antworten. In der Tat war sich niemand, weder bei den einen noch bei den anderen, recht klar über das, was geschah. Die vom Reformismus verführten Intellektuellen wollten vor allem durch ihre Artikel dazu beitragen, die Massen auf die Seite der Reformer zu bringen. Aber ihre Aufsätze – die, welche man hier liest, und viele andere Ergebnisse eines langen Nachdenkens, das 1956 einsetzte – besaßen eine größere und tiefere Bedeutung, als sie selbst geahnt hatten: Das Wahre suchend und sagend, stellten sie das System bloß und setzten den Lesern, deren eigene Erfahrungen einleuchtend deutend, auseinander, daß es sich für das tschechoslowakische Volk nicht darum handle, mit dem Mißbrauch des Regimes Schluß zu machen, sondern das ganze System zu liquidieren. Die Prozesse, die Geständnisse, die Krankheit des Denkens, die institutionalisierte Lüge, die Atomisierung, das allgemeine Mißtrauen, nein, das war nicht der Mißbrauch: Das waren die unvermeidlichen Folgen des präfabrizierten Sozialismus; keine Dekrete, kein Zusammenflicken konnten sie verschwinden lassen, und welche Mannschaft auch an der Macht ist, sie wird trotz ihres guten Willens versteinert oder zerquetscht werden, es sei denn, Tschechen und Slowaken stürzten sich allesamt auf die Macht und schlügen wie wild auf sie ein, bis sie unter ihren Hammerschlägen unrettbar zusammenbräche. Ende 1967 erkannten sie den wirklichen Inhalt ihres Denkens – als das, was sie schrieben, die Ehre hatte, den Bannfluch müder Machthaber auf sich zu ziehen: Für kurze Zeit mundtot gemacht, sahen sie, daß ihre Ideen auf die Straße getragen wurden; die studierende Jugend – diese Generation, an der sie so stark zweifelten – hatte sich ihrer Ideen bemächtigt und ließ sie wie Fahnen flattern. Der Sieg des Reformismus im Januar 1968 war, trotz des provisorischen Bündnisses der Massen mit der Technokratie, schon nicht mehr ihr Sieg: Ihr wirklicher Triumph kam etwas später, als die aus ihrer Erstarrung gerissene Arbeiterklasse, ohne sich dessen zunächst ganz bewußt zu sein, ihre alte Maximalforderung wiederaufnahm, die einzige, die wirklich von ihr ausging: Alle Macht den Räten. In allen Fabriken wurde diskutiert und direkte Demokratie gelernt. In einigen Betrieben warteten die Arbeiter gar nicht erst ab, daß das Gesetz bewilligt würde, sondern verjagten den Direktor und stellten seinen *gewählten* Nachfolger unter die Kontrolle des Arbeiterrats: Die damit übergangenen neuen Führer mußten ihre Gesetzespläne überarbeiten, um dem Druck des Volkes nachzukommen. Zu spät: Es wurde ihnen klar, daß der Demokratisierungsprozeß nicht aufzuhalten war. In der großen Volksbewegung erkannten die Intellektuellen die Radikalisierung ihrer eigenen Ideen wieder und verstärkten – selbst infolgedessen radikalisiert und ohne Feindschaft gegen die neue Machtgruppe – ihren Kampf gegen das System. Nie hatten Presse und Rundfunk mehr Freiheit als in der Tschechoslowakei im Frühling 1968. Was jedoch einen westlichen Menschen überrascht, ist, daß der Kampf der Intellektuellen für die volle Freiheit der Äußerung und der Information von den Arbeitern unterstützt wurde, die sehr bald erkannten, daß das Recht auf totale Information ein Bestandteil ihrer grundlegenden Forderungen war. Auf dieser Basis schlossen sich die Arbeiter den Männern der Kultur an.[1]

1 Dieses Bündnis existierte noch, als ich im November 1969 wieder nach Prag fuhr. Die Studenten hatten einige Fakultäten besetzt, um damit gegen die Wiedereinführung der Zensur zu protestieren. Man konnte sich indes noch mit einer gewissen Freiheit über die Besatzung äußern, und ich durfte auf die Bitte eines Studenten vor einem überfüllten Saal sagen, daß ich die Intervention der fünf für ein Verbrechen hielte. Man verlangte die Freiheit der Information nach Maßgabe der Maximalforderung, von der ich oben sprach. Die Regierung beabsichtigte, ohne viel Überzeugung, streng einzuschreiten, als die Belegschaft wichtiger tschechischer Fabriken ihrem Schwanken ein Ende setzte, indem sie sie wissen ließ, daß sie streiken werde, wenn man sich an den Studenten vergriffe.

Das zeigt deutlich genug, wie verschieden die Probleme einer Volksdemokratie von den unseren sind. Die französischen Arbeiter streiken nicht, wenn unsere Regierung die Freiheit der Presse beschränkt, und in der gegenwärtigen Lage versteht man sie: Die Machthaber brauchen den Zeitungen selten einen Maulkorb vorzubinden, das übernehmen die Profitmacher. Die Arbeiter lesen *Le Parisien libéré* und glauben kein Wort; sie meinen, durch die klare, einfache Abschaffung des Profits werden die Probleme der Presse gelöst werden. Vielleicht wissen sie, daß in der UdSSR und in Polen Zensur existiert, doch das stört ihren Nachtschlaf nicht: Da drüben – so haben sie sich sagen lassen – übt das Proletariat seine Diktatur aus: Es wäre ein im Namen abstrakter und zudem bürgerlicher Prinzipien geduldetes Verbrechen, wenn konterrevolutionäre Zeitungen darauf bestünden, die Luft mit ihren Lügen zu verpesten. Im Jahre 1968, nach zwanzig Jahren Stalinismus, steht es ganz anders um die tschechischen und slowakischen Arbeiter: Auch sie waren zunächst mit Lügen überhäuft worden; bis zu welchem Grade, das hatten sie nicht gewußt, und nun waren sie im Begriff, es zu verstehen: Die Diktatur des Proletariats, das war die Diktatur einer Partei, die jeden Kontakt mit den Massen verloren hatte; und was den Klassenkampf betraf, wie hätten sie glauben können, er sei durch den Fortschritt des Sozialismus intensiviert worden; bemerkten sie nicht, daß dieser, seit er am Ruder war, nur Rückschritte gemacht hatte? Die Zensur war in ihren Augen kein kleines Übel, denn sie war die Lüge, die die Wahrheit zensierte. Im Gegenteil, je mehr ihnen ihre Maximalforderung bewußt wurde, desto mehr erschien ihnen die vollkommene Wahrheit als theoretisches und praktisches Wissen unentbehrlich; weil die Arbeitermacht nicht am Arbeitsplatz ausgeübt werden kann, ist die Arbeiterschaft nicht auf allen Gebieten ständig informiert. Es läßt sich denken, daß diese Forderung nicht nur die Verbreitung der jeweiligen nationalen und internationalen Nachrichten durch die Massenmedien betraf; indem sie sich vertiefte, erhielt sie ihren eigentlichen Sinn: Die tschechischen und slowakischen Arbeiter verlangten eine unumschränkte Teilnahme am wissenschaftlichen und kulturellen Leben der Nation, um die Produktion zu lenken, zu korrigieren und zu kontrollieren und um ihre Aktivitäten im Lande und in der Welt entwickeln zu können und trotz der Entfernung in ständigem Kontakt miteinander zu bleiben. Diese Forderung, die im Frühling von Prag kaum erst Gestalt angenommen hatte, hätte früher oder später eine Revolution der Kultur und des Schulwesens hervorgerufen. So waren Arbeiter und Intellektuelle inmitten einer weitgreifenden revolutionären Bewegung abwechselnd ein ständiger Faktor der Radikalisierung: Die Intellektuellen waren überzeugt, daß sie ihre Pflicht – die Suche nach der Wahrheit – nur in einer sozialistischen Gesellschaft erfüllen konnten, in der die Macht von allen ausgeübt würde; die Arbeiter, angefeuert durch die sich jagenden Polemiken in den Zeitungen, glaubten den Sozialismus nicht verwirklichen zu können, ohne das Monopol des Wissens (es existiert sowohl im Osten wie im Westen) zu brechen und die umfassendste Verbreitung der Wahrheit zu sichern, die zugleich, theoretisch und praktisch unzertrennlich, in der dialektischen Einheit der beiden Postulate ihre volle Entwicklung finden würde. Sicherlich waren die Träger dieses Prozesses weit davon entfernt zu wissen, wohin der Weg ging und was sie taten. Aber es läßt sich nicht bezweifeln, daß sie durch die Abschaffung des Systems, die Einführung neuer Produktionsverhältnisse den *Sozialismus zu verwirklichen suchten*. Die Männer an der Macht, von den Ereignissen überholt, aber im Bilde, täuschten sich nicht – wie der zaghafte, am 10. August 1968 in *Rude Pravo* veröffentlichte Entwurf einer Revision der Parteistatuten beweist, das Verbot, die «öffentlichen Ämter in Partei und Staat zu kumulieren».[1] Den ersten Hammerschlag, der die Maschine zerstören sollte, mußte die Bürokratie selbst führen.

Wir wissen, was folgte: Dieser Sozialismus war noch nicht recht geboren, als er bereits von der Konterrevolution erstickt wurde. Das ist es, was die *Prawda* immer wieder schreibt, und ich stimme vollkommen mit den sowjetischen Zeitungen überein, abgesehen von der nebensächlichen Frage nach den Himmelsrichtungen: Nicht aus dem Westen sind die konterrevolutionären Kräfte gekommen; ausnahmsweise einmal nicht der westliche Imperialismus hat die Bewegung der Demokratisierung zerstört und zwangsweise und gewaltsam das Regime der «Sache» wiedereingeführt. Die leitenden Männer der UdSSR, die entsetzt waren, als sie den Sozialismus sich in Marsch setzen sahen, haben ihre Panzer nach Prag geschickt, um ihn zum Stehen zu bringen. Das System ist mit knapper Not gerettet, eine andere, in größter Eile eingesetzte Mannschaft perpetuiert die Existenz der institutionalisierten Lüge, indem sie die sowjetische Intervention öffentlich gutheißt. Nichts hat sich geändert, abgesehen davon, daß der aufgedrängte Sozialismus sich dadurch, daß er ein aufgezwungener geworden ist, demaskiert hat: Die offiziellen Reden nehmen ihren Fortgang inmitten des Schweigens von vierzehn Millionen Menschen, die kein Wort davon glauben; die, welche sie von oben her wiederholen, sind so allein wie die Kollaborateure während der deutschen Besetzung; sie wissen, daß sie lügen, daß die Lüge der Feind

---

1 Die Idee war gewiß nicht neu. Auch nicht revisionistisch. Sie drückt in jedem Buchstaben das Statut der sowjetischen Partei aus. Ich habe indes gezeigt, weshalb sie in der UdSSR nie die geringste Nutzanwendung gehabt hat. Das Wesentliche ist hier der Wille, zu den Quellen zurückzukehren, ein vergessenes Prinzip zu beleben, der KP wieder eine revolutionäre Aufgabe zu geben.

des Menschen ist, aber die Lüge hat sich ihrer bemächtigt und läßt sie nicht mehr los; die Ermunterung zur Denunziation liegt in der Logik des Systems: Um zu bestehen, verlangt es, daß jeder dem anderen und sich selbst mißtraut; nun, das Mißtrauen gegen sich selbst ist verschwunden; nach dem XX. Parteitag und dem Einmarsch von 1968 wird man es bei den Tschechen und den Slowaken nicht mehr wecken können: Es bleibt nur noch übrig, aus jedem, ob er will oder nicht, einen möglichen Denunzianten zu machen, also einen in den Augen seiner Nachbarn Verdächtigen. Trotz einiger – übrigens vergeblicher – Vorsichtsmaßregeln waren die fünf Eindringlinge kaum darauf bedacht, den *stockkonservativen* Charakter ihrer Intervention zu verbergen. Unsere westliche Bourgeoisie hat sich nicht geirrt. Das Einrücken der Panzer hat sie *beruhigt*: Warum nicht den kalten Krieg beenden und mit der UdSSR eine heilige Allianz schließen, die überall die Ordnung aufrechterhielte? So steht es also: Die Karten sind auf dem Tisch; zu mogeln ist nicht mehr möglich.

Und doch mogeln wir noch immer: Die Linke *protestiert* entrüstet, tadelt oder «bedauert». *Le Monde* veröffentlicht zuweilen Texte voll moralischen Zorns, denen eine lange Liste von Mitunterzeichnern folgt, auf der stets dieselben Namen zu finden sind – der meine zum Beispiel. Unterschreiben wir! Unterzeichnen wir also! Alles ist besser als ein Schweigen, das als Akzeptieren gedeutet werden könnte. Unter der Bedingung, daß aus diesem Moralisieren kein Alibi gemacht wird. Und gewiß, es ist nicht schön, daß die fünf das getan haben: Sie sollten sich schämen! Aber wenn Sie wüßten, wie wenig sie sich daraus machen! Mehr noch: Wenn sie sich um die europäische Linke Sorgen machten, könnte ihnen gar nichts Besseres geschehen, als daß diese mit dem Fuß aufstampft und ihnen pfui zuschreit. Denn solange wir uns auf das Gebiet der Sittenlehre beschränken, ist das System beruhigt: Sie sind Schuldige, sie haben nicht als *Sozialisten* gehandelt? Gerade deshalb konnten sie es tun: Es geht allein um sie, das System stellt man nicht in Frage. Aber wenn wir diese Gespräche lesen, wenn wir aus ihnen die tschechoslowakische Erfahrung entziffern, werden wir verstehen, daß die sowjetische Führung – rekrutiert und geformt vom System und die Macht im Namen der «Sache» ausübend – gar nicht anders handeln konnte, als sie gehandelt hat. Man hat sich an das Regime zu halten, an die Produktionsverhältnisse, die es hervorgebracht haben und die durch seine Aktion gestärkt und erstarrt sind. Nach dem August 1968 muß man den moralischen Standpunkt und die reformistische Illusion aufgeben: Man wird die Maschine nicht reparieren, die Völker müssen sich ihrer bemächtigen und sie auf den Kehrichthaufen werfen. Die revolutionären Kräfte des Westens haben heute nur eine Möglichkeit, der Tschechoslowakei auf lange Sicht, aber wirksam zu helfen. Sie müssen die Stimmen hören, die uns von ihr berichten, die Dokumente sammeln, die Ereignisse rekonstruieren und eine tiefgehende Analyse in Angriff nehmen, die uns über einige zufällige Umstände hinaus über die Strukturen der sowjetischen Gesellschaft sowie die der Volksdemokratien und die Beziehungen zwischen beiden belehrt, und sie müssen die Analyse dazu benutzen, um ohne Vorurteile oder Parteinahme die europäische Linke, ihre Ziele, Aufgaben und Möglichkeiten, ihre verschiedenen Organisationstypen im Hinblick auf eine Antwort auf die grundlegende Frage dieser Zeit zu überdenken: Wie sich vereinigen, wie die alten, verknöcherten Strukturen abtun, in welcher Richtung die neuen entwerfen, um zu verhindern, daß die nächste Revolution einen *solchen Sozialismus* zur Welt bringt *wie den da*.

JEAN-PAUL SARTRE

Als Buchausgaben liegen zur Zeit vor:

DIE WÖRTER
[Les Mots] Sonderausgabe. 208 S. Geb.

GESAMMELTE ERZÄHLUNGEN
Sonderausgabe. 288 S. Geb.

KRITIK DER DIALEKTISCHEN VERNUNFT
Theorie der gesellschaftlichen Praxis. 880 S. Geb.

DAS SEIN UND DAS NICHTS
Versuch einer phänomenologischen Ontologie. Erste vollständige deutsche Ausgabe. 788 S. Geb.

DAS IMAGINÄRE
Phänomenologische Psychologie der Einbildungskraft. Mit einem Beitrag «Sartre über Sartre». 304 S. Geb.

GESAMMELTE DRAMEN
Sonderausgabe. 768 S. Geb.

Als Rowohlt Paperback erschienen:

KOLONIALISMUS UND NEOKOLONIALISMUS
Sieben Essays. RP Band 68. 128 S.

SITUATIONEN
Essays. Erweiterte Neuausgabe. RP Band 46. 300 S.

Als Taschenbuchausgaben erschienen:

DIE WÖRTER
Nachbemerkung: Hans Mayer. rororo Band 1000

DIE MAUER
Erzählungen. rororo Band 1569

ZEIT DER REIFE
Roman. rororo Band 454

DER AUFSCHUB
Roman. rororo Band 503

DER PFAHL IM FLEISCHE
Roman. rororo Band 526

DAS SPIEL IST AUS
[Les Jeux sont faits] rororo Band 59

DIE FLIEGEN / DIE SCHMUTZIGEN HÄNDE
Zwei Dramen. rororo Band 418

BEI GESCHLOSSENEN TÜREN / TOTE OHNE BEGRÄBNIS / DIE EHRBARE DIRNE
Drei Dramen. rororo Band 788

DIE EINGESCHLOSSENEN
[Les Séquestrés d'Altona] Schauspiel. rororo Band 551

DER EKEL
Roman. rororo Band 581

PORTRÄTS UND PERSPEKTIVEN
Essays. rororo Band 1443

BEWUSSTSEIN UND SELBSTERKENNTNIS
Essay · rororo Band 1649

MAI '68 UND DIE FOLGEN Band I.
Reden, Interviews, Aufsätze rororo Band 1757

WAS IST LITERATUR?
Essays. rde Band 65

MARXISMUS UND EXISTENTIALISMUS
Versuch einer Methodik. rde Band 196

JEAN-PAUL SARTRE
dargestellt in Selbstzeugnissen und 70 Bilddokumenten von Walter Biemel. rm Band 87

Gesamtauflage der Werke Jean-Paul Sartres in den Taschenbuch-Ausgaben: Über 2 Millionen Exemplare

ROWOHLT

Herausgegeben von Freimut Duve

Politik in der Bundesrepublik

HEINRICH ALBERTZ / HEINRICH BÖLL / HELMUT GOLLWITZER u. a. «Pfarrer, die dem Terror dienen»? Bischof Scharf und der Berliner Kirchenstreit 1974. Eine Dokumentation [1885]

CARL AMERY / JOCHEN KÖLSCH (Hg.) Bayern – ein Rechts-Staat? Das politische Porträt eines deutschen Bundeslandes [1820]

KARL-HERMANN FLACH / WERNER MAIHOFER / WALTER SCHEEL Die Freiburger Thesen der Liberalen [1545]

ERICH FRISTER / LUC JOCHIMSEN (Hg.) Wie links dürfen Lehrer sein? [1555]

NORBERT GANSEL (Hg.) Überwindet den Kapitalismus oder Was wollen die Jungsozialisten? [1499]

MARTIN GREIFFENHAGEN (Hg.) Der neue Konservatismus der siebziger Jahre [1822]

VOLKER MAUERSBERGER (Hg.) Wie links dürfen Jusos sein? Vom Bürgerschreck zur Bürgerinitiative [1769]

RUDOLF SCHARPING / FRIEDHELM WOLLNER Demokratischer Sozialismus und Langzeitprogramm. Diskussionsbeiträge zum Orientierungsrahmen '85 der SPD [1713]

HANS SEE Volkspartei im Klassenstaat oder Das Dilemma der innerparteilichen Demokratie. Nachwort von Wolfgang Abendroth [1576]

JOACHIM STEFFEN Krisenmanagement oder Politik? [1826]

THESENSTREIT UM ‹STAMOKAP›. Die Dokumente zur Grundsatzdiskussion der Jungsozialisten [1662]

Soziale Konflikte

PRODOSCH AICH (Hg.) Da weitere Verwahrlosung droht ... Fürsorgeerziehung und Verwaltung. Zehn Sozialbiographien aus Behördenakten [1707]

AUTORENKOLLEKTIV PRESSE Wie links können Journalisten sein? Mit einem Vorwort von Heinrich Böll [1599]

ULRICH EHEBALD Patient oder Verbrecher? Strafvollzug provoziert Delinquenz. Gutachten zum Fall N. Vorwort: Gerhard Mauz [1501]

HEINZ GÜNTHER / PETER SCHENKEL-TAPPERT Wie kommt der Mensch zu seiner Wohnung? Thesen für eine «Kommunale Wohnungsvermittlung» [1708]

KARIN GÜNTHER-THOMA / REGINA HENZE / LINETTE SCHÖNEGGE Kinderplanet oder Das Elend der Kinder in der Großstadt [1602]

MARIOS NIKOLINAKOS Politische Ökonomie der Gastarbeiterfrage. Migration und Kapitalismus [1581]

KARL H. PITZ Das Nein zur Vermögenspolitik. Gewerkschaftliche Argumente und Alternativen zur Vermögensbildung [1709]

PETER RATH (Hg.) Trennung von Staat und Kirche? Dokumente und Argumente [1771]

JÖRG RICHTER (Hg.) Die vertrimmte Nation oder Sport in rechter Gesellschaft [1547]

UWE SCHULTZ (Hg.) Umwelt aus Beton oder Unsere unmenschlichen Städte. Nachwort: A. Mitscherlich [1497]

WOLFGANG ZÖLLNER Obdachlos durch Wohnungsnot. Ein Beitrag zur Differenzierung der Obdachlosigkeit [1663]

rororo aktuell

Herausgegeben von Freimut Duve

Arbeitskämpfe

DETLEV ALBERS / WERNER GOLD-SCHMIDT / PAUL OEHLKE Klassenkämpfe in Westeuropa. England, Frankreich, Italien [1502]

PIERRE HOFFMANN / ALBERT LANG-WIELER Noch sind wir da! Arbeiter im multinationalen Konzern [1821]

BODO MORAWE Aktiver Streik in Frankreich oder Klassenkampf bei LIP [1764]

Industriekritik
Kapitalismuskritik

EWALD GAUL Atomenergie oder Ein Weg aus der Krise? Von der lebensbedrohenden Leichtfertigkeit der Energieplaner. Wissenschaftliche Warnungen gegen die «friedliche» Nutzung der Kernenergie [1773]

BO GUNNARSON Japans ökologisches Harakiri oder Das tödliche Ende des Wachstums. Eine Warnung an die überindustrialisierten Staaten [1712]

IVAN ILLICH Die sogenannte Energiekrise oder Die Lähmung der Gesellschaft. Das sozial kritische Quantum der Energie [1763]

MANFRED KRÜPER (Hg.) Investitionskontrolle gegen die Konzerne? Mit Beiträgen von Charles Levinson, Joachim Steffen u. a. [1767]

CHARLES LEVINSON Valium zum Beispiel. Die multinationalen Konzerne der pharmazeutischen Industrie [1776]
– PVC zum Beispiel. Krebserkrankungen bei der Kunststoffherstellung [1874]

FRITZ VILMAR (Hg.) Menschenwürde im Betrieb. Modelle der Humanisierung und Demokratisierung der industriellen Arbeitswelt [1604]
– Industrielle Demokratie in Westeuropa. Menschenwürde im Betrieb II [1711]

Bildung

HOLGER ASCHE / JÜRGEN LÜTHJE / ERICH SCHOTT Der numerus clausus oder Wer darf studieren? [1659]

BERLINER AUTORENGRUPPE (Hg.) Kinderläden. – Revolution der Erziehung oder Erziehung zur Revolution? [1340]

REINHARD CRUSIUS / WOLFGANG LEMPERT / MANFRED WILKE (Hg.) Berufsausbildung – Reformpolitik in der Sackgasse? Alternativprogramm für eine Strukturreform [1768]

HILDEGARD HAMM-BRÜCHER Aufbruch ins Jahr 2000 oder Erziehung im technischen Zeitalter [983]

LUC JOCHIMSEN Hinterhöfe der Nation – Die deutsche Grundschulmisere [1505]

REINHARD KÜHNL (Hg.) Geschichte und Ideologie. Kritische Analyse der bundesdeutschen Geschichtsbücher [1656]

HOLGER H. LÜHRIG (Hg.) Wirtschaftsriese – Bildungszwerg. Der Diskussionshintergrund zum Bildungsgesamtplan 1973: Analysen oder OECD-Reports [1660]

Europa

MAUGRI CIAGAR / HANNELORE KOOB Ferienland Spanien? Ein Bild der Diktatur nach Briefen politischer Gefangener [1770]

BERNADETTE DEVLIN Irland: Religionskrieg oder Klassenkampf? [1282]

rororo aktuell

Herausgegeben von Freimut Duve

JOHAN GALTUNG Kapitalistische Großmacht Europa oder Die Gemeinschaft der Konzerne? [1651]

SICCO MANSHOLT Die Krise. Europa und die Grenzen des Wachstums [1823]

WALTER MÖLLER / FRITZ VILMAR Sozialistische Friedenspolitik für Europa [1551]

MARIO SOARES Portugal – Rechtsdiktatur zwischen Europa und Kolonialismus [1655]

Dritte Welt

ULRICH ALBRECHT / BIRGIT A. SOMMER Deutsche Waffen für die Dritte Welt [1535]

MARCIO M. ALVES Brasilien – Rechtsdiktatur zwischen Armut und Revolution [1549]

DIE ARMUT DES VOLKES. Verelendung in den unterentwickelten Ländern. Auszüge aus Dokumenten der Vereinten Nationen. Zusammengestellt und eingeleitet von Folker Fröbel, Jürgen Heinrichs, Otto Kreye [1772]

ELO UND JÜRG BAUMBERGER Beethoven kritisieren! Konfuzius verurteilen! Was geschah in China 1973/74? [1882]

BARBARA BÖTTGER 700 Millionen ohne Zukunft? Faschismus oder Revolution in Indien und Bangladesh [1603]

JAN DELEYNE Die chinesische Wirtschaftsrevolution. Eine Analyse der sozialistischen Volkswirtschaft Pekings [1550]

FRANTZ FANON Die Verdammten dieser Erde. Vorwort v. J.-P. Sartre [1209]

ERNESTO CHE GUEVARA Brandstiftung oder Neuer Friede? Reden und Aufsätze. Hg. v. Sven G. Papcke [1154]

Konterrevolution in Chile. Analysen und Dokumente zum Terror. Hg. vom Komitee «Solidarität mit Chile» [1717]

MAO TSE-TUNG Theorie des Guerillakrieges oder Strategie der Dritten Welt / Einleitender Essay von Sebastian Haffner [886]

ERIKA RUNGE Südafrika – Rassendiktatur zwischen Elend und Widerstand. Protokolle und Dokumente zur Apartheid. Mit einem Beitrag von Christina Oberst-Hundt [1765]

DENG ZHONGXIA Anfänge der chinesischen Arbeiterbewegung 1919–1926 Hg. von Werner Meißner u. Günther Schulz [1766]

Militärpolitik und Abrüstung

A. BOSERUP / A. MACK Krieg ohne Waffen? Studie über Möglichkeiten und Erfolge sozialer Verteidigung. Kapp-Putsch 1920 / Ruhrkampf 1923 / Algerien 1961 / ČSSR 1968 [1710]

EGBERT JAHN Kommunismus – Und was dann? Zur Bürokratisierung und Militarisierung des Systems der Nationalstaaten [1653]

STUDIENGRUPPE MILITÄRPOLITIK Ein Anti-Weißbuch. Materialien für eine alternative Militärpolitik [1777]

USA-Kritik

JAMES BALDWIN Hundert Jahre Freiheit ohne Gleichberechtigung oder The Fire Next Time [634]

RICHARD J. BARNET Der amerikanische Rüstungswahn oder Die Ökonomie des Todes. Mit einem Beitrag von Claus Grossner [1450]

BERTRAND RUSSELL / JEAN-PAUL SARTRE Das Vietnam-Tribunal I oder Amerika vor Gericht [1091]
– Das Vietnam-Tribunal II oder Die Verurteilung Amerikas [1213]

rororo aktuell

Herausgegeben von Freimut Duve

Kritische Aufklärung

RUDI DUTSCHKE / MANFRED WILKE (Hg.) Die Sowjetunion, Solschenizyn und die westliche Linke [1875]

HARTMUT ELSENHANS / MARTIN JÄNICKE (Hg.) Innere Systemkrisen der Gegenwart. Ein Studienbuch zur Zeitgeschichte [1827]

ERNST FISCHER Die Revolution ist anders. Ernst Fischer stellt sich zehn Fragen kritischer Schüler [1458]

JOHAN GALTUNG Strukturelle Gewalt. Beiträge zur Friedens- und Konfliktforschung [1877]

ROGER GARAUDY Marxismus im 20. Jahrhundert [1148]

GARAUDY / METZ / RAHNER Der Dialog oder Ändert sich das Verhältnis zwischen Katholizismus und Marxismus? [944]

WERNER HOFMANN Grundelemente der Wirtschaftsgesellschaft – Ein Leitfaden für Lehrende [1149]

JOACHIM KAHL Das Elend des Christentums oder Plädoyer für eine Humanität ohne Gott [1093]

REINHARD KÜHNL Formen bürgerlicher Herrschaft. Liberalismus – Faschismus [1342]

REINHARD KÜHNL (Hg.) Der bürgerliche Staat der Gegenwart. Formen bürgerlicher Herrschaft II [1536]
– Texte zur Faschismusdiskussion I Positionen und Kontroversen [1824]

Technologie und Politik

Aktuell Magazin
Herausgegeben von Freimut Duve

Ein kritisches, vierteljährlich erscheinendes Periodikum im Taschenbuchformat

Beratung: Ulrich Albrecht, André Gorz, Ivan Illich, Joachim Israel und Joachim Steffen

Heft 1: Industriekritik [1873]

Heft 2: Sowjetische Wissenschaftler und die Grenzen des Wachstums. Diskussion um Illichs Medizinkritik u. a. [1880]

Heft 3: Landwirtschaft und Welthungerkatastrophe (Nov. 75)

Gesamtauflage: über 5 Millionen Exemplare

ALBERT CAMUS
NOBELPREISTRÄGER

FRAGEN DER ZEIT
Sonderausgabe. 224 Seiten. Geb.

LITERARISCHE ESSAYS
Licht und Schatten. Hochzeit des Lichts. Heimkehr nach Tipasa
Sonderausgabe. 208 Seiten. Geb.

GESAMMELTE ERZÄHLUNGEN
Inhalt: Der Fall / Das Exil und das Reich
Sonderausgabe. 256 Seiten. Geb.

TAGEBUCH I
Mai 1935–Februar 1942
208 Seiten. Geb.

DER GLÜCKLICHE TOD
Roman. (Cahiers Albert Camus I)
Nachwort und Anmerkungen von Jean Sarocchi
Sonderausgabe. 192 Seiten. Geb.

DRAMEN
Caligula. Das Mißverständnis.
Der Belagerungszustand. Die Gerechten. Die Besessenen
Sonderausgabe. 352 Seiten. Geb.

Als Taschenbuch-Ausgaben erschienen:

DIE PEST
Roman. «rowohlts rotations romane» Band 15

DER FREMDE
Erzählung. «rowohlts rotations romane» Band 432

KLEINE PROSA
«rowohlts rotations romane» Band 441

DER FALL
Roman. «rowohlts rotations romane» Band 1044

VERTEIDIGUNG DER FREIHEIT
Politische Essays. «rowohlts rotations romane» Band 1096

DER MENSCH IN DER REVOLTE
Essays. Neu bearbeitete Ausgabe. «rowohlts rotations romane» Band 1216

TAGEBÜCHER 1935–1951
«rowohlts rotations romane» Band 1474

DER MYTHOS VON SISYPHOS
Ein Versuch über das Absurde. «rowohlts deutsche enzyklopädie» Bd. 90

Ferner erschien:

Morvan Lebesque, ALBERT CAMUS
Dargestellt in Selbstzeugnissen und 70 Bilddokumenten
«rowohlts monographien» Band 50

ROWOHLT